KB272591

我们熟知的中国 我们未知的中国

우리가 아는 중국
우리가 모르는 중국

我们熟知的中国 我们未知的中国

우리가 아는 중국
우리가 모르는 중국

이창호

북그루

중국은 가깝고도 먼 나라라는 수식어가 가장 잘 어울리는 대상이다. 지리적으로 인접해 있고 경제적으로 밀접하게 얽혀 있음에도 불구하고, 우리가 중국을 바라보는 시선은 종종 극단적인 편견이나 단편적인 정보에 매몰되곤 한다. 누군가는 거대한 시장으로서의 기회만을 말하고, 누군가는 체제와 규제의 리스크만을 강조한다. 하지만 이 책 '우리가 아는 중국 우리가 모르는 중국'은 표면적인 수치나 단발적인 뉴스 너머에 존재하는 중국의 근원적인 힘, 즉 문화적 맥락에 주목하며 입체적인 해답을 제시한다.

책의 도입부에서 저자가 강조하는 문화적 맥락은 비즈니스의 성패를 가르는 핵심 열쇠다. 중국인을 움직이는 보이지 않는 힘인 유교와 도교의 공존은 현대 중국인의 사고방식을 규정한다. 체면을 중시하면서도 극도로 실리적인 태도를 취하는 그들의 이중성은 한국인의 시각에서 모순처럼 보일 수 있다. 그러나 저자는 이를 중화 사상의 현대적 변용과 연결하며, 그들이 왜 시스템보다 사람을 믿고 꽌시를 통해 이익을 공유하는 구조를 선호하는

지 설득력 있게 풀어낸다. 특히 꽌시가 과거의 연고 중심에서 현대적인 이익 공유 모델인 꽌시 2.0으로 진화했다는 분석은 고정관념을 깨는 대목이다.

흥미로운 지점은 3부에서 다루는 중국의 MZ세대, 즉 90후와 00후의 실상이다. 치열한 내부 경쟁인 네이쥐안에 지쳐 드러눕기를 선택한 탕핑 세대의 출현은 한국의 청년 문제와도 닮아 있다. 하지만 이들은 동시에 강력한 애국주의를 바탕으로 자국 브랜드를 소비하는 궈차오 열풍의 주역이기도 하다. 디지털 네이티브로서 틱톡과 위챗 속에서 일상을 보내고 게임과 웹소설이라는 새로운 문화 무기를 전 세계로 수출하는 이들의 모습은, 우리가 알던 낡은 중국의 이미지와는 확연히 다르다. 저자는 이들의 개인주의적 성향과 소확행을 향한 갈망이 향후 중국 소비 시장의 지형을 어떻게 바꿀지 정교하게 예측한다.

비즈니스 현장에서의 실전 감각 또한 돋보인다. 중국인과의 소통에서 알겠다는 말이 긍정이 아닐 수 있다는 경고나, 계약서보다 식탁 위에서의 정치가 우선시되는 문화는 현지 경험 없이는 체득하기 어려운 통찰이다. 또한 알리바바와 텐센트의 시대를 지나 바이트댄스와 미호요가 주도하는 새로운 디지털 생태계에 대한 설명은 중국 기술 굴기의 현주소를 생생하게 보여준다. 인공지능과 데이터 권력이 공산당의 공동부유 정책과 결합하여 기업 경영에 어떤 리스크와 기회를 동시에 제공하는지에 대한 분석은 중국 사업을 고민하는 이들에게 실질적인 지침이 된다.

마지막으로 저자는 한국 기업의 생존법을 제언하며 중국을 단순한 시장이 아닌 도구이자 파트너로 재정의할 것을 주문한다. 탈중국이라는 구호 아래 모든 것을 포기하기보다, 변화한 환경에 맞춘 현지화의 오류를 바로잡고 전략적인 재진입을 모색해야 한다는 주장이다. 규제 리스크를 읽는 법부터 정치적 올바름이 비즈니스에 미치는 영향까지 다룬 대목은 매우 현실적이다.

이 책은 중국에 대한 무조건적인 낙관론도, 근거 없는 비관론도 경계한다. 대신 중국이라는 거대한 유기체가 어떻게 숨 쉬고 변화하는지를 문화라는 렌즈를 통해 투명하게 들여다본다. 중국을 아는 것이 곧 나를 지키는 힘이라는 에필로그의 메시지는, 불확실성이 가득한 시대에 우리가 왜 다시 중국을 공부해야 하는지를 분명하게 일깨워준다. 1800여 자의 방대한 논의 끝에 남는 것은 결국 사람에 대한 이해다. 중국의 미래는 숫자가 아니라 그 숫자를 만들어내는 중국인의 마음속에 있다는 진리를 이 책은 다시금 확인시켜 준다.

그렇다면 이제 변화한 중국의 민낯을 마주할 준비가 되었는가. 이 책은 그 여정의 든든한 길잡이가 되어줄 것이다.

프롤로그

왜 지금 다시 '문화적 맥락'에 주목해야 하는가

오늘날 우리에게 중국은 어떤 존재인가. 누군가에게는 거대한 기회의 땅이며, 누군가에게는 경계와 두려움의 대상이고, 또 다른 누군가에게는 이해할 수 없는 수수께끼 같은 이웃이다. 우리는 매일 뉴스 헤드라인을 통해 중국의 경제 성장률, 반도체 굴기, 미중 갈등의 파열음을 접한다. 수치와 통계, 정치적 구호들이 쏟아지는 정보의 홍수 속에서 우리는 중국을 잘 알고 있다는 착각에 빠지기 쉽다. 하지만 정작 비즈니스의 현장에서, 혹은 깊이 있는 대화의 갈림길에서 우리는 빈번히 당혹감에 휩싸인다. 왜 그들은 저렇게 행동하는가라는 근원적인 질문에 부딪히는 순간, 우리가 가졌던 얄팍한 정보들은 힘을 잃는다.

우리가 아는 중국은 대개 현상으로서의 중국이다. 화려한 상하이의 마천루, 세계 시장을 휩쓰는 알리바바와 틱톡, 그리고 거침없는 외교 행보들. 하지만 우리가 모르는 중국은 그 거대한 현상을 움직이는 심층의 엔진이다. 5천 년을 이어온 유구한 문화적 유전자와 그들이 세상을 바라보는 독특한 렌즈, 즉 문화적 맥락을 이해하지 못한다면, 우리가 보는 중국은 거대한 빙산의 일각에 불과하다. 지금 우리에게 필요한 것은 표면적인 데이터의 나열이 아니라, 그들의 사고방식 밑바닥에 흐르는 뿌리 깊은 원형을 추적하는 일이다.

왜 지금 다시 문화적 맥락에 주목해야 하는가. 비즈니스의 미래가 기술적 혁신만큼이나 사람과 사람 사이의 신뢰에 달려 있기 때문이다. 중국인들에게 비즈니스는 단순히 계약서상의 숫자를 나누는 행위가 아니다. 그것은 관시라는 복잡한 네트워크 안에서 서로의 체면을 세워주고, 보이지 않는 예법을 주고받는 고도의 심리전이자 문화적 행위다. 유교적 위계질서와 도가적 유연함, 그리고 묵가적 실용주의가 혼재된 그들의 내면세계를 읽지 못하고서는, 중국 시장이라는 거대한 바다에서 항로를 찾는 것은 불가능에 가깝다.

지난 수십 년간 우리의 대중국 접근법은 지나치게 실용적 기능주의에 치우쳐 있었다. 어떻게 하면 물건을 더 팔 수 있을까라는 질문에만 매몰된 채, 그들은 어떤 가치를 숭상하며, 무엇에 분노하고, 무엇에 감동하는가라는 질문을 소홀히 해왔다. 그 결과 우리는 사소한 오해로 수조 원의 기회를 날리기도 하고, 문화적 금기를 건드려 돌이킬 수 없는 외교적 참사를 겪기도 한다. 이제 중국은 우리가 단순히 활용할 수 있는 대상이 아니라, 그들의 논리를 깊이 있게 공감하고 대응해야 하는 전략적 파트너이자 경쟁자로 변모했다.

이 책은 바로 그 지점에서 시작한다. 우리는 중국의 역사가 남긴 유물들이 어떻게 현대 중국인의 스마트폰 속으로 들어왔는지, 공자의 가르침이 어떻게 첨단 기업의 조직 문화로 변주되는지, 그리고 거대한 대륙의 지리적 특성이 어떻게 그들의 비즈니스 협상 테이블 위에 투영되는지를 추적할 것이다. 문화는 박제된 과거가 아니라, 지금 이 순간에도 중국의 정치, 경제, 사회 전반을 움직이는 살아있는 코드다. 이 코드를 해독할 수 있을 때 비로소 우리는 진짜 중국의 민낯과 마주할 수 있다.

우리는 흔히 중국은 하나라고 생각하지만, 문화적 맥락 안에서 들여다본 중국은 수만 개의 단면을 가진 다면체다. 베이징의 관료주의적 엄숙함과 상하이의 실용적 세련미, 광둥의 거침없는 상인 정신은 저마다 다른 문화적 뿌리를 가지고 있다. 이 책은 그 다양한 뿌리들을 하나씩 파헤쳐, 독자들이 중국이라는 거대한 퍼즐을 스스로 맞춰나갈 수 있는 논리적 도구를 제공할 것이다. 단순한 중국 안내서를 넘어, 중국이라는 거울을 통해 우리 자신의 좌표를 확인하는 인문학적 성찰의 시간이 되기를 바란다.

지금 세계는 거대한 전환기를 지나고 있다. 낡은 질서가 무너지고 새로운 중심이 이동하는 혼돈의 시대에, 중국은 그 변화의 가장 뜨거운 용광로다. 이 용광로의 온도를 견디고 그 안에서 새로운 기회를 캐내기 위해서는 차가운 지성보다 뜨거운 통찰이 필요하다. 그 통찰의 핵심이 바로 문화다. 문화를 모르는 비즈니스는 영혼 없는 기술과 같고, 맥락을 놓친 외교는 눈먼 항해와 같다.

더욱이 디지털 문명이 가속화될수록 역설적으로 아날로그적 맥락의 중요성은 커진다. 인공지능이 데이터를 분석할 수는 있어도, 협상장의 미묘한 공기나 상대의 침묵 속에 담긴 진심을 읽어낼 수는 없기 때문이다. 중국의 첨단 기술 굴기 역시 그 바탕에는 중화사상이라는 오래된 열망이 깔려 있으며, 이를 배제한 채 기술적 수치로만 대응하는 것은 핵심을 놓치는 일이다. 우리는 이제 중국을 향한 해묵은 편견과 막연한 공포라는 양극단의 시각에서 벗어나, 냉철하면서도 따뜻한 인문학적 시선으로 그들을 재발견해야 한다.

진정한 지중은 상대가 원하는 바를 정확히 꿰뚫는 것에서 시작되며, 이는 곧 나를 지키는 가장 강력한 방패가 된다. 상대를 알아야만 휘둘리지 않고 주도권을 쥘 수 있으며, 갈등의 파고를 넘어 지속 가능한 공존의 길을 모색할 수 있다. 중국의 전통이 현대의 비즈니스 논리와 어떻게 결합하여 새로운 괴물을 만들거나 혹은 경이로운 기회를 창출하는지, 그 일련의 과정을 이해하는 것은 이제 교양을 넘어 생존을 위한 필수 덕목이다.

자, 이제 편견의 껍질을 벗고 진짜 중국의 속살을 들여다볼 준비를 하라. 우리가 안다고 믿었던 것들이 무너지고, 우리가 몰랐던 것들이 새로운 질서로 다가오는 놀라운 경험이 시작될 것이다. 중국의 과거가 들려주는 은밀한 속삭임이 어떻게 비즈니스의 미래를 결정짓는 천둥소리로 변하는지, 그 경이로운 연결의 과정을 함께 목격해 보자. 이 책이 당신의 대중국 인사이트를 근본적으로 뒤바꿀 결정적 전환점이 되기를 확신한다. 역사와 현대, 문화와 기술이 교차하는 이 거대한 지적 탐험에 당신을 초대한다.

언어의 장벽보다 무서운 것은 맥락의 장벽이며, 우리는 이 책을 통해 그 장벽을 허물어뜨리는 열쇠를 쥐게 될 것이다. 중국이라는 거대한 대륙이 품은 수천 년의 지혜가 오늘날의 0과 1로 이루어진 디지털 세상에서 어떻게 숨 쉬고 있는지 확인하라. 당신의 시선이 머무는 곳마다 새로운 발견이 있을 것이며, 그 발견은 곧 거친 비즈니스 전쟁터에서 당신을 인도하는 북극성이 되어줄 것이다.

출판사 서평

프롤로그

1부. 중국을 움직이는 보이지 않는 힘: 문화와 사고방식

2부. 숫자로 읽는 진짜 중국: 인구와 공간의 변화

1부

중국을 움직이는 보이지 않는 힘:
문화와 사고방식

1. 수천 년을 지배한 유교적 질서와 체면(面子)

중국인을 움직이는 보이지 않는 지휘봉, 그 첫 번째 마디는 단연 유교다. 수천 년간 대륙을 지배해온 이 거대한 통치 철학은 단순한 종교나 윤리를 넘어 중국인의 무의식 깊숙이 질서와 체면이라는 두 가지 핵심 키워드를 각인시켰다. 중국인에게 세상은 평능한 개인들의 집합이 아니라, 엄격한 위계가 존재하는 관계의 그물망이다. 이 그물망 안에서 자신의 위치를 지키고, 타인과의 관계에서 품위를 잃지 않으려는 눈물겨운 노력이 바로 체면으로 나타난다. 유교적 질서가 중국 사회의 하드웨어라면, 체면은 그 시스템을 가동하는 가장 중요한 운영체제라고 할 수 있다.

유교적 질서의 핵심은 오륜으로 대변되는 수직적 위계다. 이는 현대 중국 비즈니스 현장에서도 고스란히 재현된다. 중국 기업과의 미팅에서 서구식의 수평적 토론이나 난상토론을 기대했다가는 당혹감을 느끼기 십상이다. 의사결정의 전권은 조직의 정점에 있는 일인자, 즉 라오반에게 집중되어 있으며, 아래 직원들은 상사의 권위를 절대적으로 존중하는 형식을 취한다. 이러한 서열 문화는 회의실의 좌석 배치부터 식탁 위 생선의 머리가 향하는 방향까지 세밀하게 규정한다. 유교적 질서를 이해하지 못한 채 실무자하고만 깊은 협상을 진행하는 것은, 엔진 없는 자동차에 기름을 붓는 것과 같다.

이러한 위계질서를 유지하는 가장 강력한 심리적 기제가 바로 몐쯔, 즉 체면이다. 중국인에게 체면은 목숨보다 소중한 자산이다. 서구인에게 자존감이 내면의 만족이라면, 중국인의 체면은 타인의 시선에 의해 결정되는 사회적 가치다. 비즈니스 협상에서 상대의 제안을 단칼에 거절하거나, 여러 사람 앞에서 상대의 오류를 지적하는 행위는 단순한 비판이 아니라 상대의 체면을 깎는 치명적인 공격으로 간주된다. 한 번 체면을 잃은 중국 파트너는 논리적인 이득이 눈앞에 있어도 결코 협상 테이블로 돌아오지 않는다. 반대로 상대의 체면을 세워주는 사소한 배려는 수조 원짜리 계약의 물꼬를 트는 결정적인 열쇠가 된다.

유교적 체면 문화는 지독하게 형식적이고 비효율적으로 보일 수 있다. 알맹이 없는 예우에 시간을 허비하고, 뻔히 보이는 잘못을 덮어주느라 골든타임을 놓치기도 하기 때문이다. 그러나 중국적 맥락에서 체면은 신뢰의 담보물이다. 체면을 중시한다는 것은 곧 공동체의 평판을 신경 쓴다는 의미이며, 이는 예측 불가능한 거대한 대륙에서 상대가 최소한의 도덕적 선을 넘지 않을 것임을 보장하는 사회적 안전장치가 된다. 중국인이 비싼 술을 대접하고 화려한 선물에 공을 들이는 것은 허세가 아니라, 나는 당신과의 관계를 이만큼 소중히 여기며, 나의 체면을 걸고 이 사업에 임하겠다는 강력한 시그널이다.

현대 비즈니스에서도 유교적 체면은 독특한 방식으로 진화했다. 글로벌 기업들이 중국 시장에 진출할 때 가장 공을 들이는 홍보 전략 중 하나가 바로 중국 정부나 소비자들의 체면을 세워주는 일이다. 중국 국익에 기여한다는 점을 강조하거나, 중국 문화를 존중하는 제스처를 취하는 것은 단순한 마케팅이 아니라 유교적 맥락에서의 예를 갖추는 행위다. 이를 간과하고 오만한 태도를 보였던 다국적 기업들이 불매운동의 피고에 밀려 순식간에 몰락한 사례는 유교적 정서가 현대 자본주의 논리보다 앞설 수 있음을 보여준다.

또한, 유교적 질서는 안과 밖을 철저히 구분한다. 내 가족, 내 지인에게는 한없이 관대하고 헌신적이지만, 관계 밖의 타인에게는 놀라울 정도로 냉담한 모습은 유교적 혈연주의의 산물이다. 중국 비즈니스에서 친구가 되는 과정이 유독 길고 험난한 이유도 여기에 있다. 일단 유교적 질서 안의 내 사람으로 인정받으면 파격적인 대우가 뒤따르지만, 그 문턱을 넘기 전까지는 철저한 검증과 형식의 절차를 밟아야 한다. 이는 서구식의 계약 중심 비즈니스와 중국식의 관계 중심 비즈니스가 충돌하는 지점이기도 하다.

더욱 깊이 들여다보면 유교적 가치관은 단순한 예절을 넘어 조직의 결속력을 다지는 통제 수단으로도 활용된다. 중국의 빅테크 기업들이 거대한 규모에도 불구하고 일사불란하게 움직이는 배경에는 유교적 가부장주의에 기초한 강력한 리더십이 자리 잡고 있다. 창업자를 사부처럼 모시고 조직원을 가족처럼 대하는 가풍은 위기 상황에서 놀라운 회복탄력성을 발휘하게 한다. 하지만 이러한 가풍은 동시에 명령에 복종하는 문화를 만들어내며 하향식 의사결정의 경직성을 초래하기도 한다. 유교적 위계가 창의적 혁신을 가로막는 장애물이 될지, 혹은 강력한 실행력의 원천이 될지는 그 조직이 체면과 실리의 균형을 어떻게 맞추느냐에 달려 있다.

비즈니스 협상에서 발생하는 침묵 또한 유교적 맥락에서 해석해야 한다. 중국 파트너가 제안에 대해 즉답을 피하거나 모호한 미소로 일관하는 것은 거절의 의사가 아니라, 당장의 명확한 대답이 가져올지 모를 상대의 체면 손상을 고려한 배려일 수 있다. 혹은 내부적인 상명하복의 절차를 거치기 위해 시간을 버는 고도의 전략이기도 하다. 이때 서구적인 관점에서 대답을 재촉하거나 논리적인 압박을 가하는 것은 유교적 예를 저버리는 행위로 간주되어 공든 탑을 무너뜨리는 결과를 초래한다. 기다림은 중국 비즈니스에서 단순한 인내가 아니라 유교적 질서에 동참하고 있음을 증명하는 의식과 같다.

또한 유교는 명분을 중시한다. 어떤 비즈니스를 시작할 때 그것이 사회적으로 어떤 대의명분을 갖는지가 중국 정부와 기업인들에게는 매우 중요하다. 이는 단순히 돈을 번다는 사실보다 우리가 이 사업을 통해 국가와 공동체에 어떤 덕을 베풀 것인가라는 유교적 통치 철학의 연장선상에 있다. 따라서 제안서에는 기술적 우수성만큼이나 이 사업이 가지는 사회적 가치와 공익적 기여가 유교적 수사학으로 잘 포장되어 있어야 한다. 명분이 바로 설 때 비로소 중국인들은 안심하고 체면을 걸며 당신의 파트너가 될 준비를 마친다.

결국 수천 년을 지배한 유교적 질서와 체면은 중국인의 사고방식을 규정하는 가장 단단한 틀이다. 중국과 비즈니스를 한다는 것은 단순히 물건을 사고파는 행위가 아니라, 그들이 구축한 정교한 위계와 심리적 예법의 세계로 들어가는 것을 의미한다. 상대의 직급을 존중하고, 공개적인 망신을 피하며, 작은 호의를 잊지 않고 갚는 유교적 덕목은 세련된 협상 기술보다 훨씬 강력한 힘을 발휘한다. 대륙의 거대한 문을 열고 싶다면, 먼저 그들의 어깨 위에 놓인 무거운 유교적 외투와 그 속에 숨겨진 체면의 무게를 이해해야 한다. 그것이 진짜 중국으로 들어가는 첫 번째 통행증이며, 험난한 파도를 넘게 해줄 가장 믿음직한 닻이다.

우리는 이제 유교라는 렌즈를 통해 중국을 재해석해야 한다. 그들의 권위주의적인 모습 뒤에 숨겨진 책임감을 보고, 형식적인 예절 속에 담긴 신뢰에 대한 갈구를 읽어내야 한다. 유교적 맥락를 모른 채 중국의 겉모습만 보고 덤벼드는 것은 암호 해독기 없이

난해한 문장을 읽으려는 시도와 같다. 체면이라는 이름의 정교한 톱니바퀴가 어떻게 중국 경제의 거대한 엔진을 돌리고 있는지 이해하는 순간, 당신은 비로소 중국 비즈니스의 진정한 승리자로 거듭날 수 있다. 이 오래된 미래의 지혜를 당신의 전략 자산으로 삼아라.

역사적으로 유교는 한나라 시기부터 국가 통치의 공식 이념으로 채택되며 천 년의 세월 동안 중국인의 유전자 속에 깊이 내면화되었다. 과거 제도는 유교 경전을 외우고 해석하는 능력을 인재 등용의 유일한 기준으로 삼았고, 이는 지식인 계층이 사회의 도덕적 모범이자 권력의 핵심이 되는 구조를 고착화했다. 현대 중국의 관료 조직에서 느껴지는 특유의 엘리트주의와 보수적인 절차 지향성 또한 이러한 역사적 토양에서 자라난 것이다. 따라서 중국인과 대화할 때 그들의 역사적 자부심을 자극하는 것은 곧 그들의 유교적 자아를 존중하는 일이며, 이는 가장 고도화된 형태의 체면 세워주기가 된다.

비즈니스 에티켓 중 명함 교환 하나에서도 유교적 정교함은 드러난다. 단순히 이름표를 전달하는 행위가 아니라, 상대의 지위를 확인하고 그에 맞는 예우를 준비하는 의식이다. 명함을 두 손으로 정중히 건네고, 받은 직후 바로 주머니에 넣지 않고 테이블 위에 정중히 올려둔 채 회의 내내 틈틈이 들여다보는 행위는 당신의 위치를 내가 충분히 인지하고 존중하고 있다는 무언의 선언이다. 이러한 작은 디테일이 쌓여 멘쯔의 견고한 벽을 허물고 관계의 문을 여는 열쇠가 된다.

식사 자리인 만찬(宴會)은 유교적 질서의 결정체다. 회전 테이블에서 요리가 서빙되는 순서와 젓가락을 대는 시점까지도 보이지 않는 서열에 의해 지배된다. 주최자가 먼저 젓가락을 들기 전까지 기다리는 인내, 그리고 가장 귀한 부위를 상대의 접시에 놓아주는 배려는 유교적 덕목인 인(仁)과 예(禮)의 실천이다. 여기서의 식사는 배를 채우는 행위가 아니라, 서로의 격식을 확인하고 심리적 거리를 좁히는 고도의 비즈니스 프로세스다. 술자리에서 잔을 부딪칠 때 자신의 잔을 상대보다 낮게 위치시키는 행위 역시 스스로를 낮추어 상대를 높이는 유교적 겸양의 발현이다.

나아가 유교적 가치관은 자원의 분배와 보상 체계에도 영향을 미친다. 성과에 따른 차가운 배분보다는 기여도와 관계의 깊이를 고려한 따뜻한 포용이 중시될 때가 많다. 중국 기업 내에서 벌어지는 복지 혜택이나 보너스 지급 방식이 때로는 서구적 합리성에서 벗어나 보이는 이유도, 조직원들을 가족처럼 보살펴야 한다는 가부장적 유교 윤리가 작동하기 때문이다. 이러한 방식은 조직원들에게 강한 소속감을 부여하며, 단기적인 이익보다 장기적인 관계의 지속성을 우선하게 만든다.

결론적으로 중국 비즈니스의 성공은 유교적 인간관계의 본질을 얼마나 깊이 체득하느냐에 달려 있다. 계약서에 적힌 잉크보다 상대의 눈빛에 담긴 신뢰와 체면의 무게를 먼저 읽을 수 있어야 한다. 유교는 낡은 과거의 유물이 아니라, 현대 중국을 지탱하는 가장 역동적인 심리 기제다. 이를 이해하고 존중하는 자만이 대륙이라는 거대한 시장에서 일시적인 거래 상대가 아닌, 진정한 동반자로 인정받을 수 있을 것이다. 당신의 전략적 유연함에 유교적 통찰을 더하라. 그것이 가장 강력한 경쟁력이 될 것이다.

2. 실리주의의 근원: 도가적 유연함과 상업 정신

유교가 중국인의 겉모습을 단정하게 정돈하는 예복이라면, 도가적 유연함과 그에 뿌리를 둔 상업 정신은 거친 세상을 헤쳐 나가는 중국인의 내밀한 생존 근육이다. 중국인과의 비즈니스에서 우리가 흔히 맞닥뜨리는 변화무쌍함과 지독한 실리주의는 바로 이 도가적 사고방식에서 기인한다. 유교가 마땅히 그래야만 하는 원칙을 강조할 때, 도가는 천하에 고정된 것은 없으니 상황에 맞춰 흐르라고 속삭인다. 이러한 유연성은 중국 상인들을 전 세계 어디에서나 살아남게 만든 독특한 상업 DNA의 원천이 되었으며, 오늘날 중국 기업들의 빠른 의사결정과 유연한 전략 수정의 근간이 되고 있다.

도가적 유연함의 핵심은 무위와 유약에 있다. 이는 아무것도 하지 않는다는 뜻이 아니라, 인위적인 고집을 버리고 상황의 흐름에 자신을 맡겨 실리를 취한다는 의미다. 가장 부드러운 것이 가장 강한 것을 이긴다는 노자의 가르침은 중국 비즈니스 협상에서 부드러운 공세로 나타난다. 그들은 결코 정면에서 충돌하며 힘을 낭비하지 않는다. 상대가 강하게 밀어붙이면 뒤로 물러나 힘을 빼고, 상대가 방심할 때 물처럼 스며들어 이익을 챙긴다. 원칙에 묶여 스스로를 가두기보다는, 이익이 되는 방향이라면 어제의 동지도 오늘의 경쟁자로, 어제의 규정도 오늘의 예외로 만드는 변통의 지혜를 발휘한다.

이러한 도가적 흐름은 자연스럽게 철저한 상업 정신으로 연결된다. 중국 역사에서 상인은 유교적 사농공상 체제하에 가장 낮은 계급이었지만, 도기적 실용주의를 장착한 민초들에게 상업은 생존을 위한 최고의 수단이었다. 검은 고양이든 흰 고양이든 쥐만 잘 잡으면 된다는 덩샤오핑의 흑묘백묘론은 사실 수천 년간 중국 상인들이 견지해온 도가적 실용주의의 현대적 선언이다. 명분은 통치자에게 주고, 실리는 우리가 챙긴다는 이 분리 전략은 중국 상인들을 그 어떤 정치적 격변 속에서도 살아남게 한 원동력이었다.

삐딱하게 보면, 이러한 태도는 원칙 없는 기회주의처럼 보일 수 있다. 서구식 계약 문화에서 계약은 곧 법이지만, 도가적 배경을 가진 중국 상인들에게 계약은 당시 상황에서의 최선일 뿐이다. 상황이 변하면 계약의 내용도 유연하게 조정될 수 있다고 믿는 그들의 태도는 많은 외국 파트너를 당혹케 한다. 하지만 중국인의 관점에서 보면 고정된 원칙에 매달려 실리를 놓치는 것이야말로 가장 어리석은 행위다. 그들은 변화를 두려워하지 않으며, 오히려 혼란 속에서 새로운 질서와 기회를 포착하는 데 천부적인 재능을 보인다.

현대 중국의 플랫폼 경제와 산자이 문화 역시 이러한 도가적 상업 정신의 연장선에 있다. 기존의 질서를 파괴하고 모방을 통해 빠르게 시장에 침투한 뒤, 상황에 맞춰 끊임없이 모델을 진화시키는 텐센트나 알리바바의 전략은 도가적 유연함의 정수다. 그들은 완벽한 기획안을 짜기보다 일단 시장이라는 흐름에 몸을 던지고, 반응에 따라 수시로 방향을 튼다. 물에는 고정된 형태가 없다는 손자병법의 격언처럼, 중국 기업들은 고정된 비즈니스 모델에 안주하지 않고 생태계 전체의 흐름을 장악하는 방식을 택한다.

도가의 사상은 또한 중국인 특유의 공간 지각력과 시장 선점 전략에도 영향을 미쳤다. 도가는 유무상생, 즉 있음과 없음이 서로를 만든다고 가르친다. 중국 상인들은 남들이 다 주목하는 있음뿐만 아니라, 아무도 주목하지 않는 없음에서 새로운 기회를 본다. 이는 전 세계 척박한 오지까지 진출하여 상권을 일구는 화상들의 저력으로 나타난다. 그들에게 시장은 점령해야 할 고지가 아니라, 에너지가 흐르는 장이다. 따라서 이들은 특정 상품의 판매에 집착하기보다 자금의 흐름과 물류의 길목을 장악하는 데 더 큰 가치를 둔다.

비즈니스 현장에서의 침묵과 모호함 역시 도가적 전략의 발현이다. 노자는 아는 자는 말하지 않고 말하는 자는 알지 못한다고 했다. 중국 협상가들이 자신의 패를 숨기고 상대의 반응을 관찰하는 것은 정보를 독점함으로써 주도권을 유지하려는 의도다. 이들은 명확한 예스나 노를 말하는 대신, 상황이 무르익을 때까지 기다리며 최적의 시점을 노린다. 서구 기업들이 속도감 있는 결론을 원할 때 중국인들이 느긋하게 차를 마시며 본질과 거리가 먼 이야기를 나누는 것은, 상대의 기운을 살피고 흐름의 주도권을 가져오려는 도가적 포석이다.

또한 도가적 사고는 중국인 특유의 낙천적 생존주의를 낳았다. 아무리 가혹한 정치적 억압이나 경제적 위기가 닥쳐도 중국인들은 방법은 항상 있게 마련이라며 길을 찾아낸다. 유교가 가르치는 충성과 절개보다는, 일단 살아남아 다음 기회를 도모하는 도가적 생명력이 중국 상업의 끈질긴 생명력을 지탱한다. 이들에게 비즈니스는 단순한 거래가 아니라 삶이라는 거대한 강물을 타고 내려가는 항해이며, 가장 뛰어난 선장은 파도와 싸우는 자가 아니라 파도를 이용하는 자다. 이러한 태도는 위기 상황에서 한국 기업이 원칙을 고수하다 부러질 때, 중국 기업은 휘어지며 살아남는 차이를 만든다.

현대의 기술 패권 전쟁 속에서도 중국은 도가적 변신술을 유감없이 발휘한다. 미국의 강력한 제재가 들어오면 정면 돌파 대신 우회로를 찾고, 규제의 빈틈을 파고들어 새로운 기술 생태계를 구축한다. 이는 강한 것에 부딪히지 않고 낮은 곳으로 흘러 결국 바다에 이르는 물의 속성과 닮아 있다. 중국 비즈니스 파트너가 갑자기 태도를 바꾸거나 예상치 못한 제안을 던질 때, 그것을 도덕적 결함으로 치부하기 전에 그들이 읽고 있는 상황의 변화가 무엇인지 파악해야 한다.

더욱 깊이 들어가 보면 도가적 사고는 중국인들의 시간관념까지도 재구성했다. 그들에게 시간은 서구적인 직선적 흐름이 아니라 순환하고 소용돌이치는 강물이다. 오늘 손해를 보더라도 흐름을 유지할 수 있다면 내일의 거대한 이익을 기약할 수 있다는 믿음은, 초기 시장 진입 시 파격적인 적자를 감수하면서도 시장 지배력을 확대하는 전략으로 나타난다. 이러한 느긋함 뒤에는 가장 유리한 국면이 조성될 때까지 에너지를 응축하는 도가적 기다림이 숨어 있다.

또한 도가적 생존술은 중국 특유의 네트워킹 방식인 관계 (Guanxi)에도 깊이 침투해 있다. 유교적 관계가 의무와 서열에 기반한다면, 도가적 관계는 상호 이익과 생존을 위한 유연한 연대다. 이는 규제와 법망이라는 인위적인 장애물을 피해 실질적인 비즈니스를 가능하게 하는 보이지 않는 통로가 된다. 중국인들이 어려운 상황에서도 친구를 통해 돌파구를 찾아내는 능력은, 물이 장애물을 만나면 휘어져 흐르듯 법과 제도의 경직성을 인간관계의 유연함으로 극복하는 지혜의 산물이다.

도가의 핵심 개념인 자연(自然)은 비즈니스 맥락에서 시장의 본질적인 흐름을 거스르지 않는 통찰력으로 변모한다. 인위적인 정책이나 규제로 시장을 억누르려 해도, 결국 이익을 좇는 인간의 본성은 물이 아래로 흐르듯 자연스러운 현상이라는 믿음이다. 이러한 믿음은 중국 기업들이 규제의 회색지대에서 놀라운 창의성을 발휘하게 한다. 규제가 없는 곳에서 먼저 생태계를 만들고, 규제가 생기면 다시 그 규제를 품어 안으며 새로운 형태의 비즈니스로 진화하는 모습은 그야말로 도가적 변신술의 극치다.

현대의 경영학이 강조하는 민첩성(Agility)은 이미 수천 년 전 노자와 장자가 설파한 도(道)의 다른 이름일 뿐이나. 글로벌 기업들이 고착화된 관료제에 신음할 때, 중국의 민간 기업들은 도가적 유연함을 바탕으로 조직을 세포처럼 쪼개고 상황에 따라 합치며 시장에 대응한다. 이는 중앙 집권적인 통제보다 각 부문의 자율적인 흐름을 중시하는 도가적 통치 철학이 기업 조직에 이식된 결과다.

결국 도가적 유연함과 상업 정신을 이해하는 것은 중국인의 속내를 읽는 것과 같다. 유교적 예법으로 당신을 환대하는 파트너의 머릿속에는 지금 이 상황에서 취할 수 있는 최선의 실리가 도가적 계산기로 빠르게 돌아가고 있다. 중국과의 비즈니스에서 성공하려면 우리 역시 원칙이라는 외투 안에 유연함이라는 내의를 입어야 한다. 상대의 변화를 배신이 아닌 흐름으로 읽어내고, 그 흐름 속에서 함께 실리를 도모할 수 있는 지혜가 필요하다.

대륙의 상업 정신은 멈춰있는 고목이 아니라 흐르는 강물이다. 강물의 표면은 유교적 질서로 잔잔해 보일지 모르나, 그 밑바닥에는 실리와 생존을 향한 도가적 소용돌이가 끊임없이 치고 있다. 이 강물에 올라타기 위해서는 우리 또한 물이 되는 법을 배워야 한다. 스스로의 형태를 고집하지 않고 그릇에 맞게 변화하며, 낮은 곳을 향해 흐르되 목적지를 잃지 않는 물의 지혜를 갖추었을 때, 비로소 대륙이라는 거대한 바다에 도달할 수 있다. 도가는 중국인의 꿈이자 현실이며, 그들의 상업적 성공을 견인하는 가장 강력하고도 부드러운 엔진이다.

3. '중화(中華)' 사상의 현대적 변용과 애국주의

중국이라는 거대한 체제를 움직이는 감정적 엔진이자, 현대 비즈니스에서 가장 강력한 보이지 않는 변수는 바로 중화사상의 현대적 변용이다. 과거의 중화사상이 세계의 중심으로서 주변국을 교화한다는 문화적 우월주의였다면, 오늘날의 중화사상은 중화민족의 위대한 부흥이라는 국가적 구호와 결합하여 뜨거운 애국주의로 재탄생했다. 이는 단순한 자부심을 넘어 중국 소비자들의 구매 결정, 정부의 규제 방향, 그리고 글로벌 기업들을 향한 집단적 태도를 결정짓는 핵심 기제가 되었다. 현대 중국을 상대한다는 것은 14억 인구의 가슴 속에 흐르는 이 거대한 자존심의 강물을 거슬러 올라가거나, 혹은 그 흐름에 올라타는 법을 배우는 과정이다. 이 강물은 때로는 잔잔한 호수처럼 브랜드에 충성도를 제공하지만, 때로는 모든 것을 휩쓰는 홍수처럼 기업의 존립을 위협하기도 한

다. 현대적 중화사상의 가장 두드러진 특징은 이른바 궈차오(애국
소비) 열풍에서 극명하게 나타난다. 과거 중국 소비자들에게 해외
브랜드가 선망의 대상이었다면, 지금의 젊은 세대는 중국 문화적
요소가 가미된 자국 브랜드를 소비하는 것을 힙하고 애국적인 행
위로 간주한다. 이는 단순한 국산품 장려 운동이 아니다. 우리의
디자인과 기술이 서구에 뒤처지지 않는다는 문화적 자신감의 표현
이다. 나이키나 아디다스 대신 안타나 리닝을 신는 행위는 자신의
정체성을 확인하는 정치적·문화적 선언이 되었다. 이러한 맥락을
읽지 못하고 서구적 세련미만 강조하는 기업은 중국 시장에서 시
대에 뒤떨어진 오만한 이방인으로 낙인찍히기 쉽다.

더욱이 궈차오는 패션을 넘어 가전, 자동차, 뷰티 산업 전반으로
요들처럼 번져나가고 있다. '바이췌링' 같은 전통 화장품 브랜드가
화려하게 부활하고, 전기차 시장에서 비야디(BYD)가 테슬라의 아
성을 위협하는 배경에는 "중국산이 품질에서도 밀리지 않는다"는
실질적 신뢰와 "우리 것을 써야 나라가 산다"는 당위적 신념이 결
합되어 있다. 현대의 애국주의는 때로 기업들에 가혹한 정치적 시
험대를 제시한다. 중국의 영토 분쟁이나 인권 문제 등 민감한 이슈
에 대해 글로벌 기업이 서구적 가치관에 입각한 태도를 보일 때, 중
국의 대중은 즉각적으로 반응한다. SNS를 통해 순식간에 번지는
불매운동은 단순한 항의를 넘어 해당 기업의 시장 퇴출까지 몰아
붙이는 위력을 발휘한다. 이때 작동하는 논리는 지극히 감정적이
고 중화 중심적이다. 우리의 밥을 먹으면서 우리의 솥을 깨지 마라

는 말처럼, 중국 시장에서 돈을 벌고 싶다면 중국의 국가적 자존
심을 건드리지 말라는 엄중한 경고다. 이는 비즈니스가 순수한 경
제 논리가 아닌, 고도의 정치·문화적 민감성 위에서 작동하고 있음
을 보여준다. 만약 어떤 브랜드가 남중국해 지도 표기나 대만 문제
에서 중국의 입장과 배치되는 행보를 보인다면, 그 브랜드는 하룻
밤 사이에 14억 소비자의 공공의 적이 될 수 있다. 이는 단순한 감
정적 표출이 아니라 체계적이고 조직적인 디지털 행동주의로 발현
된다.

중화사상의 변용은 중국 정부의 정책 결정 과정에서도 뚜렷하게
드러난다. 과거에는 외자 유치를 위해 파격적인 혜택을 주었으나,
이제는 자국 산업의 고도화와 기술 자립을 중화 부흥의 핵심 과제
로 삼는다. 보조금 정책이나 규제의 칼날이 자국 기업에 유리하게
작용하는 배경에는, 서구 기술 의존도에서 벗어나 세계 기술의 중
심이 되겠다는 중화주의적 야심이 깔려 있다. 글로벌 기업 입장에
서 중국은 이제 단순한 시장이 아니라, 중화라는 거대한 질서 안으
로 편입되어 그들의 룰을 따를 것인지, 아니면 그 질서 밖으로 밀려
날 것인지를 선택해야 하는 냉혹한 전장이 되었다. 특히 인공지능,
퀀텀 컴퓨팅, 반도체와 같은 핵심 전략 분야에서 중국 정부가 보여
주는 집착은 과거 '양무운동' 시절의 한을 풀려는 듯한 비장미마저
느껴진다. 기술은 이제 단순한 경제적 가치를 넘어 국가의 존엄을
지탱하는 기둥으로 인식된다.

하지만 중화사상을 단지 배타적인 민족주의로만 해석하는 것은 위험하다. 그 이면에는 수백 년간 서구 열강에 유린당했던 치욕의 세기를 극복하려는 처절한 보상 심리와, 다시는 무시당하지 않겠다는 강한 생존 본능이 깔려 있다. 중국인 파트너와의 관계에서 그들의 성취를 진심으로 인정하고, 중국 문화에 대한 깊은 존중을 보여주는 제스처가 결정적인 이유도 여기에 있다. 그들은 자신을 가르치려 드는 스승보다는, 중국의 부상을 대등한 파트너로서 인정해 주는 동료를 원한다. 상대의 국가적 자부심을 세워주는 것은 아첨이 아니라, 중화라는 거대 담론을 이해하는 영리한 비즈니스 매너다. 비즈니스 협상 테이블에서 중국의 역사적 공헌이나 고유한 문화를 언급하는 것은 관계(Guanxi)의 깊이를 더하는 마법 같은 열쇠가 된다. 그들에게 비즈니스는 단순히 계약서에 도장을 찍는 행위가 아니라, 서로의 면자(Face)를 세워주고 정서적 유대를 확인하는 과정이기 때문이다.

이러한 정서적 배경을 깊이 파고들면 굴욕의 역사 교육이 현대 중국인의 정체성 형성에 얼마나 큰 비중을 차지하는지 알 수 있다. 아편전쟁부터 항일전쟁까지 이어지는 고난의 역사는 역설적으로 현대 중국을 하나로 묶는 강력한 접착제가 되었다. 기술 굴기를 외치며 반도체 자급률을 높이려는 시도나, 독자적인 위성 항법 시스템을 구축하려는 노력은 단순히 경제적 이득을 위한 것이 아니다. 다시는 외부 세력에 의해 국가의 운명이 좌우되지 않겠다는 강렬한 의지의 발현이다. 따라서 중국 시장을 공략하는 전략서에는 기술적 수치만큼이나 그들의 역사적 상처를 어루만지고 자부심을 자극하는 인문학적 서사가 포함되어야 한다. 실제로 중국 시장에서 장수하는 글로벌 브랜드들은 중화주의를 마케팅의 적으로 돌리지 않고 파트너로 삼는다. 춘절을 기념하는 한정판 제품을 출시하거나, 중국의 전통 문양을 제품 디자인에 녹여내고, 중국의 사회적 문제 해결에 적극적으로 기여하는 모습을 보임으로써 우리라는 범주 안으로 들어가려 노력한다. 유교적 질서 안에서 내 사람이 되는 것이 중요하듯, 중화라는 정서적 공동체 안으로 진입하는 것이 성공의 필수 조건이다.

중화사상은 배척해야 할 장애물이 아니라, 그 코드만 정확히 읽어낸다면 가장 강력한 소비 에너지를 끌어낼 수 있는 마법의 지렛대가 된다. 또한 현대의 애국주의는 온라인 공간에서 샤오펀훙(小粉红)이라 불리는 젊은 세대의 집단 행동으로 표출되기도 한다. 이들은 디지털 네이티브로서 애국주의를 하나의 콘텐츠이자 놀이 문화로 소비한다. 이들에게 중국은 더 이상 가난한 나라가 아니라 세계 최첨단 기술을 선도하는 국가이며, 이러한 자부심에 상처를 주는 행위는 개인에 대한 공격으로 간주된다. 글로벌 브랜드가 무심코 올린 SNS 게시물 하나가 14억 인구의 분노를 사는 사태는 이제 비즈니스에서 상수가 되었다. 기업의 위기 관리 매뉴얼 가장 첫 페이지에 정치적 올바름과 중화적 감수성이 놓여야 하는 이유다. 이들은 자신이 사랑하는 브랜드가 중국을 모욕했다고 판단될 때 가장 무서운 안티가 되며, 반대로 중국적 가치를 드높인다고 판단될 때 자발적인 홍보 대사가 되어 천문학적인 바이럴 마케팅 효과를 안겨준다.

결국 현대의 중화사상과 애국주의는 중국을 이해하는 가장 뜨겁고도 위험한 키워드다. 그것은 때로 이성적인 경제 판단을 마비시킬 만큼 폭발적이지만, 동시에 14억 인구를 하나의 방향으로 결집시키는 놀라운 효율성을 발휘한다. 중국과 비즈니스를 한다는 것은 그들의 가슴 속에 불타오르는 이 애국주의라는 불꽃을 다루는 일과 같다. 그 불꽃에 데지 않으면서도 그 열기를 동력으로 삼기 위해서는, 그들이 왜 그토록 중심에 집착하는지, 왜 그토록 자존심에 목숨을 거는지에 대한 역사적·문화적 공감이 선행되어야 한다. 중화는 과거의 유물이 아니라, 지금 이 순간에도 중국의 미래를 빚어내고 있는 가장 생생한 현재 진행형의 권력이다. 단순히 데이터를 분석하고 소득 수준을 가늠하는 수준의 접근으로는 이 거대한 담론의 실체에 다가갈 수 없다.

우리는 이제 중국을 볼 때 1인당 GDP라는 숫자 너머의 자존심을 보아야 한다. 상하이의 고층 빌딩 숲이 상징하는 외적 성장이 아니라, 그 빌딩을 바라보는 평범한 중국 청년의 가슴 속에 맺힌 "우리가 해냈다"는 성취감을 이해해야 한다. 그들의 자존심을 존중하는 것은 굴복이 아니라 고도의 전략이다. 대륙의 심장을 얻고 싶다면 기술의 우월성을 자랑하기 전에 그들이 걸어온 고난과 영광의 길을 먼저 인정하라. 중화라는 거대한 담론의 파도를 타는 자만이 기술 굴기라는 거친 바다에서 침몰하지 않고 승리할 수 있다. 현대적 중화사상은 배타적 장벽인 동시에, 그 성문을 여는 암호를 알고 있는 자에게는 끝없는 자원을 내어주는 보물 창고이기도 하다. 이제 우리는 얄팍한 시장 분석을 넘어, 중국이라는 존재의 근원적 열망인 중화 부흥의 맥락을 우리 비즈니스의 가장 강력한 우군으로 만들어야 한다. 이것이 21세기 대륙이라는 거대한 체제와 공존하며 번영할 수 있는 유일하고도 영리한 길이다.

중국 만리장성

2장. 시(關係)의 진화와 신뢰의 구조

1.인맥은 어떻게 권력이 되는가

중국이라는 거대한 대륙의 역학을 이해함에 있어 '꽌시(關係)'는 단순한 인적 네트워크나 사적인 친분을 넘어서는, 체제 전체를 관통하는 핵심적인 통치 원리이자 자원 배분의 문법이다. 이는 명문화된 공적 제도를 압도하는 실질적인 힘으로 작용하며, 자본과 정보가 흐르는 경로를 결정하는 보이지 않는 설계도와 같다. 중국 사회에서 인맥이 어떻게 거대한 권력 구조로 치환되는지, 그리고 그 메커니즘이 현대 비즈니스와 정치를 어떻게 규정하는지 규명하는 것은 중국식 권력 구조의 본질을 파악하는 유일한 길이다. 중국인들에게 세상은 차가운 법전이 규정하는 대로 돌아가는 기계적 공간이 아니라, 관계의 밀도가 빚어내는 보이지 않는 중력에 의해 모든 만물이 끌어당겨지고 밀려나는 거대한 정서적 생태계와 같다.

인맥이 권력으로 변모하는 첫 번째 단계는 정보의 독점과 비대칭성에서 시작된다. 공식적인 채널이 불투명하거나 제도적 예측 가능성이 낮은 사회일수록 내부자들끼리만 공유하는 정보의 가치는 천정부지로 솟구친다. 국가의 장기적인 정책 향방, 규제의 갑작스러운 변화, 혹은 초대형 프로젝트의 이면을 미리 파악할 수 있는 인맥을 가진 자는 이를 지렛대 삼아 타인의 기회를 통제하고 시장을 선점한다. 즉, "누구와 연결되어 있느냐"가 정보의 질을 결정하고, 그 정보가 다시 경제적·정치적 우위로 이어지는 폐쇄적 선순환 구조를 형성한다. 정보가 곧 생존이자 권력인 사회에서 꽌시는 가장 강력한 도청 장치이자 레이더망이며, 동시에 외부인의 진입을 막는 정보의 장벽이 된다.

둘째로, 꽌시는 신뢰 비용을 극단적으로 낮추는 사회적 자본으로서 권력을 창출한다. 서구적 관점에서의 법적 계약이나 제도적 보호가 충분히 무르익지 않은 환경에서 낯선 타인과의 거래는 필연적으로 높은 리스크를 수반한다. 이때 인맥은 서로의 평판과 사회적 생명을 담보로 하는 비공식적인 연대 보증 장치가 된다. 꽌시망 내에서는 복잡한 법적 절차가 생략되고 자원의 이동 속도가 가속화된다. 이 과정에서 네트워크의 중심에 서서 연결을 주선하고 신용을 보증하는 인물인 '중간 관리자(Broker)'는 자원 배분의 실질적인 결정권을 쥐게 되며, 이는 곧 집단 전체에 대한 강력한 통제력으로 변모한다. 이는 시스템의 효율성보다 관계의 확실성과 안정을 중시하는 중국 특유의 심리 구조에서 비롯된 권력의 형태다.

셋째는 호혜성의 원리에 기반한 '감정적 부채'의 무한 누적이다. 꽌시는 일회적 거래가 아니라 수십 년에 걸친 장기적인 감정적·물질적 교환을 전제로 한다. 내가 오늘 상대에게 베푼 작은 호의는

'인정(人情)'이라는 이름의 채권으로 남으며, 이는 언젠가 상대방이 반드시 상환해야 할 도덕적·사회적 의무가 된다. 이러한 부채의 사슬이 수천 갈래로 중첩되면서 개인은 자신을 중심으로 한 거대한 잠재적 지지 세력을 형성하게 된다. 누군가에게 영향력을 행사할 수 있는 부채를 많이 보유할수록 그 개인의 사회적 위계는 공고해지며, 이는 보이지 않는 부의 축적이자 위기 상황에서 즉각적으로 동원 가능한 비공식적 무력이 된다. 중국에서 "돈은 벌기 쉽지만 인정을 얻기는 어렵다"는 말은 바로 이 권력의 본질을 꿰뚫는 잠언이다.

넷째로, 인맥은 공적 제도의 빈틈을 교묘하게 메우는 비공식적 우회로로서 권력을 발휘한다. 복잡한 규제나 관료주의적 장벽에 부딪혔을 때, 인맥을 통해 이를 우회하거나 승인 속도를 조절하는 행위는 제도 밖의 권력을 가시화하는 행위다. '안 되는 일을 되게 만드는 능력'은 단순히 행정적인 편의를 넘어, 공적 자원을 사적으로 운용할 수 있는 초법적 지위를 의미한다. 이는 인맥을 가진 집단과 그렇지 못한 집단 사이에 회복하기 어려운 권력의 격차를 만들어내며, 법적 테두리 자체를 유연하게 주무를 수 있는 그림자 권력을 상징한다. 결국 꽌시는 경직된 국가 시스템에 유연성을 부여하는 윤활유인 동시에, 그 시스템을 무력화하는 부식제라는 이중성을 띤다.

다섯째로, 꽌시는 배타적 진입 장벽을 구축함으로써 기득권의 권력을 유지한다. 이 네트워크는 내부인에게는 한없이 관대하고 자비롭지만, 외부인에게는 철저하게 차갑고 높은 벽을 쌓는다. 폐쇄적인 서클 안에서 부와 권력, 핵심 정보는 근친교배하듯 순환하며 외부로의 유출이 엄격히 차단된다. 누군가 새로운 시장에 진입하거나 혁신을 시도하려 할 때 가장 먼저 부딪히는 것은 경쟁사와의 기술 격차가 아니라 이미 견고하게 형성된 꽌시의 카르텔이다. 이 벽을 허물거나 통과하기 위해 다시 새로운 꽌시를 구축해야만 하는 악순환은 네트워크의 힘을 더욱 절대적인 것으로 만들며, 사회 전체의 공정성을 관계의 논리로 치환시킨다.

여섯째는 국가 권력과의 결탁을 통한 이권의 제도화와 사유화다. 중국에서 정치와 경제는 분리된 영역이 아니며, 관료 집단과의 긴밀한 인맥은 곧 사업 허가권, 시장 독점권, 그리고 정부의 정책적 지원이라는 형태로 경제적 실체화가 된다. 이를 통해 형성된 정경 유착의 네트워크는 국가의 공적 기능을 특정 집단의 사적 이익으로 전용하는 고도의 메커니즘을 완성한다. 인맥을 가진 기업은 법보다 빠른 해결책을 얻고, 인맥을 가진 개인은 시스템의 처벌로부터 보호받는다. 이는 공공성을 담보해야 할 국가 시스템이 관계에 의해 굴절되는 양상을 극명하게 보여주며, 대륙의 비즈니스가 왜 '꽌시 경영'에 사활을 걸 수밖에 없는지를 설명해 준다.

더 나아가 꽌시는 조직 내부의 인적 자원 관리에서도 절대적인 영향력을 발휘한다. 중국 기업 내부에서의 승진과 보직 이동은 객관적인 성과 지표(KPI)보다 '누구의 라인에 서 있느냐'에 따라 결정되는 경우가 비일비재하다. 이는 언뜻 조직의 효율성을 저해하는 요소로 보이지만, 리더에게는 강력한 로열티를 확보하고 위기 시 배신을 방지하는 확실한 수단이 된다. 리더는 자신의 꽌시망에 속한 부하 직원들에게 확실한 보상을 제공하고, 부하 직원은 리더를 위해 기꺼이 희생하는 가부장적 권력 구조가 기업이라는 이름의 작은 왕국을 지탱한다. 이러한 구조는 위기 시에 경이로운 응집력을 보여주지만, 외부의 혁신적인 수혈을 가로막는 폐쇄성을 동시에 강화한다.

일곱째로, 꽌시는 분쟁 해결의 사법적 기능을 대체히며 시회적 질서를 유지한다. 중국 비즈니스에서 갈등이 발생했을 때 법정으로 가는 것은 사실상 관계의 파국을 의미하며, 양측 모두에게 체면을 잃는 수치스러운 일로 간주된다. 이때 인맥은 중재자(Peace-maker)로서 화려하게 등장한다. 양측과 깊은 꽌시를 맺고 있는 유력 인사가 개입하여 비공식적인 합의를 이끌어내는 과정은 공적 판결보다 훨씬 빠르고 강력한 실질적 구속력을 갖는다. 중재자의 권위와 체면이 곧 합의의 이행을 보증하기 때문에, 인맥이 두터운 중재자를 확보하는 것 자체가 분쟁 해결의 핵심적인 권력이 된다.

여덟째, 꽌시는 시장 진입의 라이선스이자 통행세 역할을 수행한다. 특히 지방 정부의 영향력이 막강한 지역에서 특정 사업을 개시하기 위해서는 해당 지역의 유지나 관료와의 꽌시가 필수적이다.

이는 단순한 뇌물 수수를 의미하는 저급한 개념이 아니라, 해당 지역 사회의 책임 있는 일원으로 받아들여지기 위한 일종의 '문화적 통과 의례'다. 인맥을 통해 현지 사회의 내밀한 일원이 되면 각종 규제 완화나 세제 혜택 같은 보이지 않는 특혜가 홍수처럼 쏟아지지만, 이를 거치지 않은 외지인이나 외국 기업은 서류상의 완벽함에도 불구하고 끝없는 행정적 난관과 보이지 않는 견제에 봉착하게 된다.

아홉째, 현대의 꽌시는 전통적인 지연과 혈연을 넘어 동문(Alumni) 네트워크와 고도의 전문직 카르텔로 진화하고 있다. 과거의 씨족 사회적 성격이 옅어지고, 이제는 명문대 출신들이나 금융권, IT 업계의 핵심 인재들이 형성한 전문적·기술적 꽌시가 그 자리를 대신한다. 이들은 폐쇄적인 위챗(WeChat) 단톡방 등을 통해 실시간으로 고급 정보를 교환하고, 서로의 사업을 밀어주며 거대 자본의 흐름을 통제한다. 이는 전통적인 꽌시보다 훨씬 광범위하고 빠른 속도로 권력을 행사하며, 국가 권력조차 함부로 제어하기 힘든 민간 영역의 거대 플랫폼 권력 집단으로 성장하고 있다.

마지막으로 현대의 꽌시는 디지털 플랫폼 및 거대 자본과 결합하며 '플랫폼화된 권력'으로 진화하고 있다. 데이터 권력과 알고리즘이 결합된 현대의 꽌시는 이제 개인의 평판 점수와 디지털 신용 등급까지 조절하며 한층 더 과학적이고 위협적인 권력으로 탈바꿈했다. 디지털 공간에서의 연결성은 인맥의 범위를 무한대로 확장시키고 있으며, 특정 인플루언서(KOL)나 플랫폼 운영자가 쥐고 있는 인맥은 수천만 명의 소비 행태와 여론을 순식간에 변화시킬 수 있는 가공할 권력을 발휘한다. 이제 꽌시는 오프라인의 식사 자리를 넘어, 초연결 사회의 데이터 링크로 그 혈관을 확장하고 있다.

결국 인맥이 권력이 되는 이유는 그것이 불확실하고 변동성이 큰 시스템 속에서 유일하게 결과를 보장하고 예측 가능성을 제공하는 실질적인 통로이기 때문이다. 중국에서 비즈니스를 한다는 것은 이 복잡하고 정교한 인맥 권력의 그물망 위에서 줄타기를 하는 것과 같다. 이 그물망의 법칙을 이해하지 못하는 자는 압도적인 기술과 자본을 가지고도 광활한 대륙의 사막에서 길을 잃는 방랑자가 될 수밖에 없다. 꽌시는 단순한 친목 도모가 아니다. 그것은 중국이라는 거대한 대륙을 지탱하는 비공식적 헌법이자, 모든 실질적 힘이 흐르는 신경망 그 자체다.

당신이 만나는 파트너 뒤에 숨겨진 꽌시의 지형도를 그려보라. 그가 누구와 연결되어 있으며, 그 연결이 어떤 권력의 원천에서 흐르는지를 파악할 때 비로소 당신은 중국 비즈니스의 진짜 문을 열수 있다. 인맥 권력은 사라지지 않는다. 다만 시대의 흐름과 기술의 진보에 맞춰 그 옷을 갈아입을 뿐이다. 이 보이지 않는 손을 읽어내는 자만이 대륙의 변덕스러운 기후 속에서 견고한 성을 쌓을 수 있다. 꽌시는 곧 권력이며, 그 권력을 이해하는 것이야말로 중국이라는 거대한 수수께끼를 푸는 마지막 퍼즐 조각을 손에 넣는 일이

다. 대륙의 심장으로 들어가는 길은 숫자가 아닌 관계의 지도 위에
그려져 있다.

2. 꽌시 1.0(연고)에서 꽌시 2.0(이익 공유)으로

중국 사회의 관계망은 시대의 흐름과 경제 구조의 변화에 따라
그 성격과 작동 방식이 근본적으로 변모해 왔다. 과거의 꽌시가 태
생적인 배경에 기반한 정적인 유대였다면, 현대의 꽌시는 철저하게
자본의 논리와 전략적 필요에 의해 재편된 역동적인 네트워크로
진화했다. 이러한 변화를 꽌시 1.0과 2.0의 대비를 통해 살펴보고
자 한다. 이는 단순히 용어의 변화가 아니라 중국이라는 거대한 대
륙이 작동하는 문법 자체가 하드웨어에서 소프트웨어로, 그리고
다시 데이터로 변이하는 과정을 의미한다.

전통적인 꽌시 1.0의 핵심은 연고에 있다. 이는 혈연, 지연, 학연
과 같이 개인이 선택할 수 없는 선천적이고 환경적인 요인에 뿌리
를 둔다. 1.0 시대의 관계는 폐쇄적이고 수직적이며, 상호 신뢰의 근
거를 '우리가 남인가'라는 정서적 일체감에서 찾는다. 농경 사회와
계획 경제 체제 하에서 이러한 연고 중심의 인맥은 생존을 위한 최
소한의 안전장치였으며, 인정(人情)과 체면(面子)이 관계를 지탱하
는 주요한 윤리적 척도로 작용했다. 이때의 꽌시는 외부인의 진입
이 극도로 어려운 배타적인 성격을 띠었다. 정보는 혈연의 담장 안
에서만 공유되었고, 자원은 지연의 울타리를 넘지 못했다. 이 시기
비즈니스는 사실상 가족이나 친족의 확장된 형태였으며, 법률적

검토보다는 어른의 한마디나 동향 사람이라는 유대감이 계약서의
공증보다 강력한 효력을 발휘했다.

반면, 개혁개방 이후 시장 경제가 성숙함에 따라 등장한 꽌시
2.0은 이익 공유를 최우선 가치로 삼는다. 2.0 시대의 관계는 더 이
상 태생적 연고에만 매몰되지 않는다. 대신 서로에게 어떤 이익을
줄 수 있는가라는 도구적 합리성이 관계의 형성 유무를 결정한다.
꽌시 2.0은 개방적이고 수평적이며, 필요에 따라 언제든 결성되고
해체되는 프로젝트형 네트워크의 성격을 띤다. 정서적 유대보다는
비즈니스적 파트너십이 우선시되며, 신뢰의 근거는 혈연이 아닌 지
속적인 이익의 교환과 실적에서 나온다. 이제 꽌시는 태어날 때 주
어지는 운명이 아니라, 자본과 능력을 통해 획득하는 전리품이 되
었다. 이는 중국 사회가 농경 사회의 정체성을 탈피하여 고도의 상
업 사회로 진입했음을 상징하는 현상이다.

이러한 진화는 꽌시의 작동 메커니즘을 인정 중심에서 계약과
자본 중심으로 이동시켰다. 꽌시 1.0이 '누구와 아는 사이인가'에
집중했다면, 꽌시 2.0은 '그와 함께 무엇을 만들어낼 수 있는가'를
묻는다. 현대 중국의 비즈니스 엘리트들은 과거처럼 단순히 밥을
먹고 술을 마시며 시간을 축내는 방식으로 친분을 쌓는 데 그치지
않는다. 그들은 서로의 자본과 정보를 결합해 거대한 플랫폼을 형
성하고, 공동의 이익을 극대화하기 위한 전략적 연대를 구축한다.
이는 꽌시가 사적인 영역에서 공적인 자본 형성의 도구로 고도화되

었음을 의미한다. 꽌시 2.0 환경에서는 계약서 뒤에 숨은 실질적 이해관계의 지도가 법적 문서보다 훨씬 강력한 구속력을 발휘하며, 이익의 배분이 어긋나는 순간 관계 또한 가차 없이 종료된다.

또한 꽌시 2.0은 디지털 기술과 결합하여 그 범위를 무한히 확장하고 있다. 과거의 인맥이 지리적 거리나 물리적 만남에 국한되었다면, 현대의 인맥은 위챗(WeChat)을 비롯한 소셜 네트워크와 데이터 분석을 통해 보다 정교하게 관리된다. 이제 꽌시는 개인의 주관적 감정이 아니라 수치화된 신용 데이터와 평판 시스템에 의해 객관화되는 경향을 보인다. 이는 관계의 투명성을 높이는 동시에, 이익이 담보되지 않는 관계를 과감히 도태시키는 냉혹한 시장 논리를 강화한다. 스마트폰 속의 위챗 모멘트는 단순한 일상의 공유를 넘어 자신의 사회적 자본과 꽌시의 건전성을 실시간으로 전시하고 검증받는 시장이 되었다. 누구의 게시물에 '좋아요'를 누르고 누구와 교류하는가가 곧 그 사람의 시장 가치를 증명하는 지표가 된 것이다.

꽌시 2.0의 시대에는 관계의 자격 요건 또한 엄격해졌다. 과거에는 고향 선배라는 이유만으로도 무조건적인 도움을 청할 수 있었으나, 지금은 자신도 상대에게 줄 수 있는 확실한 '패'가 있어야 한다. 이를 이른바 등가교환의 원칙이라고 한다. 내가 가진 자본, 기술, 혹은 정보가 상대의 욕망과 일치할 때 비로소 꽌시의 문이 열린다. 따라서 현대 중국의 인맥 구축 전략은 나를 낮추는 겸손함보다는 내가 가진 가치를 증명하는 공격적인 자기 마케팅에 가깝다. 꽌시 2.0은 더 이상 따뜻한 정이 흐르는 시골길이 아니라, 시속 200km로 달리는 스포츠카들이 서로의 엔진 성능을 확인하며 달리는 고속도로와 같다. 속도가 맞지 않거나 연료가 떨어진 차는 즉시 대열에서 이탈하게 된다.

하지만 유의해야 할 점은 1.0의 정서적 유대가 완전히 사라진 것이 아니라는 사실이다. 현대의 성공적인 꽌시는 1.0의 끈끈한 정서적 신뢰를 기반으로 하되, 2.0의 냉철한 이익 공유 모델을 덧입힌 하이브리드 형태를 띠는 경우가 많다. 이익만 쫓는 관계는 모래성과 같고, 정에만 치우친 관계는 사본의 속노를 따라잡지 못하기 때문이다. 실제로 중국의 대형 비즈니스 현장에서는 여전히 혈연이나 학연이라는 1.0의 고리가 결정적인 순간에 최종적인 도장을 찍게 만드는 '심리적 안정제'로 작용한다. 가장 강력한 권력은 1.0의 폐쇄성과 2.0의 확장성을 동시에 보유한 집단에서 나온다. 서구식 계약 문화가 침투했음에도 불구하고, 중요한 의사결정은 여전히 술잔을 기울이는 사적인 자리에서 1.0식의 '형제적 의리'를 확인한 뒤에야 비로소 확정되는 경우가 많다.

꽌시 2.0은 또한 전문가 그룹의 카르텔화를 가속화하고 있다. 같은 대학 출신이나 같은 직장 경력을 가진 이들이 형성하는 동종 업계의 꽌시는 특정 산업의 진입 장벽을 높이고 자원을 독점한다. 이는 과거의 지연 중심 꽌시보다 훨씬 광범위한 지역적 범위를 포괄

하며 국가 단위의 정책 결정에도 영향력을 행사한다. 이들은 실리주의라는 명분 아래 뭉치지만, 그 결속력은 1.0 시대의 형제애에 못지않다. 현대 중국 비즈니스의 지형도는 이 거대한 꽌시 카르텔들이 어떻게 충돌하고 결합하느냐에 따라 그려진다고 해도 과언이 아니다. 알리바바나 텐센트 같은 거대 기업 출신들이 만든 '창업자 클럽'이 새로운 자본의 흐름을 주도하는 것이 그 대표적인 예다.

결국 꽌시 1.0에서 2.0으로의 이행은 중국 사회가 신분 중심의 전통 사회에서 계약과 성과 중심의 근대 사회로 넘어가는 과도기적 현상을 반영한다. 하지만 이는 서구식의 근대화와는 명백히 다른 길을 걷고 있다. 중국은 제도를 통해 관계를 없애는 것이 아니라, 관계를 통해 제도를 완성하거나 우회하는 방식을 택했기 때문이다. 비즈니스 파트너로서 중국인을 대할 때, 우리는 상대가 1.0의 감성을 중시하는지 혹은 2.0의 실리를 우선하는지를 빠르게 파악해야 한다. 때로는 형제처럼 다가가 마음을 얻어야 하고, 때로는 철저한 비즈니스맨으로서 이익의 청사진을 제시해야 한다. 이 두 가지 트랙을 동시에 운용하는 유연함이야말로 현대 중국 비즈니스의 성패를 가르는 핵심 역량이다.

대륙의 관계망은 멈춰있는 유물이 아니라 끊임없이 스스로를 업데이트하는 생명체다. 꽌시 1.0의 뿌리에서 2.0의 가지가 뻗어 나오고, 그 위에 디지털이라는 잎이 돋아나는 과정을 이해하라. 그 흐름의 결을 읽어내는 자만이 거친 중국 시장이라는 숲에서 길을 잃지 않고 목적지에 도달할 수 있다. 꽌시는 이제 운명이 아닌 전략이며, 감정이 아닌 자본이다. 이 냉혹하면서도 뜨거운 관계의 문법을 익히는 것이야말로 진짜 중국으로 들어가는 가장 확실한 방법이다. 관계의 진화는 멈추지 않을 것이며, 미래의 꽌시는 아마도 인공지능과 블록체인이 결합된 '꽌시 3.0'의 시대로 진입하여 더욱 정교하게 우리를 시험할 것이다. 우리는 그 변이의 과정을 추적하며 대륙의 심장박동을 읽어내야 한다.

3. 중국식 신뢰: 시스템보다 사람을 믿는 이유

중국 사회를 지탱하는 신뢰의 구조는 서구의 보편적 가치와는 확연히 다른 양상을 띤다. 서구 사회가 법치와 제노, 즉 시스템에 의한 비인격적 신뢰(Impersonal Trust)를 바탕으로 발전해 왔다면, 중국은 유구한 역사 속에서 시스템보다 사람 사이의 관계를 우선시하는 특유의 신뢰 문화를 형성해 왔다. 중국인들이 투명한 매뉴얼보다 불투명해 보이는 인적 네트워크를 더 굳게 신뢰하는 근본적인 이유는 제도에 대한 오랜 불신과 역사적 생존 경험에 깊은 뿌리를 두고 있다. 수천 년간 지속된 왕조의 급격한 교체와 외세의 침략, 그리고 격변의 근현대사를 거치며 중국인들은 국가나 법이라는 추상적 기구가 개인의 안위를 온전하게 보장해주지 못한다는 사실을 본능적으로 체득했다. 법은 권력자의 의도에 따라 가변적이었고 제도는 때로 민초를 억압하는 도구로 돌변했기에, 이러한 불안정한 외부 환경에서 믿을 수 있는 것은 오직 혈연으로 맺어진 가족과 오랜 시간 검증된 가까운 지인뿐이었다. 즉, 제도라는 외부적 장치보다 사람이라는 내부적 결속이 생존에 훨씬 유리한 전략이었던 셈이다. 이는 단순한 정서적 의존을 넘어, 예측 불가능한 사회적 위험으로부터 자신을 보호하기 위해 최적화된 리스크 관리 시스템으로 진화했다.

이러한 신뢰 구조는 사회학자 페이샤오퉁이 제시한 '차서격국(差序格局)'이라는 개념으로 명확히 설명된다. 서구의 신뢰가 누구에게나 평등하게 적용되는 '단체격국(團體格局)'의 양상을 띠는 반면, 중국식 신뢰는 잔잔한 호수에 돌을 던졌을 때 퍼져나가는 동심원과 같다. 중심에는 자기 자신이 있고 밖으로 나갈수록 신뢰의 농도는 점진적으로 옅어진다. 나를 중심으로 한 가까운 관계일수록 무조건적인 신뢰를 보내지만 원 밖에 있는 낯선 이에게는 극도의 경계심을 갖는다. 시스템은 모든 이에게 동일한 잣대를 들이대지만 꽌시는 관계의 거리에 따라 차별화된 보호막을 제공하기 때문에, 사람들은 기꺼이 인적 네트워크에 의존하며 그 안에서 안정을 찾는다. 이 동심원의 반경은 고정된 것이 아니라 개인의 역량과 사회적 성취에 따라 끊임없이 팽창하고 수축하며, 그 반경이 곧 그 사람의 사회적 권력과 생존력을 의미하게 된다.

이 동심원 구조는 단순한 감정적 지도를 넘어 경제적 자원의 배분 순위를 결정하는 결정적인 가이드라인이 된다. 신뢰의 농도가 짙은 핵심권(가족 및 친족)에서는 담보나 이자 없이도 거대한 자본의 융통이 가능하지만, 중간 지대(검증된 친구 및 동료)에서는 철저한 호혜성의 원칙이 작동하며, 가장 바깥쪽의 타인 지대에서는 철저하게 적대적이거나 무관심한 태도를 취한다. 중국인들에게 모르는 사람과의 거래는 잠재적 사기일 가능성을 내포하고 있으며, 이를 방지하기 위해 반드시 필요한 과정이 바로 낯선 이를 동심원 안쪽으로 끌어들이는 입문 의식이다. 이것이 바로 우리가 흔히 보는 끝없는 술자리와 식사 대접, 즉 '옌주(煙酒) 문화'의 본질적인 목적이다. 이 시간은 단순한 유흥이 아니라, 상대방이 우리라는 동심원의 경계를 넘어 신뢰의 영역으로 진입할 자격이 있는지를 검증하는 고도의 사회적 필터링 과정인 것이다.

또한 중국식 신뢰는 '체면(面子)'과 '인정(人情)'이라는 강력한 심리적 기제에 의해 유지된다는 특징이 있다. 서구에서 계약 위반이 법적 처벌로 이어진다면, 중국의 관계망 안에서 신뢰를 저버리는 행위는 사회적 사형 선고와 다름없는 체면의 상실을 의미한다. 인맥 집단 내에서 평판을 잃는 것은 곧 모든 자원 줄거리가 끊기는 것을 뜻하기에, 사람들은 법적 구속력이 없더라도 관계의 신의를 지키기 위해 필사적으로 노력한다. 시스템이 제공하는 사후적 구제보다 관계가 제공하는 예방적 구속력이 실질적인 효력을 발휘하는 것이다. 비즈니스 현장에서도 중국 기업가들이 본격적인 협상에 앞서 긴 시간 함께 식사를 하며 서로의 됨됨이를 살피는 이유는, 계약서라는 종이 뭉치보다 상대방이 신뢰할 만한 인물인지를 파악하는 것이 장기적인 리스크 관리에 더 효과적이라고 믿기 때문이다. 이들에게 신뢰는 '증명된 과거'가 아니라 '함께할 미래'에 대한 인격적 담보다.

이 과정에서 작용하는 신뢰의 유효기간 또한 서구와는 근본적으로 다르다. 서구식 시스템 신뢰는 계약 기간이라는 명확한 시공간적 한계를 지니지만, 중국식 인격 신뢰는 세대를 넘어 대물림되기도 한다. 아버지 세대의 꽌시가 자식 세대의 비즈니스 기회로 연결되는 이유는, 신뢰가 개별 거래의 산물이 아니라 가문과 평판이라는 이름으로 누적된 무형 자산이기 때문이다. 따라서 중국 파트너와의 갈등 상황에서 즉각적으로 법적 대응을 서두르는 것은 단순히 비즈니스적 항의를 넘어 상대방의 가문 전체와 그가 속한 동심원 전체를 적으로 돌리는 행위가 될 수 있다. 반대로 인간적인 호소와 공신력 있는 중재자를 통한 해결은 관계를 복원하고 장기적인 신뢰를 더욱 공고히 하는 전화복복의 계기가 되기도 한다. 이는 관계의 연속성을 중시하는 중국인들의 '장기적 호혜성' 철학에서 기인한다.

이러한 구조는 공정성을 해치는 부패의 온상이나 '끼리끼리 문화'의 전형으로 보일 수 있다. 실제로 꽌시 중심의 신뢰는 공적 영역의 투명성을 저해하고 연고가 없는 유능한 인재의 기회를 박탈하며, 시장의 공정한 경쟁을 방해하기도 한다. 하지만 중국의 급격한 경제 성장을 가능케 했던 놀라운 추진력 또한 이 인격적 신뢰의 네트워크에서 나왔음을 부정할 수 없다. 법적 제도가 시장의 속도를 따라가지 못하던 혼란기에 불확실한 환경 속에서 수조 원의 자금이 전화 한 통과 악수 한 번으로 오갈 수 있었던 것은 바로 이 특유의 신뢰 구조가 있었기에 가능했다. 제도의 느린 속도를 관계의 빠른 신뢰가 보완하며 중국만의 독특한 자본주의 모델인 '꽌시 자본주의'를 만들어낸 것이다. 이는 서구적 기준으로는 비효율적이나, 중국적 상황에서는 최적의 효율을 내는 '비공식적 제도'로 작동해 왔다.

현대에 이르러 이러한 신뢰 구조는 디지털 기술과 접목되며 '사회적 신용 시스템'이라는 거대한 데이터망으로 진화하고 있다. 과거에는 이웃과 친지의 입소문이 평판을 결정했다면, 이제는 알리페이나 위챗페이의 결제 데이터와 온라인 활동 내역이 개인의 신뢰 점수를 실시간으로 산출한다. 하지만 이 정교한 알고리즘의 밑바닥에도 여전히 '관계의 밀도'가 중요한 변수로 작용한다. 높은 점수를 가진 사람과 친구를 맺고 연결되어 있다는 사실 자체가 나의 신뢰도를 높여주는 '디지털 동심원'을 형성하기 때문이다. 아날로그 시대의 꽌시가 0과 1의 디지털 신호로 바뀌었을 뿐, 사람 중심의 신뢰 구조라는 본질은 변하지 않았다. 오히려 디지털화된 꽌시는 시공간의 제약을 넘어 더욱 방대하고 정교하게 개인의 신용을 감시하고 보증하는 형태로 고도화되고 있다.

결론적으로 중국식 신뢰가 사람에 집중하는 이유는 그것이 가장 효율적이고 강력한 실전 리스크 관리 기법이기 때문이다. 제도는 우회할 수 있고 법은 해석에 따라 달라질 수 있지만, 깊게 형성된 인간적 유대는 예상치 못한 위기 상황에서 그 어떤 매뉴얼보다 유연하고 실질적인 해결책을 제시해 준다. 고도로 발달한 현대 기술 사회에서도 중국인들이 여전히 꽌시를 찾는 것은 비인격적인 시스템이 결코 줄 수 없는 정서적 안도감과 공동체적 보호를 인적 네트워크가 제공하기 때문이다. 이는 단순히 낡은 습속이 아니라 불확실성이 상수가 된 현대 사회에서 살아남기 위해 최적화된 중국만의 독특한 생존 문법이자 신뢰의 철학이라 할 수 있다.

결국 중국에서 신뢰란 시스템이라는 기계적인 약속이 아니라, 사람과 사람 사이에 흐르는 끈끈한 책임감과 부채 의식의 총합이다. 중국 시장에 도전하는 이방인이 명심해야 할 점은 단순히 법을 지키는 수준을 넘어, 상대방의 동심원 안쪽으로 진입하여 인격적 신뢰를 획득해야 한다는 사실이다. 시스템 뒤에 숨은 사람을 보지 못하고, 데이터 뒤에 숨은 감정의 맥락을 읽지 못한다면 대륙의 거대한 신뢰 장벽을 넘어서는 일은 요원할 수밖에 없다. 사람을 믿는 것이 곧 세상을 얻는 길이라는 이들의 철학은, 차가운 기술과 데이터의 시대에도 여전히 중국이라는 거대 체제를 움직이는 가장 뜨거운 심장이자 보이지 않는 질서로 남아 있다. 대륙의 성공은 논리가 아닌 관계의 깊이에서 시작된다는 점을 잊지 말아야 한다.

3장. 만만디(慢慢地)와 콰이콰이(快快)의 공존

1. 기다림의 미학 뒤에 숨겨진 치열한 속도전

중국 사회와 비즈니스 문화를 상징하는 두 단어를 꼽으라면 단연 느긋함을 뜻하는 '만만디(慢慢的)'와 신속함을 뜻하는 '콰이콰이(快快)'일 것이다. 겉보기에 극명하게 상충하는 이 두 가치는 중국인의 삶 속에 기묘하게 공존하며 독특한 생존 전략을 형성한다. 흔히 외부 세계는 중국인을 만만디의 민족이라 규정하며 그들의 느긋한 태도에 답답함을 느끼곤 하지만, 그 이면을 들여다보면 누구보다 빠르게 변화를 선점하려는 치열한 속도전이 숨어 있다. 이러한 양면성을 이해하는 것이야말로 현대 중국의 역동성을 파악하는 첫걸음이자, 14억 인구의 대륙을 상대하는 가장 고차원적인 비즈니스 문법이다. 중국인의 시간관은 선형적인 흐름이 아니라, 상황에 따라 압축되고 팽창하는 고무줄과 같은 탄력성을 지니고 있다.

중국인의 일상에서 만만디는 단순히 게으름이나 나태함을 의미하지 않는다. 그것은 때를 기다리는 인내이자 리스크를 최소화하려는 전략적 신중함에 가깝다. 특히 인적 관계를 맺거나 중요한 의사결정을 내릴 때 중국인들은 극도로 만만디한 태도를 취한다. 상대방이 믿을 만한 사람인지 확인하는 과정, 그리고 제도의 허점을 파악하고 우군을 확보하는 과정에는 물리적인 시간이 필수적이기 때문이다. 서구적 관점에서 보면 이는 비효율적인 시간 낭비로 보일 수 있으나, 그들에게 이는 나중에 발생할 수 있는 거대한 손실을 막기 위한 필수적인 탐색 비용이다. 서두르다 일을 그르치기보다 충분히 무르익을 때까지 기다려 단번에 승기를 잡겠다는 기다림의 미학인 셈이다. 이 시기 중국인들은 끊임없이 차를 마시고 한담을 나누며 상대를 관찰한다. 이는 시간 죽이기가 아니라 상대의 내면과 '꽌시'의 깊이를 측정하는 정밀한 스캐닝 작업이다.

이러한 만만디 정신의 뿌리는 거대한 대륙의 지리적 환경과 농경 사회의 지혜에 깊게 닿아 있다. 광활한 영토에서 벌어지는 수많은 전쟁과 기근을 겪으며 중국인들은 조급함이 생존에 하등 도움이 되지 않는다는 사실을 깨달았다. 하늘의 때가 오기를 기다리며(待時) 자신을 낮추고 기운을 비축하는 것은 굴욕이 아니라 생존을 위한 최고의 지략이다. 특히 권력의 이동이 잦았던 역사 속에서 먼저 머리를 드는 자가 먼저 잘려 나가는 것을 보아온 이들에게, 만만디는 자신을 지키는 가장 단단한 갑옷이 되었다. 비즈니스 협상에서도 중국인들이 의도적으로 답변을 늦추며 상대의 인내심을 시험하는 것은, 상대의 약점을 노출시키고 주도권을 가져오려는 고도의 심리적 만만디 전략이다. 그들은 "강물은 급히 흘러도 바위는 움직이지 않는다"는 식의 태도로 상대의 조급함을 역이용하여 최선의 조건을 이끌어낸다.

하지만 일단 방향이 결정되고 확실한 기회가 포착되는 순간, 중국 사회는 경악할 만한 수준의 콰이콰이 모드로 전환된다. 이 속도전은 주로 실행의 영역에서 극명하게 나타난다. 거대한 대륙의 시장 선점 경쟁에서 한 발짝만 밀리면 모든 것을 잃는다는 절박함이 모든 구성원을 극단적인 효율성으로 몰아넣는다. 중국의 배달 문화나 물류 시스템, 혹은 '세계의 공장'이라 불리는 선전의 화창베이에서 벌어지는 하드웨어 제조 속도를 보면 만만디라는 단어는 온데간데없다. 오늘 구상한 아이디어가 내일 시제품으로 나오고, 모레 시장의 반응을 살피는 이 입도적인 속도감은 전 세계 어느 국가보다 빠르다. 결정 전까지는 만만디하게 신중을 기하지만, 결정 후에는 콰이콰이하게 몰아치는 파죽지세(破竹之勢)의 형세가 바로 중국식 속도의 본질이다.

현대 중국의 디지털 경제는 이 콰이콰이 정신의 거대한 전시장과 같다. '산자이(山寨)'라 불리는 모방과 개량의 문화 속에서 중국 기업들은 완벽한 기획보다는 빠른 복제와 더 빠른 수정을 통해 시장을 장악한다. 남들이 법적 검토와 완벽한 설계를 고민할 때 일단 시장에 내놓고, 남들이 사후 보고서를 쓸 때 이미 버전 2.0을 출시하는 이 속도는 자본의 회전 속도를 극대화한다. 전 세계 유니콘 기업들이 중국에서 쏟아져 나오는 배경에는 실패를 두려워하지 않고 일단 뛰어드는 콰이콰이식 과감함이 자리 잡고 있다. 이들에게 시간은 단순히 흘러가는 숫자가 아니라 생존의 기회비용이며, 1% 의 가능성만 보여도 전력투구하는 야수성과 같다. 콰이콰이는 곧 생존을 위한 처절한 몸부림인 셈이다.

이러한 공존은 중국의 정책 집행 과정에서도 여실히 드러난다. 국가적 대업이나 수십 년을 내다보는 장기적인 개혁 과제, 혹은 '중화민족의 위대한 부흥' 같은 거대 담론에 대해서는 만만디의 호흡으로 인내하며 벽돌을 쌓아 올린다. 하지만 일단 하달된 구체적인 경제 수치를 달성하거나 도시 개발 프로젝트를 추진하는 데 있어서는 수단과 방법을 가리지 않는 콰이콰이의 속도를 보여준다. 이 과정에서 발생하는 부작용이나 시행착오는 "달리면서 수정한다"는 선실행 후보완(先執行 後補完)의 논리로 정당화된다. 완벽한 계획을 세우느라 기회를 놓치기보다 일단 실행하고 시장의 피드백에 따라 유연하게 궤도를 수정하는 방식이 사회 전반에 체질화되어 있다. 정책의 '시범 구역'을 설정해 만만디하게 효과를 검증한 뒤, 검증이 완료되면 전국적으로 콰이콰이하게 확산시키는 전략은 중국 성장의 핵심 공식이다.

비즈니스 파트너로서 중국인을 대할 때 가장 위험한 것은 그들의 만만디를 나태함이나 무능함으로 오해하는 것이다. 그들이 차를 마시며 한가롭게 한담을 나누는 동안 그들의 머릿속은 이미 콰이콰이한 계산기로 분주하게 돌아가고 있다. 반대로 그들이 갑자기 번개처럼 빠른 결정을 요구할 때 당황하는 것도 금물이다. 이는 이미 만만디의 과정을 통해 보이지 않는 곳에서 모든 검증과 조율이 끝났다는 시그널이거나, 혹은 상대의 조급함을 이용해 실리를 챙기려는 전략적 가속일 수 있기 때문이다. 결국 승패는 누가 더 빠른가에 있지 않고, 누가 더 적절한 순간에 호흡의 길이를 조절하느냐, 즉 '이이제이(以夷制夷)'의 심리로 상대의 속도감을 제어하느냐에 달려 있다.

결국 만만디와 콰이콰이는 서로 대립하는 개념이 아니라 상황에 따라 선택적으로 호출되는 보완적 도구들이다. 인맥을 쌓고 신뢰를 구축하며 판을 짜는 거시적 단계에서는 만만디의 호흡으로 내실을 기하고, 진술직인 실행과 자본의 회전이 필요한 미시적 단계에서는 콰이콰이의 속도로 상대를 압도한다. 이 두 가지 극단의 호흡을 자유자재로 변주하는 능력이야말로 오늘날 중국이 거대한 덩치에도 불구하고 유연하게 움직일 수 있는 원동력이다. 중국인은 마치 태극권을 하듯 느리게 움직이다가도 결정적인 순간에 폭발적인 타격(發勁)을 가하는 무술가와 같다. 기다림 뒤에 숨겨진 치열한 속도전을 이해하지 못한다면 중국이라는 거대한 용의 다음 행보를 결코 예측할 수 없을 것이다.

우리는 이제 중국의 속도를 다시 정의해야 한다. 그것은 단순한 시간의 단축이 아니라, 멈춤과 달림의 완벽한 조화, 즉 '동정(動靜)'의 조화다. 만만디의 인내로 뿌리를 깊게 내리고 콰이콰이의 활력으로 열매를 맺는 대륙의 생존법을 보라. 이 두 극단의 가치를 한 몸에 품고 살아가는 중국인들의 역동성은 현대 자본주의가 마주한 가장 강력한 도전이자 기회다. 그들의 느긋한 미소 뒤에 숨겨진 전광석화와 같은 칼날을 읽어낼 수 있을 때, 당신은 비로소 대륙의 진정한 비즈니스 파트너가 될 자격을 얻게 될 것이다. 서구식의 일정한 속도감이 중국에서는 통하지 않는 이유가 여기에 있다.

중국인의 시간관을 이해하는 것은 그들의 영혼을 읽는 것과 같다. 때로는 바위처럼 무겁게 기다리고 때로는 화살처럼 빠르게 움직이는 이들의 변칙적인 속도감에 적응하라. 그것이 21세기 거대한 변화의 물결 속에서 우리가 살아남고 승리할 수 있는 유일한 길이다. 대륙의 호흡은 이제 당신의 감각을 깨우는 새로운 기준이 될 것이다. 단순히 '빨리'가 아니라 '언제 빨리 할 것인가'를 고민하라. 그것이 만만디와 콰이콰이라는 두 개의 바퀴로 굴러가는 중국이라는 거대한 전차에 올라타는 법이다. 이제 당신의 비즈니스 시계도 대륙의 리듬에 맞춰 재설정되어야 할 때다.

2. '일단 저지르고 본다'는 중국식 실험 문화

현대 중국의 비즈니스 생태계와 혁신을 상징하는 가장 강렬한 태도는 바로 '일단 저지르고 본다'는 과감한 실험 문화다. 이는 완벽한 계획과 철저한 검증을 중시하는 전통적인 선진국형 모델과는 궤를 완전히 달리한다. 중국인들에게 혁신이란 책상 위에서 정교하게 설계된 완결된 결과물이 아니라, 거친 시장의 파도 속에서 수천 번 깨지고 부딪히며 끊임없이 형태를 바꾸어 살아남는 유기체와 같다. 이러한 저돌적인 태도는 '선행후완(先行後完)', 즉 먼저 시행하고 나중에 완벽을 기한다는 중국 특유의 실용주의 철학에서 비롯된다. 이는 단순히 성격이 급해서가 아니라, 변화의 속도가 광속에 가까운 대륙의 시장 환경에서 살아남기 위해 체득한 가장 합리적인 생존 본능의 발현이다.

이 실험 문화의 핵심은 압도적인 속도와 유연성이다. 중국의 창업가들은 아이디어가 떠오르면 그것이 단 70% 정도만 완성되었다고 판단되어도 즉시 시장에 내놓는다. 나머지 30%의 결함과 공백은 실제 사용자들의 피드백을 실시간으로 수혈하며 수정해 나간다. 그들에게 있어 가장 치명적인 실패는 제품의 결함이 아니라, 완벽을 기하느라 출시 시기를 놓쳐 경쟁자에게 시장을 선점당하는 것이다. 이러한 문화 덕분에 중국에서는 아침에 기획된 서비스가 저녁에 베타 버전으로 출시되고, 단 일주일 만에 수백만 명의 사용자를 확보하며 궤도에 오르는 마법 같은 일이 빈번하게 일어난다. 실패하더라도 작고 빠르게 실패하고, 그 잔해 위에서 곧바로 새로운 실험을 시작하는 회복 탄력성이 바로 이들의 가장 강력한 무기다.

중국 정부의 규제 방식 또한 이러한 실험 문화를 뒷받침하는 결정적인 축이다. 소위 '네거티브 규제'로 불리는 중국식 행정은 새로운 산업이 등장했을 때 법으로 금지된 것이 아니라면 일단 허용해 주는 파격적인 방식을 취한다. 공유 자전거, 모바일 결제, 무인 자율주행 택시 등이 법적·제도적 인프라가 갖춰지기 전에 이미 도시 곳곳을 점령할 수 있었던 이유가 여기에 있다. 정부는 일단 산업이 마음껏 뛰어놀 수 있는 거대한 운동장을 열어주고, 그 과정에서 발생하는 부작용이 사회적 임계점에 도달했을 때 비로소 정교한 가이드라인을 제시한다. 민간의 창의적 에너지가 제도의 벽에 가로막혀 고사하지 않도록 '선실험 후규제'의 공간을 국가적 차원에서 보장해 준 셈이다. 이는 혁신을 관리의 대상이 아닌 진화의 대상으로 보는 관점의 전환이다.

이러한 문화는 소비자들의 수용성에서도 극명하게 나타난다. 중국의 소비자들은 기술적 오류나 서비스의 미숙함에 대해 놀라울 정도로 관대하며, 오히려 이를 당연한 과정으로 받아들인다. 그들은 자신이 혁신의 과정에 직접 참여하고 있다는 일종의 동질감을 느끼며, 새로운 기술이 가져다주는 편리함이 소소한 불편함보다 크다면 기꺼이 베타 테스터가 되기를 자처한다. 기업과 정부, 그리고 소비자가 삼위일체가 되어 거대한 사회적 실험장을 구축하고 있는 것이다. 선전이나 항저우 같은 도시들이 실리콘밸리를 위협하는 글로벌 혁신의 허브가 된 것은 단순히 자본이 많아서가 아니다. 실패를 두려워하지 않고 일단 던져보는 이 '도전의 밀도'가 세계 그 어느 곳보다 높기 때문이다.

더 깊은 이면을 들여다보면, 이 실험 정신은 중국 전역에 퍼진 '산자이(山寨) 정신'의 진화된 형태이기도 하다. 과거의 산자이가 단순히 외형을 베끼는 짝퉁이나 저급한 모방에 그쳤다면, 현대의 산자이는 기존 모델을 빠르게 복제한 뒤 그 위에 수만 가지 변칙적 기능을 덧붙여 원조를 뛰어넘는 '마이크로 혁신'의 온상이 되었다. 이들은 특허권이나 지식재산권이라는 정교한 법적 질서에 묶여 머뭇거리기보다, 누가 더 빨리 시장의 가려운 곳을 긁어주느냐는 실전적 가치에 집중한다. 이러한 거친 야생성과 적응력은 온실 속에서 정교한 매뉴얼을 익히며 자란 서구의 스타트업들이 중국 시장에 들어왔을 때 추풍낙엽처럼 쓰러지는 결정적인 이유가 된다.

또한 '일단 저지르는' 문화는 중국의 거대한 인구 규모와 결합하여 가공할 만한 시너지를 낸다. 14억 인구라는 거대한 실험 표본은 인공지능(AI)과 빅데이터 시대에 강력한 경쟁 우위가 된다. 수만 개의 시도가 동시에 이루어지고, 그중에서 살아남은 단 하나의 모델이 순식간에 전국으로 확산되는 구조다. 이는 마치 생태계의 자연선택 과정과 흡사하다. 돌연변이처럼 등장한 새로운 비즈니스 모델이 수억 명의 피드백을 먹고 자라며 단 며칠 만에 완성도를 갖추는 과정은, 느릿한 절차와 합의를 중시하는 사회에서는 상상조차 할 수 없는 속도다. 중국은 대륙 전체를 하나의 거대한 실험실(Giant Lab)로 활용하며 데이터 기반의 혁신을 완성해 가고 있다.

이러한 실험 문화는 '사회적 비용'의 전가라는 비판에서 자유로울 수 없다. 난립하는 공유 자전거가 도시의 흉물이 되어 쌓이거나, 충분히 검증되지 않은 핀테크 서비스가 금융 사기로 변질되어 수많은 서민 피해자를 낳기도 한다. 그러나 중국 사회는 이러한 비용을 혁신이라는 거대한 성과를 위해 지불해야 할 불가피한 수업료로 간주한다. "구더기 무서워 장 못 담그랴"는 식의 사고방식으로, 부작용을 사전에 완벽히 통제하느라 성장의 기회를 놓치는 것을 국가적으로 더 큰 해악으로 보는 것이다. 이 지독하리만큼 철저한 결과 중심주의와 실용주의가 바로 중국을 움직이는 무서운 엔진이다.

결국 '일단 저지르고 본다'는 문화는 중국이 후발 주자의 불리함을 극복하고 글로벌 기술 리더로 도약하게 만든 결정적 원동력이 되었다. 정교한 지도 없이도 일단 길을 떠나는 이들의 용기는 데이터라는 현대의 나침반을 만나 더욱 강력해졌다. 수많은 시도와 수많은 실패가 층층이 쌓여 거대한 데이터의 산을 이루고, 그 안에서 가장 강인한 모델만이 살아남는 적자생존의 실험실이 바로 오늘날의 중국이다. 기다림의 미학 뒤에 숨겨진 이 폭발적인 실행력과 파괴적인 속도야말로 우리가 중국의 겉모습이 아닌 그 이면의 엔진을 두려워하고 주시해야 하는 진짜 이유다.

중국 비즈니스를 준비하는 이들이라면 이들의 거친 호흡에 반드시 익숙해져야 한다. 완벽한 기획안을 들고 그들을 설득하려 하기보다, 비록 미완성일지라도 당장 실행 가능한 '프로토타입'을 먼저 제시하라. 그들은 당신의 논리적 완결성보다 당신이 얼마나 빨리 시장의 변화에 반응하고 수정할 수 있는지를 더 중요하게 평가할 것이다. 대륙의 혁신은 멈춰있는 정적인 설계도가 아니라, 끊임없이 폭발하고 재구성되는 역동적인 연쇄 반응이다. 그 폭발의 현장에 스스로를 던질 준비가 되었는가? 그것이 당신이 중국이라는 거대한 용의 등에 올라타기 위해 스스로에게 던져야 할 마지막 질문이자 성공의 유일한 열쇠다. 대륙의 시간은 기다려주지 않으며, 오직 실행하는 자만이 그 속도를 자신의 동력으로 삼을 수 있다.

3. 불확실성을 대하는 중국인의 유연성

불확실성을 대하는 중국인의 태도는 거대한 대륙의 역사와 지리적 환경이 빚어낸 독특한 생존 지혜인 '변통(變通)'으로 요약된다. 중국인들에게 세상은 고정된 법칙에 의해 움직이는 질서 정연한 공간이 아니라, 언제든 예측 불가능한 변수가 튀어나올 수 있는 유동적인 바다와 같다. 이들은 불확실성을 제거해야 할 장애물로 보지 않고, 오히려 그 안에서 새로운 기회를 포착하려는 유연한 태도를 취한다. 원칙을 지키되 상황에 따라 변화를 수용하는 '원칙은 엄격하게, 실행은 유연하게'라는 사고방식이 이들의 뼈대를 이룬다. 이는 수천 년간 지속된 황하의 범람과 잦은 왕조 교체 속에서 '고정된 것은 아무것도 없다'는 사실을 뼈저리게 학습한 결과다.

이러한 유연성의 근간에는 변화를 상수로 받아들이는 도가적, 유가적 전통이 깊게 깔려 있다. $주역(周易)$에서 말하는 '궁즉변, 변즉통, 통즉구(窮則變, 變則通, 通則久)', 즉 "궁하면 변하고, 변하면 통하며, 통하면 오래간다"는 철학은 중국인의 뇌리에 깊이 박

힌 생존 매뉴얼이다. "물은 정해진 형태가 없으나 어떤 그릇에도 담
긴다"는 노자의 가르침처럼, 중국인들은 환경이 변하면 그에 맞춰
자신의 모양을 바꾼다. 비즈니스 현장에서도 계약서의 조항 하나
하나에 매몰되기보다, 시장 상황이 변하면 파트너와 협의해 조건
을 수정하는 것을 지극히 당연하게 여긴다. 서구적 관점에서는 이
를 신뢰의 결여나 무책임으로 볼 수 있으나, 중국인들에게 이는 변
화하는 현실에 발맞추는 가장 합리적인 대응이다. 경직된 계획은
부러지기 쉽지만, 유연한 대응은 어떤 풍파 속에서도 살아남을 수
있다는 믿음이 바탕에 깔려 있다.

중국인의 유연성은 '메이원티(沒問題, 문제없다)'라는 말 속에도
잘 녹아 있다. 이는 대책 없는 낙관주의가 아니라, 어떤 돌발 상황
이 닥쳐도 해결할 수 있는 비공식적인 통로와 대안을 가지고 있다
는 자신감의 표현이다. 시스템이 마비되거나 규제가 가로막아도 인
맥(꽌시)을 동원하거나 새로운 우회로를 찾아내는 이들의 임기응
변은 불확실한 환경에서 빛을 발한다. 공식적인 규칙(Rule)보다는
상황(Context)을 중시하는 맥락 중심의 사고가 불확실성을 돌파
하는 강력한 무기가 되는 셈이다. 이들에게 '안 되는 것'은 '절대 불
가능'을 의미하는 것이 아니라 '지금의 경로로는 어렵다'는 뜻에 가
깝다. 따라서 "안 된다"는 말에 좌절하기보다 "어떻게 하면 되겠느
냐"고 묻는 유연한 접근이 필요하다.

또한, 이러한 유연성은 거시적인 국가 정책과 미시적인 개인의 삶

사이에서도 조화를 이룬다. 중국 정부가 제시하는 거대한 담론이 현장에서 충돌할 때, 중국인들은 이를 정면으로 거스르기보다 '위에 정책이 있으면 아래에는 대책이 있다(상유정책, 하유대책 上有政策, 下有對策)'는 식의 유연한 처세술을 발휘한다. 이는 단순히 법망을 피하는 편법이 아니라, 경직된 제도가 현실의 역동성을 따라가지 못할 때 발생하는 마찰을 줄여주는 사회적 윤활유 역할을 한다. 중앙의 명령을 거부하지 않으면서도 현장의 실리에 맞게 교묘하게 조정하는 이 기술은 수천 년 관료 사회를 거치며 정교화된 생존술이다. 이러한 '대책'의 문화는 중국 경제가 경직된 공산주의 체제 하에서도 놀라운 자생력을 발휘하게 만든 원천이기도 하다.

이 변통의 미학은 현대 비즈니스의 '리스크 관리' 측면에서도 독특한 강점을 발휘한다. 서구 기업들이 시나리오 경영을 통해 미래를 예측하고 대비하려 할 때, 중국 기업들은 예측 자체를 포기하는 대신 '즉각적인 반응 시스템'을 구축한다. 계획에 공을 들이기보다 어떤 변화가 닥쳐도 즉시 대응할 수 있는 의사결정 구조와 자원 동원력을 갖추는 데 주력한다. 불확실한 시대일수록 하나의 정답에 매몰되지 않고 수많은 '플랜 B'를 가동하는 이들의 유연함은 중국 경제가 위기 때마다 놀라운 회복력을 보여주는 원동력이 되었다. 그들에게 리스크란 피해야 할 대상이 아니라, 파도를 타듯 능숙하게 다루어야 할 대상이다.

중국인들과 협상할 때 가장 당혹스러운 지점도 바로 이 유연성에서 기인한다. 어제 합의한 내용이 오늘 아침에 뒤집히기도 하고, 법적 검토가 끝난 문건이 실무 단계에서 전혀 다른 맥락으로 해석 되기도 한다. 하지만 이를 '기만'이라고 단정 짓는 순간 대화는 끊 긴다. 그들에게 그것은 '변화한 환경에 따른 합리적 최적화'이기 때 문이다. 따라서 그들과 비즈니스를 할 때는 계약서의 잉크가 마르 기도 전에 상황이 바뀔 수 있음을 전제해야 한다. 계약서 자체보다 '상황이 변해도 우리 관계는 변치 말자'는 인격적 신뢰가 더 중요한 이유도 여기에 있다. 사실상 가장 강력한 보증은 종이 위의 서명이 아니라 서로의 눈빛에서 확인한 유대감이다.

삐딱하게 보면 이러한 변통은 원칙을 파괴하는 기회주의로 비칠 수 있다. 일관성 없는 정책과 그때그때 달라지는 기준은 외부 투자 자들에게 극심한 피로감을 준다. 하지만 중국적 맥락에서 원칙은 '북극성'처럼 방향을 제시하는 것이지, 발목을 잡는 '족쇄'가 되어 서는 안 된다. 이들에게 최고의 미덕은 도덕적 결벽증이 아니라 실 질적인 결과물을 만들어내는 생활력이다. 고난의 역사 속에서 원 칙만 따지다 굶어 죽은 이들을 수없이 보아온 이들에게, 변통은 도 덕보다 앞서는 생존의 의무다. "검은 고양이든 흰 고양이든 쥐만 잘 잡으면 된다"는 덩샤오핑의 흑묘백묘론은 이 변통의 미학을 국 가적 수준으로 끌어올린 선언이었다.

변통의 지혜는 현대 중국의 혁신과도 맞닿아 있다. 정해진 경로 가 막히면 즉각 우회로를 뚫고, 새로운 기술이 나오면 기존의 질서를 파괴하면서까지 수용하는 속도는 바로 이 '유연한 사고'에서 나온다. 중국의 디지털 결제 시스템이나 공유 경제가 세계 최고 수준으로 올라선 것은 제도적 완벽함 때문이 아니라, 제도의 불완전함 속에서도 변통의 지혜를 발휘해 시장을 먼저 만들어버린 실행력 덕분이다. 그들은 규제의 빈틈을 창의적으로 해석하고, 그 안에서 거대한 부를 창출하는 데 천부적인 소질을 가지고 있다.

결국 중국인이 불확실성을 대하는 방식은 '모호함의 수용'이다. 흑백을 분명히 가르기보다 회색 지대의 가능성을 열어두고, 그 모호함 속에서 자신에게 유리한 지점을 찾아내는 감각이 탁월하다. 학실한 것이 아무것도 없는 시대에 모든 것을 규격화하려는 시도 자체가 리스크가 될 수 있음을 이들은 본능적으로 알고 있다. 바람이 불면 나무는 저항하다 꺾이지만 풀은 몸을 굽혀 살아남듯, 중국인의 유연성은 불확실성이라는 거센 바람 속에서 대륙을 지탱해 온 가장 오래된 생존 전략이다. 이들에게 회색은 혼란의 색이 아니라 무한한 가능성의 색이다.

대륙의 문을 열려는 이들은 스스로 '물'이 되어야 한다. 고정된 관념과 딱딱한 원칙의 틀을 깨고, 상대방이 흘러가는 대로 함께 흐를 수 있는 유연함을 갖추어야 한다. 중국인들이 불확실한 미래를 향해 '메이원티'를 외칠 때, 그 미소 뒤에 숨겨진 수천 가지 대책과 변통의 시나리오를 읽어낼 수 있어야 한다. 불확실성은 공포가 아니라, 변통의 지혜를 발휘할 수 있는 가장 화려한 무대다. 이 무대 위에서 당신은 어떤 춤을 출 것인가? 대륙의 파도는 거칠지만, 물의 마음을 가진 자에게는 그 어떤 길보다 넓고 평탄한 길이 될 것이다. 변통(變通)하는 자만이 통(通)하고, 통하는 자만이 오래도록 살아남을 것이다.

중국 하북미술대학 전경

2부

숫자로 읽는 진짜 중국:
인구와 공간의 변화

1. 인구 절벽과 실버 산업의 부상

중국을 지탱하던 가장 강력한 엔진이었던 '인구 보너스' 시대가 저물고, 이제 대륙은 '인구 절벽'이라는 거대한 도전 앞에 직면해 있다. 14억이라는 압도적인 숫자는 여전히 중국의 위상을 상징하지만, 그 이면을 들어다보면 급격한 저출산과 고령화라는 시한폭탄이 긴박하게 돌아가고 있다. 과거 '한 자녀 정책'이 초래한 기형적인 인구 구조의 불균형은 이제 노동인구 감소와 노년층 급증이라는 결과로 나타나며, 중국의 경제 지도와 산업 지형을 근본적으로 뒤흔들고 있다. 이는 단순히 사회 현상을 넘어 '중화민족의 위대한 부흥'을 꿈꾸는 국가 전략 자체를 수정하게 만드는 거대한 파고다. 이제 중국은 '인구가 곧 힘'이었던 시대를 지나, '인구가 곧 비용'이 될지도 모르는 미증유의 시대로 진입하고 있다.

중국의 인구 절벽은 단순히 숫자의 감소를 넘어 경제 성장 모델의 근본적인 위기를 의미한다. 생산가능인구가 줄어들면서 저렴한 노동력을 바탕으로 했던 '세계의 공장' 지위는 흔들리고 있으며, 이는 제조 단가 상승과 기업의 해외 이전으로 이어진다. 과거 대륙의 성장을 견인했던 무한한 노동 공급의 시대는 끝났다. 정부가 세 자녀 정책을 도입하며 출산 장려에 총력을 기울이고 있음에도 불구하고, 양육비 부담과 치열한 생존 경쟁에 지친 젊은 세대의 반응은 냉담하다. 결혼과 출산을 거부하는 '탕핑(躺平, 가만히 누워있기)' 문화는 인구 폭발을 걱정하던 나라가 이제는 사람이 부족해 성장이 멈출 것을 걱정해야 하는 역설적인 상황을 상징적으로 보여준다.

노동력 부족은 역설적으로 중국 산업의 고도화를 강제하고 있다. 사람을 구하기 힘들고 인건비가 가파르게 치솟자, 중국 기업들은 더 이상 노동 집약적 생산 방식에 매달릴 수 없게 되었다. 이는 전 산업 분야에 걸친 자동화와 로봇 도입의 가속화로 이어진다. 전 세계 산업용 로봇의 절반 이상을 중국이 흡수하고 있는 배경에는 이러한 절박한 생존 본능이 깔려 있다. 인구 절벽이라는 벼랑 끝에서 중국은 '노동의 양'을 '기술의 지능'으로 대체하며 4차 산업혁명의 선두로 나아가는 기묘한 반전을 꾀하고 있다. 단순 반복 업무는 기계에 맡기고 인간은 더 창의적이고 고부가가치적인 영역에 집중해야 하는 구조적 전환기를 맞이한 것이다.

하지만 '인구 구조의 비극'으로 불리는 고령화는 또 다른 측면에서 '실버 경제(Silver Economy)'라는 거대한 기회의 장을 열어젖히고 있다. 중국 정부가 60세 이상 인구가 3억 명을 넘어설 것으로 예상되는 시점을 대비해 실버 산업을 국가 전략 산업으로 격상시키면서, 이 분야는 자본의 새로운 격전지가 되었다. 과거의 노년층이 저축과 절약을 미덕으로 삼으며 자식에게 모든 것을 쏟아부었다면, 개혁개방의 수혜를 입고 은퇴한 '신노년층'은 구매력을 갖춘 채 자신들을 위한 소비에 적극적이다. 이들은 세련된 취향을 가지고 있으며 의료와 돌봄 서비스는 물론이고 여행, 교육, 엔터테인먼트, 재테크에 이르기까지 실버 산업의 영역을 무한히 확장시키고 있다.

특히 인공지능과 로봇 기술이 결합한 '스마트 실버 케어' 산업은 중국이 전 세계에서 가장 앞서나가는 분야 중 하나다. 부족한 간병 인력을 대신할 돌봄 로봇, 노인들의 건강 상태를 실시간으로 모니터링하는 웨어러블 기기, 외로움을 달래주는 AI 반려 로봇 등이 속속 등장하고 있다. 이는 인구 부족이라는 사회적 문제를 기술 혁신으로 돌파하려는 중국 특유의 실험 정신이 반영된 결과다. 독거노인의 안전을 확인하는 스마트 전기 계측기나 낙상을 감지하는 레이더 센서 등은 이미 대도시의 노인 거주 단지에 보편화되고 있다. 이제 중국에서 효도의 개념은 자식의 곁을 지키는 것에서 얼마나 효율적인 스마트 케어 시스템을 부모에게 제공하느냐로 이동하고 있다.

또한 실버 산업 전용 금융 상품이나 노년층 맞춤형 스마트폰 앱 등 하드웨어와 소프트웨어를 아우르는 거대한 생태계가 구축되고 있다. 중국의 빅테크 기업들은 디지털 소외를 막는다는 명분 하에

앱의 글자 크기를 키우고 음성 명령 기능을 강화한 '라오녠반(老年版, 노년 버전)' 서비스를 출시하며 거대한 노년층 시장을 선점하고 있다. 이는 단순한 복지 차원을 넘어 3억 명의 인구를 거대한 소비 데이터 플랫폼으로 묶으려는 전략적 포석이다. 고령층의 데이터가 쌓일수록 이들의 행동 패턴을 예측하고 맞춤형 제품을 제안하는 정교한 알고리즘 비즈니스가 가능해지기 때문이다.

중국은 이제 인구의 '양'이 줄어드는 것을 인구의 '질'을 높임으로써 상쇄하려 한다. 고등교육을 받은 인구의 비중을 높이고 숙련된 노동력을 양성하여, 줄어드는 머릿수를 개개인의 생산성으로 메우겠다는 전략이다. 이는 중국판 '인적 자본의 대전환'이다. 대학 졸업자 수가 매년 1천만 명을 상회하는 상황에서 이들을 고부가가치 산업으로 적재적소에 배치하는 것이 인구 절벽의 충격을 완화할 핵심 열쇠가 될 것이다. 교육의 질적 향상을 통해 한 명의 노동자가 과거 열 명의 몫을 해낼 수 있는 지식 기반 사회로의 이행을 서두르고 있는 셈이다. 머리수가 아닌 뇌세포의 효율로 승부하는 시대로의 진입이다.

하지만 사회적 비용의 증가라는 엄혹한 현실은 피할 수 없다. 고령 인구를 부양하기 위한 연금 고갈 우려와 의료비 지출 급증은 정부 재정에 막대한 부담을 안겨주고 있다. 이는 세대 간 갈등의 불씨가 될 수 있으며, 성장의 과실을 나누는 과정에서 심각한 사회적 균열을 초래할 위험을 내포하고 있다. 중국 정부가 '공동부유

(共同富裕)'를 강조하며 분배의 정의를 내세우는 배경에도 인구 절벽이 가져올 사회적 불안정을 선제적으로 관리하려는 의도가 숨어 있다. 노인 부양의 짐을 젊은 층에만 떠맡기지 않고 사회 전체가 분담하는 시스템을 구축하는 것이 지속 가능한 중국의 전제 조건이다.

결국 중국의 인구 변화는 위기와 기회라는 두 얼굴을 동시에 가지고 있다. 인구 절벽은 노동 집약적 산업의 종말을 고하고 있지만, 실버 산업의 부상은 고부가가치 서비스업과 기술 혁신을 강제하며 경제 체질 개선을 유도하고 있다. 14억 인구가 늙어간다는 것은 인류 역사상 유례없는 거대한 사회적 실험이며, 이 과정을 이떻게 관리하느냐에 따라 중국의 미래 패권 향방이 결정될 것이다. 고령화의 파도를 단순한 쇠퇴의 징조로 볼 것인지, 아니면 새로운 형태의 번영을 위한 진통으로 볼 것인지에 대한 해답은 결국 중국의 대응 역량에 달려 있다.

과거 중국이 젊은 노동력이라는 무기로 세계를 압도했다면, 미래의 중국은 늙어가는 지혜와 이를 뒷받침하는 첨단 기술로 승부를 걸어야 한다. 이제 중국은 인구의 양이 아닌 인구의 질과 노년의 가치에서 새로운 성장 동력을 찾아야만 하는 숙명적인 기로에 서 있다. 실버 산업은 단순한 틈새시장이 아니라 중국 경제를 지탱할 새로운 대들보가 될 것이다. 대륙 전체가 거대한 실버 타운으로 변해가는 과정은 그 자체로 거대한 소비 시장의 탄생을 의미한다.

이 거대한 전환기에 우리 기업들이 주목해야 할 지점은 명확하다. 중국의 인구 절벽을 비관적으로만 볼 것이 아니라 그들이 절실하게 필요로 하는 기술, 즉 로봇, 의료기기, 바이오, 실버 콘텐츠에서 협력의 기회를 찾아야 한다. 14억의 주름진 얼굴 속에 숨겨진 수천 조 원의 시장을 보는 눈, 그것이 인구 절벽이라는 거친 파도를 넘어 중국이라는 대륙과 함께 공생할 수 있는 진짜 실력이다. 대륙의 엔진은 멈추는 것이 아니라 새로운 연료를 찾아 다시 뜨거워지고 있다.

우리는 이제 늙어가는 대륙의 손을 잡고 함께 미래로 나아갈 준비를 해야 한다. 그들이 겪는 고민은 머지않아 우리가 겪을 고민이기도 하며, 그들이 찾아낸 해답은 우리의 교과서가 될 수도 있다. 중국의 인구 구조 변화는 한 국가의 문제를 넘어 아시아 전체, 그리고 전 세계 경제 질서를 재편하는 결정적인 변수다. 인구 절벽을 넘어 실버 경제의 파도를 타고 도약하는 중국의 모습을 예의주시하며 그 안에서 우리의 위치를 재설정해야 할 시점이다.

2. 1선~4선 도시: 도시별로 언어와 문화가 다른 이유

중국은 흔히 단일한 국가로 인식되지만 내부를 들여다보면 경제적 수준과 도시의 위상에 따라 분류된 1선에서 4선 도시 사이에는 거대한 문명적 격차가 존재한다. 베이징, 상하이, 광저우, 선전으로 대표되는 1선 도시가 글로벌 트렌드와 최첨단 기술의 각축장이라면 3선과 4선 도시들은 여전히 전통적인 가치관과 지역 특유의 정서가 강하게 남아 있는 공간이다. 이러한 도시별 위계는 단순히 소득 수준의 차이를 넘어 그 지역이 사용하는 언어의 뉘앙스와 관계를 맺는 방식 즉 문화의 본질적 차이를 만들어낸다. 14억이라는 숫자에 매몰되어 중국을 하나의 덩어리로 보는 오류를 범한다면 대륙의 각 층위가 뿜어내는 이질적인 에너지를 절대 이해할 수 없다.

도시별로 언어와 문화가 극명하게 갈리는 첫 번째 이유는 역사적 배경과 지리적 고립성에 있다. 중국은 광활한 영토만큼이나 수많은 방언이 존재하는데 상층부인 1선 도시들은 전역에서 몰려든 인재들이 섞이며 표준어인 푸퉁화를 중심으로 한 비즈니스 문화가 정착되었다. 이곳에서 언어는 효율적 정보 전달을 위한 도구에 가깝다. 반면 하위 선급 도시로 내려갈수록 지역 방언은 단순한 소통 수단을 넘어 그들만의 결속력을 확인하는 강력한 문화적 장벽이 된다. 외지인이 3, 4선 도시에서 사업을 하려면 그 지역의 사투리와 독특한 예절을 익히지 않고서는 결코 내부 네트워크에 진입할 수 없다. 언어가 곧 그 지역의 폐쇄성과 개방성을 가르는 척도가 되는 셈이다. 이는 단순한 발음의 차이가 아니라 세상을 해석하는 관점과 친밀함을 규정하는 문법의 차이로 이어진다.

두 번째 이유는 경제 구조에 따른 신뢰의 방식 차이다. 1선 도시는 계약과 시스템 그리고 개인의 역량이 중시되는 현대적 신뢰 구조를 가지고 있다. 이곳의 젊은 세대는 가족보다 동료나 전문적인 네트워크를 중시하며 합리적 개인주의를 바탕으로 생활한다. 법적 문서와 이메일이 신뢰의 증거가 된다. 하지만 4선 도시로 갈수록 사회적 자본은 여전히 혈연과 지연 즉 고전적인 꽌시에 의존한다. 소도시에서는 누구의 집안 사람인가가 개인의 능력보다 중요한 신용 지표가 되며 이는 자연스럽게 보수적이고 집단주의적인 문화를 형성한다. 같은 중국인이라 할지라도 대도시 사람과 소도시 사람이 서로를 대할 때 이질감을 느끼는 이유는 이처럼 신뢰를 구축하는 알고리즘 자체가 다르기 때문이다.

세 번째로는 소비 패턴과 가치관의 차이를 들 수 있다. 1선 도시의 소비자들은 글로벌 브랜드와 자아실현을 위한 가치 소비에 집중하는 반면 하위 도시로 갈수록 가성비와 체면을 동시에 챙기는 실속형 혹은 과시형 소비가 두드러진다. 최근 샤전 시장이라 불리는 3, 4선 도시의 급성장은 대도시와는 전혀 다른 마케팅 전략을 요구한다. 대도시에서는 위챗 페이를 통한 비대면 거래와 정교한 알고리즘 추천이 일상이지만 소도시에서는 여전히 얼굴을 마주하는 오프라인 상권의 영향력이 막강하며 지인들의 입소문과 커뮤니티의 힘이 구매 결정에 절대적인 영향을 미친다. 이들은 대도시의 유행을 뒤늦게 따르는 것이 아니라 자신들만의 독특한 가성비 생태계를 구축하며 새로운 소비 권력으로 부상하고 있다.

네 번째로 도시별 라이프스타일과 시간관념의 격차를 주목해야 한다. 1선 도시의 시간은 콰이콰이 정신으로 무장되어 분 단위로 쪼개지며 경쟁의 압박 속에서 빠르게 흐른다. 고학력 젊은이들이

996 시스템 즉 오전 9시부터 오후 9시까지 주 6일 근무하는 가혹한 노동 환경을 견디며 성공을 갈구하는 곳이 바로 이곳이다. 그러나 3, 4선 도시로 내려가면 시간은 만만디의 흐름으로 바뀐다. 퇴근 후 가족과 식사를 하고 지인들과 차를 마시는 여유가 삶의 중심에 있다. 이러한 시간의 속도 차이는 기업의 인적 자원 관리와 마케팅 타이밍에도 결정적인 영향을 미친다. 대도시에서는 즉각적인 반응과 혁신이 중요하지만 소도시에서는 긴 호흡의 관계 형성과 정서적 유대감이 선행되어야 한다.

다섯째로 디지털 침투율과 활용 방식의 이질성이다. 1선 도시가 스마트 시티와 무인 결제 그리고 고도의 플랫폼 서비스를 선도한다면 하위 도시는 디지털 기술을 관계 강화의 수단으로 변용한다. 예를 들어 1선 도시에서 배달 앱은 순수하게 편리함을 위한 도구이지만 소도시에서는 배달 기사와의 짧은 대화가 이웃 간의 안부 확인이 되기도 한다. 또한 핀둬둬와 같은 공동 구매 플랫폼이 소도시에서 폭발적으로 성장한 배경에는 이웃과 친척을 하나로 묶는 강력한 유대망이 디지털로 전이된 측면이 크다. 기술은 동일하게 보급되어도 그것을 사용하는 문화적 토양에 따라 전혀 다른 꽃을 피우는 셈이다.

여섯째는 인재의 흐름과 사회적 상승 욕구의 방향성이다. 과거에는 무조건 1선 도시로 향하는 베이드리프트 현상이 주를 이루었으나 최근에는 높은 주거비와 치열한 경쟁을 피해 고향인 3, 4선

도시로 돌아가는 판칭(返鄕) 현상이 뚜렷해지고 있다. 대도시에서 선진 문물을 익힌 젊은이들이 소도시로 돌아오면서 하위 도시의 문화적 수준이 급격히 상승하고 비즈니스 매너 또한 현대화되고 있다. 이는 1선 도시의 세련미와 소도시의 꽌시 문화가 결합된 새로운 하이브리드 문화를 창출하고 있으며 기업들에게는 소도시 시장을 공략할 수 있는 새로운 교두보를 제공한다.

결국 중국의 도시 등급제는 하나의 국가 안에 여러 개의 나라가 공존하는 것과 같은 풍경을 만들어낸다. 1선 도시가 중국의 뇌로서 미래를 설계하고 글로벌 경쟁력을 확보한다면 3, 4선 도시는 중국의 뿌리로서 전통적 가치를 수호하고 거대한 인구 기반의 내수 시장을 지탱한다. 이들 사이의 언어적, 문화적 파편화는 중국 사회의 다양성을 보여주는 동시에 통합을 저해하는 리스크가 되기도 한다. 그러나 역설적으로 이러한 격차야말로 중국 경제가 한 곳이 정체되어도 다른 곳에서 폭발적인 수요가 터져 나오게 만드는 다층적인 동력이 된다. 대도시가 포화 상태에 이르면 소도시가 새로운 성장 엔진이 되어 전체 시스템을 밀어올리는 구조다.

중국 비즈니스를 꿈꾸는 이들이라면 베이징이나 상하이의 화려한 스카이라인 뒤에 숨겨진 3, 4선 도시의 거대한 맥동을 읽어내야 한다. 1선 도시의 문법으로 소도시를 재단하려 하거나 소도시의 꽌시만으로 대도시의 시스템을 돌파하려 한다면 반드시 실패의 쓴맛을 보게 될 것이다. 각 도시 선급에 흐르는 서로 다른 문화적 코드와 신뢰의 알고리즘 그리고 시간의 속도를 정교하게 맞추는 튜닝 작업이 필요하다. 14억이라는 거대 시장의 진면목은 이 다층적인 도시 위계가 만들어내는 입체적인 지형도를 이해할 때 비로소 드러난다.

　결론적으로 현대 중국을 이해한다는 것은 이 파편화된 도시들 사이의 간극을 연결하는 퍼즐 맞추기와 같다. 어떤 도시는 미래에 살고 있고 어떤 도시는 과거의 유산을 품고 현재를 견뎌낸다. 이 거대한 시간과 공간의 불일치를 인정하고 각기 다른 호흡으로 다가가는 자만이 대륙이라는 거대한 유기체의 진정한 파트너가 될 수 있다. 중국은 단일한 시장이 아니라 수천 개의 서로 다른 문화가 도시라는 등급 아래 겹겹이 쌓인 지층임을 명심해야 한다. 그 지층의 결을 따라 세밀하게 전략을 짜는 지혜가 지금 우리에게 절실히 요구된다.

5장. 소비 문화의 대전환

1. '싼 게 비지떡'은 옛말: 프리미엄 시장의 등장

과거 세계 시장에서 중국 제품은 저렴한 가격을 무기로 삼는 이른바 '싼 게 비지떡'의 대명사로 통했다. 하지만 최근 중국 내수 시장에서 벌어지고 있는 변화는 이러한 고정관념을 완전히 뒤엎는다. 소득 수준의 향상과 더불어 소비자의 눈높이가 비약적으로 높아지면서 이제 중국은 단순히 물건을 많이 파는 양적 시장을 넘어 고품질과 브랜드 가치를 따지는 프리미엄 시장의 격전지로 변모했다. 이는 가성비를 넘어 가심비와 품질을 우선시하는 새로운 소비 세대의 등장이 가져온 결과다. 대륙의 소비 지도는 이제 저가 경쟁의 늪에서 벗어나 고부가가치를 지향하는 새로운 국면으로 진입하고 있다. 14억이라는 거대한 인구 집단이 단순히 '먹고 사는 문제'를 해결하는 단계를 지나 '어떻게 품격 있게 사느냐'의 단계로 진화한 것이다.

이러한 변화를 주도하는 핵심 세대는 이른바 주링허우(90년대생)와 링링허우(00년대생)다. 이들은 중국의 폭발적인 경제 성장을 온몸으로 체험하며 자라난 세대로, 과거 기성세대가 겪었던 물질적 결핍의 기억이 거의 없다. 따라서 이들에게 소비는 단순히 필요한 물건을 구매하는 생존 행위를 넘어 자신의 정체성과 취향을 드러내는 중요한 수단이 된다. 무조건 저렴한 제품을 찾기보다 가격이 비싸더라도 신뢰할 수 있는 성분, 독창적인 디자인, 그리고 브랜드가 추구하는 철학적 가치를 꼼꼼히 따진다. 이들의 까다로운 입맛은 가전, 화장품, 식품 등 산업 전반에 걸쳐 고단가 프리미엄 제품의 점유율을 급격히 끌어올리고 있다. 젊은 소비자들에게 브랜드는 이제 단순한 로고가 아니라 자신의 사회적 지위와 라이프스타일을 대변하는 엠블럼이자 훈장으로 기능한다.

가진 분야에시의 프리미엄 전략은 특히 독보적인 양상을 보인다. 과거 샤오미가 가성비를 앞세워 시장을 장악하며 생태계를 확장했다면, 이제는 하이얼(Haier)의 '카사떼(Casarte)'나 메이디(Midea)의 '콜모(COLMO)' 같은 하이엔드 전용 브랜드들이 인공지능(AI)과 사물인터넷(IoT)이 결합된 고가의 제품군을 선보이며 시장의 프리미엄화를 주도하고 있다. 세탁기 한 대에 수백만 원을 호가하더라도 삶의 질을 획기적으로 높여주는 지능형 기능이 포함되어 있다면 주저 없이 지갑을 여는 소비층이 두터워진 것이다. 이는 스마트폰 시장에서도 마찬가지로, 화웨이나 비보 같은 로컬 브랜드들이 폴더블 폰이나 고성능 카메라 렌즈를 앞세워 애플과 같은 글로벌 강자들과 프리미엄 영역에서 정면 승부를 벌이고 있다. 기능의 상향 평준화 속에서 소비자들은 이제 디테일의 완성도와 사후 서비스(AS)의 질적 수준을 구매의 핵심 척도로 삼는다.

흥미로운 점은 프리미엄 시장의 성장이 외국 브랜드의 독무대가 아니라는 사실이다. 이른바 국조(궈차오, 國潮) 열풍과 맞물려 중국 로컬 브랜드들은 서구적 감성에 중국 특유의 문화 요소를 결합한 고급화 전략으로 눈부신 성공을 거두고 있다. 화장품 브랜드 '화시즈(Florasis)'나 프리미엄 차 음료 브랜드 '헤이티(HEYTEA)'는 세련된 브랜딩과 최고급 원료를 사용하여 해외 명품에 뒤지지 않는 가격대에도 불구하고 젊은 층의 열광적인 지지를 얻고 있다. 중국산은 저렴하다는 편견을 깨고 '중국산이기에 특별하다'는 프리미엄 가치를 창출해낸 셈이다. 이러한 국조 열풍은 단순한 애국심을 넘어 자국 문화에 대한 깊은 자부심과 제품 경쟁력에 대한 확신이 결합된 고도의 소비 심리적 기제다.

고급화의 물결은 의식주 전반을 넘어 서비스 영역으로도 깊숙이 침투하고 있다. 이제는 단순히 맛있는 음식을 먹는 것을 넘어, 식당의 인테리어, 종업원의 서비스 태도, 그리고 그 공간이 주는 정서적 경험에 기꺼이 높은 비용을 지불한다. 하이디라오(Haidilao)와 같은 서비스 혁신 기업이 프리미엄 대접을 받는 이유도 바로 여기에 있다. 중국 소비자들은 제품의 물리적 특성보다는 제품을 소비하는 과정에서 얻는 심리적 만족감, 즉 '총체적 경험의 질(Customer Experience)'에 집중한다. 이는 기업들에게 단순한 제조 역량을 넘어 서비스 설계 능력과 고객 여정 관리 능력을 요구하는 커다란 패러다임의 변화다.

디지털 플랫폼에서의 소비 행태 역시 강력한 프리미엄 지향성을 띠고 있다. 타오바오나 징둥닷컴 같은 거대 이커머스 내에서도 프리미엄 전용관인 '럭셔리 파빌리온'의 매출 성장세는 일반 대중 제품군을 압도한다. 라이브 커머스 시장에서도 단순히 가격 할인과 경품을 내세우는 판매자보다 제품의 전문적인 지식을 전달하고 브랜드의 스토리를 입히는 인플루언서들이 더 높은 매출과 높은 객단가를 기록한다. 소비자는 이제 정보를 소비하고 그 정보의 가치를 제품 가격에 포함시켜 이해한다. 고가의 VIP 멤버십 서비스나 유료 구독 모델이 확산되는 것도 이러한 맥락에서 이해할 수 있다. 프리미엄은 이제 소유를 넘어 '소속감'의 문제로 확장되고 있다.

또한 친환경과 지속 가능성이라는 가치가 프리미엄의 새로운 정의로 자리 잡고 있다. 건강에 무해한 유기농 식품, 탄소 배출을 줄인 친환경 소재의 의류, 에너지 효율이 극대화된 가전제품은 일반 제품보다 훨씬 비싼 가격에도 불구하고 프리미엄 시장의 주류로 부상했다. 중국인들에게 프리미엄은 이제 단순한 사치가 아니라 자신과 가족의 건강을 지키고 사회적 책임을 다한다는 '가치 있는 투자'로 인식되고 있다. 이러한 의식의 변화는 중국 내수 시장의 질적 수준을 선진국형 소비 구조로 빠르게 견인하고 있으며, 기업들에게 친환경 인증과 윤리적 경영이라는 새로운 숙제를 안겨주고 있다.

결론적으로 중국 소비 시장의 대전환은 공급자 중심에서 소비자 중심의 고도화된 질적 성장을 의미한다. 14억 인구 중 중산층 규모가 급증함에 따라 프리미엄 시장의 파이는 더욱 커질 것이며, 이는 글로벌 기업들에게 더 이상 가격 경쟁력만으로는 생존할 수 없다는 엄중한 경고를 보낸다. 이제 중국 시장은 전 세계에서 가장 세련되고 까다로우며 유행에 민감한 소비자들이 모인 시험장이 되었다. 프리미엄이라는 새로운 물결을 타지 못하는 기업은 대륙의 거대한 소비 흐름에서 도태될 수밖에 없는 것이 오늘의 현실이다. 과거의 성공 방정식은 이제 폐기되어야 한다.

글로벌 기업들이 중국에서 성공하기 위해서는 과거의 '저가 공급기지'라는 인식을 완전히 버려야 한다. 중국 시장은 이제 최첨단 마케팅 기법과 최고 수준의 하이테크 제품이 가장 먼저 검증받는 메인 스테이지다. 이곳에서 인정받은 프리미엄 가치는 글로벌 시장에서도 통용될 가능성이 매우 높다. 결국 중국 시장을 장악한다는 것은 세계에서 가장 진화된 소비자들의 마음을 얻는다는 것과 같은 의미다. 가격이 아닌 가치로 승부하는 자만이 대륙의 뜨거운 프리미엄 열풍 속에서 지속 가능한 성장을 구가할 수 있을 것이다.

과거에는 저렴한 노동력이 중국의 경쟁력이었으나 이제는 세련된 소비력이 중국의 새로운 경쟁력이자 무기가 되었다. 기업들은 소비자들의 꿈과 욕망을 제품에 담아내야 하며, 그들이 느끼는 자부심의 무게만큼 브랜드의 가치를 높여야 한다. 품질에 대한 타협 없는 집념과 소비자에 대한 깊은 통찰만이 프리미엄의 문을 여는 유일한 열쇠가 될 것이다. 중국 소비 시장의 진화는 멈추지 않을 것이며 그 끝은 단순한 부유함을 넘어선 문화적 자존감의 완성으로 향하고 있다. 이제 대륙은 가격표가 아닌 가치관을 사는 거대한 브랜드의 바다가 되었다.

2. 궈차오(國潮): 왜 중국 젊은이는 자국 브랜드에 열광하나

과거 중국의 젊은 세대에게 나이키나 아이폰, 에르메스 같은 서구 브랜드는 단순한 물건을 넘어 부와 세련됨을 상징하는 동경의 대상이었다. 그러나 최근 몇 년 사이 중국 시장의 판도는 완전히 뒤바뀌었다. 이른바 '궈차오(国潮)', 즉 중국의 전통 요소와 현대적 감각을 결합한 지국 브랜드 열풍이 불기 시작한 것이다. 이제 중국의 주링허우와 링링허우는 서구 명품을 맹목적으로 추종하는 대신 자국 브랜드의 로고가 선명한 옷을 입고 국산 화장품을 쓰며 이를 자신의 개성이자 자부심으로 여긴다. 이러한 흐름은 일시적인 현상을 넘어 중국인들의 심층 심리에 자리 잡은 자국 중심주의와 문화적 주권 선언으로 해석될 수 있다. 이는 대륙의 소비 문법이 '모방'에서 '창조'로, '선망'에서 '자긍'으로 이동했음을 보여주는 결정적 지표다.

젊은 층이 궈차오에 열광하는 첫 번째 이유는 중국의 급격한 경제 성장과 함께 자라난 이들의 강한 국가적 자부심에 있다. 이들은 중국이 G2 국가로 우뚝 선 시기에 성장했기에 부모 세대가 가졌던 서구 사회에 대한 열등감이 거의 없다. 오히려 중국의 문화적 자산과 기술력을 세계 최고 수준으로 인식한다. 이들에게 자국 브랜드를 소비하는 행위는 단순한 구매를 넘어 '나는 자랑스러운 중국인'이라는 정체성을 표출하는 세련된 방식이다. 즉 궈차오는 정치적 선동에 의한 결과라기보다 풍요로운 환경에서 자라난 세대의 자연스러운 문화적 자신감이 투영된 현상이라 볼 수 있다. 과거에는 서구 문명을 배우고 따라가는 것이 진보였다면 이제는 중국의 뿌리에서 현대적 가치를 재발견하는 것이 가장 앞서가는 트렌드가 되었다.

둘째로 중국 로컬 브랜드들의 비약적인 품질 향상과 감각적인 브랜딩 전략이 젊은이들의 실용적인 니즈를 충족시켰다. 과거의 자국 브랜드가 조악한 품질의 모조품 수준에 머물렀다면 현재의 궈차오 브랜드들은 글로벌 브랜드와 견주어도 손색없는 기술력을 갖추었다. 스포츠 브랜드 '리닝(Li-Ning)'은 뉴욕 패션위크에서 한자를 활용한 파격적인 디자인으로 찬사를 받았고, 화장품 브랜드 '화시즈(Florasis)'는 정교한 중국 전통 공예 방식을 패키지에 담아내며 미적 가치를 극대화했다. 이들은 서구 브랜드가 흉내 낼 수 없는 중국 고유의 미감을 현대적으로 재해석함으로써 젊은 층의 가심비를 정확히 공략했다. 제품의 성능뿐만 아니라 그 뒤에 숨겨진 이야기와 문화적 맥락이 소비자들의 지갑을 열게 만든 것이다.

셋째는 디지털 네이티브 세대에 최적화된 마케팅과 유통 구조다. 궈차오 브랜드들은 위챗, 샤오훙슈, 도우인 등 중국의 독자적인 소셜 미디어 생태계를 누구보다 잘 이해하고 활용한다. 이들은 대규모 매스미디어 광고 대신 '왕훙(KOL)'과의 협업이나 라이브 커머스를 통해 젊은 층과 실시간으로 소통한다. 서구 브랜드들이 본사의 가이드라인을 따르느라 변화에 느리게 대처할 때, 로컬 브랜드들은 시장의 반응을 즉각 디자인에 반영하고 한정판 굿즈를 출시하며 팬덤을 형성한다. 소비자의 취향을 실시간으로 데이터화하여 제품에 녹여내는 이들의 민첩성이 궈차오 열풍의 엔진 역할을 하고 있다. 이는 단순히 물건을 파는 것이 아니라 사용자와 함께 브랜드를 만들어가는 '공감의 비즈니스'다.

더 나아기 궈치오는 중국의 전통 사상과 현대 자본주의가 결합된 고도의 문화 공학적 산물이다. 중국 정부가 추진하는 '문화 강국' 전략과 민간 기업의 영리한 상술이 결합하여 전통 복식인 한푸(汉服)를 일상복으로 끌어들이고 박물관의 유물들을 세련된 문구 용품으로 변모시켰다. 젊은이들은 박물관 굿즈를 사기 위해 줄을 서고 자국 역사를 소재로 한 게임과 애니메이션에 열광한다. 이러한 현상은 중국인들의 의식 속에 잠재되어 있던 중화주의적 자긍심을 자극하며 자국 제품 소비를 하나의 문화적 운동으로 격상시켰다. 외제 브랜드는 이제 기능적인 대안일 뿐 더 이상 동경의 상징이 되지 못하는 시대가 온 것이다.

궈차오 열풍은 또한 중국 소비 시장의 진입 장벽을 높이는 전략적 도구가 되고 있다. 서구 브랜드들이 중국 시장에 적응하기 위해 붉은색을 사용하거나 용 문양을 넣는 등의 시도를 하지만, 이는 종종 문화적 오해를 불러일으키며 역효과를 낳기도 한다. 반면 로컬 브랜드들은 중국인의 정서적 미묘함을 정확히 포착하여 진정성 있는 메시지를 전달한다. 진정한 궈차오는 겉모습만 흉내 내는 것이 아니라 중국인의 삶의 궤적과 가치관을 제품에 녹여내는 일이기 때문이다. 이러한 정서적 우위는 글로벌 거대 자본이 쉽게 침범할 수 없는 로컬 브랜드만의 강력한 요새가 된다.

넷째로 주링허우와 링링허우 세대가 추구하는 독특함과 희소성의 가치가 궈차오와 맞물려 있다. 남들이 다 아는 흔한 명품보다는 나만이 아는 독특한 감성의 자국 디자이너 브랜드를 선호하는 경향이 뚜렷하다. 이들은 소셜 미디어에서 자신을 돋보이게 할 수 있는 '힙(hip)'한 요소를 찾는데, 궈차오 제품들은 한정판이나 이종 산업 간의 협업(Collaboration) 모델을 통해 이러한 욕구를 충족시킨다. 자국 브랜드를 소비하는 것은 촌스러운 것이 아니라 오히려 깨어 있는 소비자로 대접받는 사회적 분위기가 형성되었다. 이러한 집단적 동조 현상은 궈차오를 단순한 유행에서 확고한 소비 문화로 뿌리내리게 했다.

다섯째로 국제 정세와 애국주의 소비의 결합을 무시할 수 없다. 무역 전쟁이나 외교적 갈등이 발생할 때마다 중국 소비자들은 자발적으로 서구 브랜드 불매 운동을 벌이거나 자국 제품 구매를 독려한다. 궈차오는 이러한 정치적 정서를 문화적으로 승화시킨 결과물이다. 외부의 압력이 강해질수록 내부적으로 단결하려는 속성이 소비 행태로 나타나는 것이다. 이는 기업들에게 브랜드의 정치적 올바름과 사회적 체면을 요구하며, 중국 시장에서 활동하는 모든 브랜드에게 엄격한 도덕적·문화적 잣대를 들이대고 있다.

결론적으로 궈차오는 일시적인 유행을 넘어 중국 소비 시장의 주도권이 완전히 로컬로 넘어왔음을 상징하는 문화적 대전환이다. 이는 서구 브랜드들에게 더 이상 브랜드 이름값만으로는 중국 시장에서 살아남을 수 없다는 강력한 경고를 보낸다. 중국 젊은이들은 이제 브랜드의 국적보다 그 브랜드가 나의 문화적 자부심과 취향을 얼마나 잘 대변해주는지를 따진다. 궈차오라는 거대한 물결은 대륙의 소비 지형을 넘어 전 세계 패션과 뷰티 산업의 문법까지 뒤흔드는 강력한 문화 권력으로 진화하고 있다.

글로벌 기업이 이 거대한 흐름 속에서 살아남기 위해서는 단순한 현지화를 넘어 중국 문화에 대한 깊은 존중과 이해를 바탕으로 한 '브랜드 리인벤션(Re-invention)'이 필요하다. 궈차오는 단순히 제품에 한자를 적어 넣거나 붉은 포장지를 쓰는 수준이 아니라, 중국인의 높아진 자존감과 연결된 심리적 현상임을 직시해야 한다. 대륙의 젊은 심장을 흔드는 것은 화려한 광고가 아니라 그들의 정체성을 어루만지는 진심 어린 공감이다. 궈차오의 물결은 멈추지 않을 것이며, 이는 미래 중국 시장을 장악할 가장 핵심적인 '문화적 코드'가 될 것이다. 이제 대륙은 스스로의 색깔로 세상을 물들이고 있다.

3. 라이브 커머스와 숏폼이 바꾼 쇼핑의 지도

중국의 쇼핑 문화는 더 이상 정적인 웹페이지나 오프라인 매장의 물리적 한계에 머물지 않는다. 도우인(TikTok의 중국판)과 샤오홍슈로 대표되는 숏폼 콘텐츠와 실시간 양방향 소통이 결합한 라이브 커머스는 중국인의 구매 여정 자체를 통째로 뒤바꾸어 놓았다. 과거의 쇼핑이 필요한 물건을 검색창에 입력하여 찾아내는 '목적형 소비'였다면, 지금의 쇼핑은 숏폼 영상을 즐기다 알고리즘의 안내를 받아 자연스럽게 구매로 이어지는 '발견형 소비' 혹은 '엔터테인먼트형 소비(Shoppertainment)'로 완전히 진화했다. 이러한 변화는 유통의 단계를 극단적으로 축소하고 생산자와 소비자를 직접 연결하며 중국 쇼핑 지도의 패러다임을 근본적으로 재편하고 있다. 단순히 플랫폼의 변화를 넘어, 인간의 욕망이 디지털 기술이라는 필터를 통해 분출되는 방식 자체가 달라진 것이다.

라이브 커머스가 중국에서 독보적인 지배력을 갖게 된 배경에는 앞서 다룬 '꽌시'와 '신뢰'의 디지털화가 자리 잡고 있다. 익명의 기업이 일방적으로 올린 상세페이지보다는, 내가 평소 팔로우하며 취향을 공유하고 유대감을 쌓아온 '왕홍(KOL)'의 추천을 훨씬 더 강력하게 신뢰하는 문화적 특성이 작용한 것이다. 왕홍들은 실시간 방송을 통해 시청자의 질문에 즉각 답변하고 제품의 실제 제형이나 사용감을 생생하게 전달하며 심리적 거리감을 좁힌다. 이는 온라인 쇼핑의 고질적 약점인 정보의 불확실성을 해소하는 동시에, '나만 놓칠 수 없다'는 실시간 한정 판매의 긴박함을 더해 폭발적인 매출을 기록한다. 하루 저녁 방송으로 수천억 원의 매출을 올리는 왕훙의 등장은 이제 중국에서 더 이상 놀라운 뉴스가 아니다. 이들은 단순한 판매자를 넘어 시청자의 고민을 상담해주고 라이프스타일을 제안하는 '디지털 친구'이자 가이드로 군림한다.

숏폼 플랫폼의 알고리즘은 이러한 소비 행태를 더욱 정교하게 가속화한다. 인공지능은 사용자의 시청 시간, 좋아요, 머무르는 속도 등 미세한 습관을 분석하여 그가 좋아할 만한 제품이 등장하는 15초 내외의 영상을 끊임없이 노출한다. 사용자가 재미있는 영상을 보며 웃는 사이 화면 하단에는 제품 구매 링크가 자연스럽게 떠오른다. 검색이라는 의도적 행위 없이도 취향에 맞는 상품이 알아서 찾아오는 구조다. 이는 전통적인 이커머스 강자인 알리바바나 징동조차 위협받을 만큼 강력한 위력을 발휘하며 쇼핑과 콘텐츠의 경계를 완전히 허물어버렸다. 사람들은 이제 물건을 사기 위해 앱을 켜는 것이 아니라, '시간을 보내기 위해' 앱을 켰다가 나도 모르게 물건을 산다. 이제 쇼핑은 노동이 아니라 유희가 되었다.

또한 라이브 커머스는 유통 구조의 혁신인 'C2M(Consumer to Manufacturer)' 모델을 현실화했다. 라이브 방송을 통해 수집된 소비자들의 실시간 반응과 선호 데이터는 즉각 공장으로 전달되어 다음 날의 생산 계획에 반영된다. 재고 부담을 최소화하면서 소비자가 원하는 디테일을 번개 같은 속도로 찍어내는 이 시스템은 중국 제조 경쟁력의 새로운 원천이 되었다. 소규모 가내수공업 공장이나 깊은 산골의 농민들조차 스마트폰 한 대만 있으면 전국의 소비자에게 직접 물건을 팔 수 있게 되면서 도시와 농촌의 유통 격차를 해소하는 사회적 순기능까지 수행하고 있다. 이는 생산자가 시장의 목소리를 듣기 위해 수개월을 기다려야 했던 과거의 선형적 문법을 완전히 파괴한 속도 혁명이다.

라이브 커머스의 생태계는 이제 고도의 산업화를 이루었다. 방송이 진행되는 화려한 스튜디오 뒤편에는 수십 명의 데이터 분석가와 물류 전문가들이 실시간으로 매진 속도를 체크하며 물량을 조절하고 가격 협상을 진행한다. 인기 왕홍 한 명의 뒤에는 거대한 자본과 치밀한 전략을 가진 MCN 기업이 숨어 있으며, 이들은 타겟 고객의 심리를 정교하게 파고드는 대본, 조명, 시각 효과를 활용한다. 단순한 개인 방송의 영역을 넘어선 라이브 커머스는 이제 영화나 대형 예능 프로그램에 버금가는 연출력을 자랑하며 소비자의 눈과 귀를 사로잡는다. 방송 자체가 하나의 거대한 '디지털 쇼핑 드라마'가 된 셈이다.

이러한 현상은 중국인 특유의 집단주의적 소비 심리와도 맞닿아 있다. 라이브 방송의 채팅창에 쉴 새 없이 올라오는 수만 개의 댓글과 '좋아요' 세례는 "지금 이 순간 수많은 사람이 나와 함께 쇼핑하고 있다"는 강렬한 동질감과 안도감을 부여한다. 타인의 선택이

나의 구매 결정에 결정적인 영향을 미치는 중국적 소비 맥락에서 라이브 커머스는 거대한 디지털 장터를 형성한다. 시청자들은 왕홍에게 응원 메시지를 보내고 다른 구매자들과 실시간으로 정보를 공유하며 쇼핑 자체를 하나의 공동체 축제로 즐긴다.

디지털 결제 시스템의 완벽한 결합 역시 라이브 커머스의 성공을 뒷받침하는 핵심 인프라다. 화면 속 버튼 하나만 누르면 위챗페이나 알리페이를 통해 단 몇 초 만에 결제가 완료되는 환경은 충동 구매의 심리적 장벽을 극단적으로 낮춘다. 영상의 흥분이 가라앉기 전에 구매 절차가 끝나버리기 때문에 소비자들은 망설일 틈 없이 혁신의 결과물을 손에 넣게 된다. 이는 세계 최고 수준으로 고도화된 물류 네트워크와 연결되어, 베이징이나 상하이 같은 대도시의 경우 오전 방송에서 산 물건이 반나절 만에 문 앞에 도착하는 경이로운 경험으로 이어진다. '결정-결제-배송'의 주기가 빛의 속도로 짧아진 것이다.

결국 라이브 커머스와 숏폼이 바꾼 쇼핑의 지도는 최첨단 기술과 가장 원초적인 인간적 유대의 결합이 만들어낸 거대한 결과물이다. 소비자에게는 즐거움을, 판매자에게는 초고속 피드백과 매출을 제공하는 이 생태계는 중국을 전 세계에서 가장 진화된 이커머스 실험장으로 만들었다. 이제 중국에서 쇼핑은 단순히 물건을 사는 행위를 넘어, 콘텐츠를 향유하고 소통하며 자신의 취향을 실시간으로 반영하는 하나의 '문화적 놀이'로 정착되었다. 이 거대한 흐름을 타지 못하는 브랜드는 대륙의 14억 스마트폰 화면 속에서 영원히 차단될 수밖에 없는 것이 냉혹한 현실이다.

숏폼 콘텐츠는 광고의 패러다임 또한 완전히 바꾸어 놓았다. 대놓고 제품을 홍보하는 전형적인 광고는 즉시 '스와이프(Swipe)'되어 외면받지만, 일상적인 브이로그나 짧은 콩트 속에 자연스럽게 녹아든 간접 광고는 폭발적인 반응과 구매 전환을 이끌어낸다. 브랜드들은 이제 광고 제작사가 아니라 매력적인 '콘텐츠 크리에이터'가 되어야 하는 생존 게임에 직면했다. 소비자의 시선을 단 3초 안에 뺏지 못하면 어떤 혁신적인 제품도 팔리지 않는 냉정한 '주의력 경제(Attention Economy)'의 시대가 열린 것이다.

더욱이 대륙의 거대 플랫폼들이 메타버스와 '가상 인플루언서'까지 라이브 커머스에 본격적으로 도입하고 있다는 사실은 시사하는 바가 크다. 지치지 않고 24시간 방송하는 AI 왕홍들이 인간이 잠든 심야 시간대의 매출을 책임지며, 기술은 인간의 물리적 한계를 넘어 쇼핑의 시간을 무한대로 확장하고 있다. 중국의 쇼핑 문화는 기술적 진보와 인간의 감성적 연결이라는 두 마리 토끼를 모두 잡으며 글로벌 이커머스의 미래 지도를 미리 그려나가고 있다.

중국 시장을 공략하려는 이들에게 라이브 커머스는 이제 선택이 아닌 '생존을 위한 필수'다. 단순히 카메라 앞에 서서 방송을 하는 것을 넘어, 그 안에 담긴 소통의 방식, 실시간 데이터의 흐름, 그리고 매 순간 변화하는 소비자의 심리적 맥락을 정확히 포착해야 한다. 14억 인구의 엄지손가락이 움직이는 방향을 읽어내는 자만 이 거대한 대륙의 부를 자신의 것으로 만들 수 있을 것이다. 기술 은 계속해서 변하겠지만, "사람의 마음을 얻어야 물건이 팔린다"는 장사의 본질은 라이브 커머스라는 최첨단 도구 속에서 그 어느 때 보다 강력하고 뜨겁게 증명되고 있다.

중국 베이징 자금성

3부

중국 사회의 속살:
일상과 가치관

6장. 90후·00후, 새로운 중국인의 탄생

1. 탕핑(누워 있기)과 네이쥐안(내부 경쟁) 사이의 고뇌

　과거 중국의 부흥을 이끌었던 세대가 국가를 위한 희생과 인내를 최고의 미덕으로 삼았다면, 현재 중국 사회의 허리를 구성하는 주링허우와 링링허우는 이전 세대와는 전혀 다른 실존적 고민과 가치관의 충돌에 직면해 있다. 이들은 개혁개방이 가져온 눈부신 풍요 속에서 태어나 디지털 문명의 혜택을 온전히 누린 소황제 세대인 동시에, 성장의 사다리가 사라진 사회에서 유례없는 생존 경쟁을 벌여야 하는 비운의 세대이기도 하다. 오늘날 이들의 복잡한 심리를 대변하는 두 단어인 네이쥐안과 탕핑은 현대 중국 사회가 안고 있는 구조적 모순과 젊은이들의 소리 없는 비명을 고스란히 드러낸다. 이는 단순한 인터넷 유행어가 아니라 대륙의 미래를 짊어진 청년들이 기성세대와 체제를 향해 보내는 처절하고도 묵직한 신호탄이다.

　먼저 등장한 키워드인 네이쥐안은 안으로 굽어 말린다는 뜻으로 내부에서의 극심한 무한 경쟁을 의미한다. 전체 경제의 파이는 더 이상 비약적으로 커지지 않는데 그 한정된 자원을 차지하기 위해 구성원들끼리 서로를 밀어내며 소모적인 노력을 쏟아붓는 상태를 일컫는다. 명문대를 졸업하고도 취업난에 밀려 배달 기사 전선에 뛰어들어야 하거나 남들보다 한 발 앞서기 위해 잠을 줄여가며 무의미한 스펙 쌓기에 몰두하지만 정작 삶의 질은 전혀 나아지지 않는 현실이 바로 네이쥐안의 전형이다. 이는 고도성장기가 끝나고 저성장 국면에 접어든 중국 경제 구조 속에서 성공의 문구멍은 좁아지고 경쟁자의 수준은 상향 평준화된 데서 기인한 사회적 질식 상태라 할 수 있다. 같은 자리에 머물기 위해서조차 전력질주를 해야 하는 거대한 쳇바퀴 속에 갇힌 셈이다.

네이쥐안의 비극은 그 노력이 생산적인 결과로 이어지지 않는다는 데 있다. 대학 강의실 맨 앞자리를 차지하기 위해 새벽부터 줄을 서고 남들보다 더 많은 자격증을 따기 위해 수천만 원을 쓰지만 정작 사회가 제공하는 양질의 일자리는 한정되어 있다. 2025년 기준 중국의 대학 졸업생 수는 1,200만 명을 넘어섰으며 이들 중 상당수는 자신이 전공한 분야에서 일자리를 찾지 못하고 있다. 고학력 인플레이션은 결국 하향 지원을 부추기고 이는 다시 저학력 노동자들의 일자리까지 위협하는 악순환을 낳는다. 이러한 상황에서 청년들은 서로를 동료가 아닌 생존을 다투는 적으로 인식하게 되며 사회적 신뢰 자본은 빠르게 고갈된다.

이러한 지독하고 파괴적인 경쟁 끝에 나타난 심리적 반작용이 바로 탕핑 즉 누워 있기다. 아무리 노력해도 평생 월급을 모아 집한 채 사기 어렵고 계층 이동의 가능성이 희박해지자 젊은이들이 스스로 경쟁의 대오에서 이탈하여 최소한의 생존만을 추구하기 시작한 것이다. 이는 단순히 게으름을 피우거나 나태해진 것이 아니라 무한 경쟁을 강요하는 시스템의 노예가 되지 않겠다는 소극적 저항이자 처절한 생존 전략이다. 결혼과 출산 그리고 내 집 마련이라는 전통적인 성공 방정식을 과감히 거부하고 낮은 수준의 소비와 여유로운 삶을 택하는 이들의 모습은 중국 당국에 커다란 충격을 안겨주었다. 국가의 성장을 뒷받침해야 할 인적 동력이 무기력한 안주로 선회하고 있기 때문이다.

탕핑은 중국판 미니멀리즘이자 비자발적 금욕주의의 극치다. 월급은 제자리인데 물가와 부동산 가격은 하늘을 찌르는 현실에서 청년들은 자신의 욕망을 스스로 거세함으로써 고통의 총량을 줄이는 방식을 택했다. 이들은 더 이상 회사의 초과 근무를 자처하지 않으며 보이지 않는 승진의 사다리에 목매지 않는다. 대신 오늘 하루를 무사히 넘길 수 있는 최소한의 필요만 충족되면 그것으로 만족한다. 이러한 태도는 생산과 소비의 선순환을 통해 경제를 지탱하려는 국가 시스템에 심각한 균열을 일으킨다. 소비하지 않는 청년은 기업에 위협이 되고 혁신하려 노력하지 않는 인재는 장기적인 국가 경쟁력의 약화로 직결되기 때문이다.

탕핑족의 일상은 매우 단순하다. 이들은 대도시의 비싼 임대료를 감당하는 대신 고향으로 내려가거나 생활비가 저렴한 소도시로 거처를 옮긴다. 최소한의 파트타임 노동으로 생계를 유지하며 남는 시간은 책을 읽거나 명상을 하거나 혹은 단순히 아무것도 하지 않는 데 사용한다. 이는 물질적 풍요가 행복의 유일한 척도였던 이전 세대의 가치관을 정면으로 부정하는 행위다. 주링허우와 링링허우에게 성공은 이제 타인의 인정이 아니라 자신의 내면적 평화를 지키는 일이 되었다. 이러한 가치관의 변화는 중국의 노동 시장뿐만 아니라 소비 시장의 풍경까지 바꾸어 놓고 있다.

흥미로운 점은 중국 젊은이들이 네이쥐안과 탕핑이라는 두 극단 사이에서 끊임없이 진동하고 있다는 사실이다. 낮에는 직장에서 살아남기 위해 처절한 내권 경쟁에 시달리며 발버둥 치다가도 밤에는 소셜 미디어를 통해 탕핑의 가치를 공유하며 서로를 위로한다. 마음껏 탕핑할 용기도 없고 그렇다고 네이쥐안에서 승리할 확신도 없는 이들의 낀 상태는 바이란이라는 또 다른 유행어를 낳기도 했다. 상황이 나빠질 대로 나빠져서 더 이상 수습할 의지조차 잃어버린 상태를 뜻하는 이 단어는 중국 청년층의 심리적 소진이 임계점에 달했음을 방증한다. 깨진 화분을 아예 가루로 만들어버리는 식의 자포자기는 그만큼 절망의 골이 깊다는 증거다.

바이란은 탕핑보다 훨씬 어둡고 비관적인 색채를 띤다. 탕핑이 평화로운 불복종이라면 바이란은 파괴적인 자포자기다. 직장에서 상사에게 꾸지람을 들어도 개선하려 하지 않고 시험 성적이 나빠져도 공부할 의욕을 보이지 않는다. 상황이 악화되도록 내버려 두는 이들의 태도는 사회 전반의 역동성을 저해한다. 전문가들은 이러한 현상이 청년층의 정신 건강 위기로 번지고 있다고 경고한다. 우울증과 무기력증을 호소하는 청년들이 늘어나면서 중국의 정신 건강 관련 시장이 급성장하는 아이러니한 상황이 연출되고 있기도 하다.

이러한 청년들의 심리는 중국 특유의 과열된 교육열과 부모 세대의 기대치라는 문화적 배경과도 밀접하게 연결되어 있다. 과거한 자녀 정책 하에서 외동으로 태어나 가문의 모든 자원과 기대를 한 몸에 받고 자란 소황제들은 부모 세대의 보상 심리를 충족시키기 위해 일찍부터 살벌한 입시 경쟁으로 내몰렸다. 그러나 막상 고등 교육을 마친 뒤 마주한 사회는 그들의 노력을 보상해 줄 양질의 일자리를 제공하지 못하고 있다. 고학력 실업자가 속출하는 배경에는 산업 구조의 불일치뿐만 아니라 체면을 중시하는 유교적 가치관과 네이쥐안의 피로감이 복합적으로 얽혀 있다. 셔츠를 입고 일하고 싶지만 현실은 배달 가방을 메야 하는 괴리가 이들을 눕게 만든 것이다.

중국 부모들은 자녀의 성공을 위해 가계 수입의 절반 이상을 사교육에 쏟아붓는 일이 흔했다. 그렇게 키워진 자녀들이 사회에 나와 받는 첫 월급이 사교육비에도 못 미치는 현실은 청년들에게 깊은 자괴감을 준다. 부모의 기대를 저버렸다는 죄책감과 아무리 노력해도 보상받지 못한다는 억울함이 뒤섞여 이들을 심리적 극한으로 몰아넣는다. 루쉰의 소설 속 인물인 쿵이지에 자신들을 투영하며 지식인의 체면 때문에 노동 시장의 하층부로 내려가지 못하고 겉도는 청년들의 모습은 오늘날 중국의 슬픈 자화상이다.

또한 디지털 기술과 소셜 미디어의 발달은 이들의 상대적 박탈감과 비교 의식을 극대화하여 네이쥐안을 부추겼다. 샤오훙슈나 도우인을 통해 끊임없이 타인의 화려한 삶과 소비를 엿보게 된 청년들은 자신의 평범하지만 성실한 일상을 실패나 결핍으로 규정하게 된다. 남들보다 더 힙한 카페에 가야 하고 더 비싼 브랜드 제품을 소유해야 한다는 강박은 결국 스스로를 착취하는 내권 경쟁의 늪으로 인도한다. 탕핑은 이러한 전시적 삶에 대한 집단적 거부 반응이기도 하다. 보여주기식 삶을 완전히 포기하고 바닥에 대자로 드러누움으로써 타인의 시선과 사회적 표준으로부터 해방되겠다는 실존적 선언인 셈이다.

소셜 미디어는 청년들에게 양날의 검이다. 정보 공유와 소통의 장이 되기도 하지만 동시에 끝없는 비교를 강요하는 가옥한 거울이 되기도 한다. 럭셔리한 여행 사진과 명품 언박싱 영상이 도배된 타임라인을 보며 청년들은 자신의 삶이 초라하다고 느낀다. 이러한 압박에서 벗어나기 위해 계정을 삭제하거나 잠적하는 이들도 늘고 있다. 디지털 단식은 이제 중국 청년들 사이에서 하나의 웰빙 문화로 자리 잡아가고 있다. 진정한 자유는 연결되지 않을 권리에서 나온다는 사실을 이들은 깨닫기 시작했다.

기업 문화 역시 이러한 갈등의 중심에 서 있다. 앞서 언급한 996 근무제는 네이쥐안의 결정체다. 기업은 단기적 효율성을 위해 노동자를 육체적, 정신적 한계까지 몰아붙이고 노동자는 생존을 위해 이를 감내하지만 결과적으로 창의성과 열정은 고갈된다. 탕핑족이 늘어날수록 기업들은 우수한 인재 채용과 유지에 심각한 어려움을 겪게 되며 이는 중국 기업들이 기존의 노동 집약적 구조를 버리고 인간 중심의 경영으로 나아가야 한다는 강력한 무언의 압박으로 작용하고 있다. 이제 젊은이들은 높은 연봉 못지않게 워라밸과 개인의 존엄을 비즈니스의 핵심 가치로 요구하기 시작했다.

많은 빅데크 기업들이 청년들의 외면을 받자 복지 제도를 개신하고 유연 근무제를 도입하는 등 변화를 꾀하고 있다. 하지만 여전히 성과 중심의 압박은 존재하며 이는 근본적인 해결책이 되지 못하고 있다. 청년들은 이제 회사가 제공하는 무료 식사나 화려한 사옥보다 정시에 퇴근하여 자신의 취미 생활을 즐길 수 있는 환경을 원한다. 삶의 주권을 회사에 양도하기를 거부하는 이들의 태도는 중국의 기업 생태계를 근본적으로 뒤흔들고 있다.

결국 주링허우와 링링허우의 고뇌는 개인의 심약함 문제가 아니라 공동부유를 핵심 가치로 내건 중국 사회 전체가 풀어야 할 거대한 구조적 숙제다. 성장의 과실이 일부에만 집중되고 계층 상승의 사다리가 끊긴 사회에서 청년들에게 일방적인 애국심과 노력을 강요하는 것에는 분명한 한계가 있기 때문이다. 이들은 자국 브랜드에 열광하며 궈차오 소비를 주도하는 민족주의적 세대이기도 하지만 동시에 자신의 삶이 국가라는 거대 기계의 소모품으로 전락하는 것에는 본능적인 거부감을 드러낸다. 국가의 거대한 담론보다 나의 소소한 행복과 안녕이 우선이라는 가치관의 대전환이 소리 없이 진행 중이다.

공동부유 정책은 이러한 청년들의 불만을 잠재우기 위한 국가적 차원의 시도다. 부의 재분배를 통해 격차를 줄이고 사회 안전망을 확충하겠다는 구상이지만 시장의 역동성을 저해할 수 있다는 우려도 공존한다. 청년들은 정부의 약속이 실질적인 삶의 변화로 이어지기를 간절히 기다리고 있다. 교육비 경감과 부동산 가격 안정은 이들이 탕핑에서 일어나 다시 뛰게 할 수 있는 가장 직접적인 유인책이 될 것이다.

새로운 중국인의 탄생은 곧 이들이 네이쥐안의 피로를 어떻게 씻어내고 탕핑의 유혹을 넘어 어떤 새로운 대안적 가치관으로 대륙의 미래를 재설계하느냐에 달려 있다. 중국 정부가 사교육 시장을 전격 폐쇄하고 부동산 시장에 강력한 규제를 가하며 청년들의 세 가지 산 부담을 줄이려 노력하는 이유도 이들의 불만이 체제 불안정의 불씨로 번지는 것을 막기 위함이다. 하지만 근본적인 해결책은 단순한 규제가 아니라 속도 중심의 발전 지상주의에서 벗어나 개개인의 삶의 다양성과 질을 존중하는 사회적 합의를 도출하는 데 있다.

사회적 분위기도 조금씩 변하고 있다. 성공의 정의가 다양해지면서 대기업 취업만이 정답이 아니라는 인식이 퍼지고 있다. 자신만의 작은 공방을 차리거나 시골에서 농사를 지으며 디지털 노마드로 살아가는 청년들이 새로운 롤모델로 등장하고 있다. 이들은 주류 사회가 정해놓은 트랙에서 벗어나 자신만의 속도로 인생을 설계한다. 이러한 다양성이 확보될 때 중국 사회는 비로소 네이쥐안의 지옥에서 벗어날 수 있을 것이다.

네이쥐안과 탕핑 그리고 바이란으로 이어지는 일련의 흐름은 중국 사회가 고도성장기를 지나 선진국형 사회 갈등 구조로 진입했음을 보여주는 싱징직인 지표다. 물질직 풍요가 반드시 징신직 행복을 보장하지 않으며 공정한 기회가 담보되지 않는 경쟁은 파멸로 이어진다는 사실을 중국의 젊은 세대는 온몸으로 증명하고 있다. 이들이 누워 있는 바닥은 차가운 현실이지만 그들이 누워서 바라보는 하늘에는 여전히 사람답게 나답게 살고 싶다는 간절한 소망이 담겨 있다. 대륙의 미래는 이 청년들이 다시 일어나 기분 좋게 기지개를 켤 수 있는 따뜻하고 공정한 토양을 마련해 줄 수 있느냐에 따라 그 밝기가 결정될 것이다.

결론적으로 중국의 젊은 세대는 지금 거대한 과도기를 지나고 있다. 과거의 영광과 미래의 불안 사이에서 이들은 자신들만의 생존 문법을 만들어가고 있다. 탕핑은 끝이 아니라 새로운 시작을 위한 쉼표일 수 있다. 이들이 에너지를 회복하고 다시 세상 밖으로 나올 때 중국은 이전과는 전혀 다른 질적 성장을 이뤄낼지도 모른다. 전 세계는 지금 대륙의 바닥에 누워 있는 이 청년들의 움직임에 주목해야 한다. 이들의 엄지손가락이 향하는 곳이 곧 미래 중국의 방향타가 될 것이기 때문이다.

2. 디지털 네이티브 세대의 개인주의와 소비 성향

중국 사회의 새로운 주역인 주링허우와 링링허우는 태어날 때부터 인터넷과 스마트폰을 공기처럼 접하며 자라난 진정한 디지털 네이티브 세대다. 이들은 부모 세대인 60~70년대생이 중시했던 집단주의와 절약, 인내라는 가치관에서 탈피하여 개인의 취향과 정서적 만족을 최우선으로 여기는 철저한 개인주의적 소비 성향을 보인다. 이들에게 소비는 단순히 물건을 소유하는 행위가 아니라 디지털 공간에서 자신의 정체성을 규정하고 타인과 차별화된 나를 증명하는 일종의 사회적 언어로 자리 잡았다. 과거의 세대가 생존을 위해 소비했다면 이들은 존재를 위해 소비한다.

디지털 네이티브 세대의 개인주의는 자기만족형 소비에서 극명하게 나타난다. 과거에는 타인의 시선이나 사회적 지위를 고려한 과시형 소비가 주를 이루었다면 현재의 청년들은 자신이 느끼는 행복과 즐거움을 위해 지갑을 연다. 이른바 싱푸샤오페이라 불리는 이 흐름은 고가의 명품보다는 자신의 취미나 캐릭터 IP, 랜덤박스처럼 즉각적인 재미와 정서적 위안을 주는 상품에 열광하는 결과로 이어졌다. 실제로 중국 Z세대의 80% 이상이 구매 결정의 핵심 요인으로 즐거움을 꼽을 만큼 이들에게 소비는 고단한 현실을 잊게 해주는 가장 강력한 정서적 치유의 수단이 되었다. 이는 집단적 가치에 나를 맞추는 대신 나의 감각과 감정에 충실하겠다는 선언과도 같다.

이들의 개인주의는 디지털 플랫폼 안에서 커뮤니티 지향적인 모습으로 변주된다. 역설적이게도 이들은 가장 개인주의적이면서도 동시에 온라인상에서 자신과 취향이 같은 이들과 연결되기를 갈망한다. 샤오훙슈나 도우인 같은 플랫폼에서 정보를 탐색하고 왕훙과 실시간으로 소통하며 구매를 결정하는 과정은 기업의 일방적인 광고보다는 나와 비슷한 취향을 가진 동료의 추천을 더 신뢰하는 이들의 성향을 반영한다. 이들에게 브랜드는 더 이상 거창한 이름값이 아니라 자신의 가치관을 공유하고 대변할 수 있는 진정성 있는 파트너여야만 선택받을 수 있다. 이는 파편화된 개인들이 취향이라는 깃발 아래 다시 모이는 새로운 형태의 디지털 부족주의라고 할 수 있다.

최근의 경제 성장 둔화는 이러한 개인주의에 합리적 실용주의라는 색채를 더했다. 무조건 비싼 것을 사기보다는 품질은 유지하되 가격은 저렴한 대체제인 핑티 소비에 열중하고 유통기한 임박 상품이나 중고 거래 플랫폼을 적극적으로 활용하는 모습이 바로 그것이다. 이는 인색함이 아니라 자신의 한정된 자원을 가장 효율적으로 배분하여 최대의 개인적 만족을 끌어내려는 고도의 전략적 소비라 할 수 있다. 이들에게 합리성이란 남들이 정한 기준이 아니라 내가 부여한 가치에 따라 지불 의사를 결정하는 주체적인 행위다. 겉으로 보기에는 알뜰해 보이지만 자신이 가치를 두는 특정 영역에서는 거침없이 고가의 비용을 지불하는 이중적인 소비 행태가 나타나는 이유도 여기에 있다.

이러한 세대적 특성은 중국의 여가 문화를 공간 중심에서 경험 중심으로 이동시키고 있다. 단순히 유명한 관광지에 가서 사진을 찍는 것보다 나만의 독특한 취미를 즐길 수 있는 캠핑이나 서핑, 혹은 몰입형 연극이나 방탈출 게임 같은 체험형 콘텐츠에 열광한다. 공간의 화려함보다 그 안에서 내가 어떤 감정을 느꼈는지가 소비의 핵심이다. 이는 기업들에게 단순한 제품 판매를 넘어 고객의 정서적 맥락에 관여하는 서비스 설계를 요구한다. 소비자의 기분을 디자인하고 그들의 취향을 존중하는 섬세한 접근만이 이들의 마음을 열 수 있다.

또한 이들은 환경과 윤리적 가치에 대해서도 개인주의적인 잣대를 들이댄다. 내가 사용하는 제품이 나의 신념과 일치해야 한다는 욕구는 친환경 포장재를 사용하거나 사회적 공헌을 하는 브랜드에 대한 지지로 나타난다. 하지만 이는 거창한 인류애라기보다 내가 더 나은 사람이라는 느낌을 받기 위한 자존감의 소비에 가깝다. 나를 빛나게 하는 브랜드라면 그 브랜드가 가진 철학조차도 나의 자아를 형성하는 부품으로 받아들이는 것이다.

디지털 네이티브 세대의 이러한 개인주의는 직장 문화와 조직 관리 방식에도 커다란 변화를 불러오고 있다. 회사에 대한 충성심보다는 개인의 성장과 삶의 균형을 중시하는 이들은 부당한 대우에 대해 소셜 미디어를 통해 거침없이 목소리를 낸다. 기업들은 이제 이들을 통제하기보다는 그들의 개성을 창의적 에너지로 전환할 수 있는 수평적이고 유연한 환경을 제공해야 한다. 개인의 자아를 존중받는다고 느낄 때 이들은 비로소 조직의 목표와 자신의 성장을 일치시킨다.

광고와 마케팅 영역에서도 기존의 대중을 향한 대규모 캠페인은 점차 힘을 잃고 있다. 대신 개개인의 데이터에 기반한 맞춤형 추천과 소규모 취향 그룹을 타겟팅하는 마이크로 마케팅이 주류로 부상했다. 이들은 자신을 데이터의 숫자로 취급하는 것에는 민감하게 반응하면서도 자신의 취향을 정확히 저격하는 큐레이션에는 환호한다. 결국 인격화된 데이터와 개인화된 소통이 디지털 네이티브의 지갑을 여는 가장 확실한 열쇠가 되었다.

결국 중국의 디지털 네이티브 세대는 집단의 논리에서 벗어나 자아의 행복을 소비의 중심에 세운 첫 번째 세대다. 이들은 디지털 기술을 도구 삼아 자신만의 독특한 라이프스타일을 구축하며 기업들에게 이전과는 전혀 다른 문법의 마케팅과 제품 기획을 요구하고 있다. 대륙의 거대한 소비 시장을 움직이는 동력은 이제 누구나 다 사는 것이 아니라 나만이 좋아하는 것을 찾는 개인들의 파편화된 욕망에서 흘러나온다. 이들의 개인주의가 빚어내는 변화를 읽지 못한다면 현대 중국의 속살을 관통하는 거대한 소비 트렌드의 흐름을 결코 포착할 수 없을 것이다.

우리는 이제 14억의 거대한 군중을 보는 눈을 버리고 그 안에 숨겨진 수억 개의 고유한 자아를 바라보아야 한다. 한 명의 소비자가 가진 취향의 깊이가 시장의 너비보다 중요해진 시대다. 이들이 스마트폰 화면 속에서 찾는 것은 물건이 아니라 자신의 잃어버린 조각일지도 모른다. 그 조각을 가장 먼저 찾아 건네는 이가 대륙의 새로운 소비 영토를 차지하게 될 것이다. 개인주의라는 파도가 중국 사회를 덮치고 있는 지금 그 파도의 결을 따라 유연하게 움직이는 지혜가 절실하다.

대륙의 청년들은 이제 무대 위의 관객이 아니라 스스로 주인공이 되어 자신의 삶을 연출하고 있다. 그들의 연출 의도를 이해하고 그 무대에 어울리는 소품을 제공하는 것 그것이 현대 중국 비즈니스의 정석이다. 기술이 발달할수록 인간은 더 고유해지기를 원하며 중국의 디지털 네이티브는 그 진화의 선두에 서 있다. 이들의 파편화된 욕망이 모여 만드는 거대한 물결이 향후 수십 년간 글로벌 시장의 흐름을 결정지을 것이라는 사실은 자명하다.

3. 소확행을 찾는 청년들 vs 성공을 갈망하는 세대

중국 사회의 거대한 가치관 변화를 단적으로 보여주는 풍경은 성공을 정의하는 세대 간의 극명한 온도 차이다. 부모 세대에게 성공이 고난을 이겨내고 가문을 일으키며 부를 축적하는 결과의 증명이었다면, 현대의 90후와 00후에게 삶의 지향점은 거창한 성취보다 일상의 작은 행복, 즉 소확행으로 급격히 이동하고 있다. 이는 단순히 젊은 세대의 나약함을 뜻하는 것이 아니라 급격한 경제 도약 이후 저성장과 무한 경쟁이라는 벽에 부딪힌 청년들이 찾아낸 실존적 대안이자 문화적 진화의 결과다. 대륙을 지배하던 성공지상주의의 견고한 성벽에 균열이 생기고 그 틈 사이로 개인의 삶이 흘러나오기 시작한 것이다. 이제 중국은 국가의 부흥이라는 거대 서사를 넘어, 개인의 만족이라는 미시 서사들이 14억 개의 파편이 되어 흩어지는 시대를 맞이하고 있다.

과거 개혁개방의 주역이었던 부모 세대는 노력하면 반드시 보상받는다는 강한 믿음을 공유했다. 이들에게 삶은 개척의 대상이었고 개인의 희생은 가족과 국가의 발전을 위한 당연한 전제로 여겨졌다. 척박한 땅에서 자본의 꽃을 피워야 했던 그들에게 행복은 인내 끝에 얻어지는 전리품과 같았다. 하지만 그들의 자녀 세대인 디지털 네이티브들은 부모가 일궈놓은 풍요 위에서 자라나며 물질적 성공 너머의 가치를 고민하기 시작했다. 이들에게는 이제 연봉의 액수만큼이나 개인의 시간과 정서적 만족이 중요해졌다. 거대 담론보다는 오늘 마시는 한 잔의 세련된 밀크티, 주말의 캠핑, 혹은 자신이 좋아하는 캐릭터 굿즈를 수집하는 행위에서 삶의 의미를 찾는 이들의 모습은 기성세대의 눈에 꿈이 없는 세대로 비치기도 한다. 그러나 이들에게 그것은 꿈이 없는 것이 아니라, 타인이 설계한 꿈을 거부하고 자신의 손바닥 위에 놓인 현실을 사랑하기로 한 선택이다.

이러한 가치관의 충돌은 특히 직업관에서 선명하게 드러난다. 성공을 갈망하는 세대는 직장을 신분 상승의 사다리이자 생존의 터전으로 보기에 야근을 마다하지 않는 996 문화를 인내했다. 고생 끝에 낙이 온다는 고진감래의 철학이 그들의 노동 윤리였다. 반면 소확행을 찾는 청년들은 직장을 자아실현의 수단이나 생계 유지를 위한 도구로 재정의한다. 이들은 조직의 목표를 위해 개인의 삶을 지우기보다 워라밸이 보장되는 환경에서 자신만의 작은 세계를 가꾸는 것을 선호한다. 이로 인해 기업들은 과거처럼 높은 연봉만으로 인재를 유인하기 어려워졌으며 청년들의 정서적 니즈를 충족시키는 기업 문화와 복지가 새로운 경쟁력으로 부상하고 있다. 직장은 이제 충성의 대상이 아니라 내 삶의 소확행을 지탱해주는 후원자가 되어야 한다는 인식이 확산되고 있는 것이다.

많은 중국 청년들이 이제는 대기업의 화려한 직함보다 정시에 퇴근하여 반려동물과 시간을 보낼 수 있는 소박한 일터를 선호한다. 과거에는 상상도 할 수 없던 일이다. 심지어 고학력자들 사이에서도 번듯한 사무직 대신 자신이 좋아하는 취미를 살린 1인 창업이나 소규모 공방 운영을 선택하는 사례가 늘고 있다. 이는 단순한 직업의 선택을 넘어, 자신의 시간을 자본에 저당 잡히지 않겠다는 의지의 표명이다. 부모 세대가 자녀를 위해 자신을 지웠다면, 이들은 자신을 위해 기성 사회가 정한 트랙을 이탈하고 있다. 이러한 변화는 중국의 노동 유연성을 높이는 계기가 되기도 하지만, 동시에 기업들에게는 인력 관리의 패러다임을 완전히 바꿔야 한다는 무거운 숙제를 안겨준다.

하지만 이들의 소확행 뒤에는 역설적으로 성공할 수 없는 구조에 대한 서글픈 체념이 깔려 있다. 치솟는 집값과 좁아진 계층 이동의 문턱은 청년들에게 거대한 성공이라는 목표를 신기루처럼 보이게 만들었다. 한 달 월급을 한 푼도 쓰지 않고 수십 년을 모아도 베이징이니 상하이의 아파트 한 채를 사기 어려운 현실에서 거창한 미래 설계는 오히려 고통의 근원이 된다. 닿을 수 없는 먼 미래의 큰 행복을 쫓으며 현재를 고통 속에서 보내느니 지금 당장 손에 잡히는 확실한 행복을 챙기겠다는 실용주의적 선택인 셈이다. 결국 중국 청년들의 소확행은 무한 경쟁에 대한 심리적 방어 기제이자 부모 세대와는 다른 방식으로 자신의 삶을 긍정하려는 치열한 노력의 산물이라 할 수 있다. 미래를 담보 잡히지 않겠다는 이들의 선언은 대륙 전체의 경제 구조를 소비 중심으로 강제 이행시키고 있다.

실제로 중국 대도시의 부동산 가격은 일반적인 근로소득으로는 감당할 수 없는 수준에 도달했다. 청년들은 집을 사는 대신 그 돈으로 여행을 가거나 고급 카메라를 사고, 혹은 매일매일의 식사를 더 풍성하게 만드는 데 집중한다. 이는 미래에 대한 투자를 포기한 것이 아니라, 불확실한 미래 대신 확실한 현재의 질을 높이겠다는 합리적인 계산의 결과다. 국가가 보장해주지 못하는 노후와 주거의 불안을, 이들은 현재의 작은 사치와 위로로 치유하고 있다. 이러한 소비 패턴의 변화는 중국 경제의 엔진을 제조와 투자에서 서비스와 내수 소비로 옮겨가는 강력한 동력이 되고 있다. 소확행은 이제 단순한 심리 현상을 넘어 중국 경제의 질적 전환을 상징하는 키워드가 되었다.

소확행 문화는 소비 시장의 지형도 완전히 바꾸어 놓았다. 대형 가전이나 고급 승용차 같은 중량감 있는 소비보다는 향수, 피규어, 정교한 디저트처럼 작지만 감각적인 만족을 주는 제품군이 폭발적으로 성장하고 있다. 이를 두고 중국에서는 즈위에샤오페이 즉 자신을 기쁘게 하는 소비라고 부른다. 타인에게 보여주기 위한 소비가 아니라 오로지 자신의 감각을 만족시키기 위한 이 소비 행태는 브랜드들에게 더욱 세밀하고 감성적인 접근을 요구한다. 이제 제품은 기능을 파는 단계를 넘어 소비자의 일상에 작은 위로와 기쁨을 주는 정서적 도구가 되어야 한다. 수천만 원짜리 명품 가방보다 수만 원짜리 한정판 블라인드 박스 피규어에 열광하는 이유는 그것이 주는 즉각적인 도파민과 나만의 취향이라는 유일무이한 가치 때문이다.

즈위에샤오페이의 확산은 브랜드 충성도의 개념도 바꿔놓고 있다. 과거에는 유명한 브랜드, 비싼 브랜드가 최고였지만 이제는 내 마음을 얼마나 잘 이해해주는가, 내가 이 제품을 사용할 때 얼마나 행복한가가 선택의 기준이다. 특히 1인용 가전, 소포장 식품, 혼자 즐기는 취미 용품 등의 매출이 급증하는 것은 소확행이 가져온 구체적인 시장 변화다. 브랜드들은 이제 거시적인 마케팅보다는 개인의 취미와 취향을 정교하게 타겟팅하는 미시적 마케팅에 열을 올리고 있다. 작지만 확실한 행복을 주는 제품들이 모여 대륙의 거대한 소비 흐름을 주도하고 있는 셈이다.

또한 소확행은 디지털 공간에서의 소통 방식에도 깊은 영향을 미쳤다. 젊은이들은 자신의 소소한 일상을 브이로그로 제작 해 공유하며 그 안에서 타인과 공감대를 형성한다. 거창한 여행기가 아니더라도 집에서 직접 내린 커피 한 잔이나 반려동물과의 산책 영상이 수만 개의 좋아요를 받는 이유는 그것이 동시대 청년들이 갈구하는 확실한 행복의 형태이기 때문이다. 디지털은 이들에게 소확행을 기록하고 전시하며 서로를 격려하는 거대한 심리적 지지망 역할을 한다. 숏폼 영상 속의 소박한 자취방 인테리어나 요리 과정은 이제 성공한 기업가의 강연보다 더 큰 위로를 주는 콘텐츠가 되었다. 이는 거창한 성공 신화에 지친 청년들이 서로의 어깨를 토닥이는 디지털 연대기이기도 하다.

샤오훙슈나 도우인 같은 플랫폼은 이러한 소확행의 전시장이자 학습장이 된다. 사람들은 타인의 화려한 성공을 시기하기보다, 타인이 찾아낸 작은 행복의 팁을 공유하며 자신의 삶에 적용한다. 예쁜 그릇 하나를 사고 베란다에 작은 화분을 가꾸는 일상들이 콘텐츠화되면서 소확행은 하나의 문화적 현상을 넘어 사회적 연대의 방식으로 진화하고 있다. 거대 담론이 사라진 자리를 개인들의 따뜻한 일상이 메우고 있는 것이다. 이러한 디지털 소통은 중국 청년들에게 고립감을 해소해주고, 비록 무한 경쟁의 사회일지라도 나만의 작은 안식처가 있다는 위안을 제공한다.

이러한 현상은 국가 정책적 차원에서도 중요한 시사점을 던진다. 중국 당국이 강조하는 공동부유의 목표가 단순히 부의 재분배를 넘어 국민 개개인의 행복 체감도를 높이는 방향으로 나아가야 함을 의미하기 때문이다. 청년들이 느끼는 상대적 박탈감을 해소하고 소소한 일상을 지켜낼 수 있는 사회적 안전망을 구축하는 것이 체제 안정을 위한 핵심 과제가 되었다. 삶의 질을 중시하는 세대의 요구를 외면한 채 성장 수치에만 매몰된다면 사회적 활력은 급격히 감소할 수밖에 없다. 정부는 이제 GDP 성장률뿐만 아니라 국민들이 느끼는 행복의 질, 즉 삶의 온도를 관리해야 하는 어려운 시험대에 올랐다.

정부가 추진하는 각종 규제와 지원책들도 이제는 청년들의 소확행을 보호하는 방향으로 선회하고 있다. 과도한 사교육비를 절감시켜 가계의 여유를 만들고, 플랫폼 기업들의 독점을 규제하여 공정한 기회를 보장하려는 시도는 결국 개개인의 삶을 정상화하려는 노력의 일환이다. 청년들이 다시 희망을 품고 일상에서 행복을 찾을 수 있을 때 비로소 국가의 활력도 되살아날 수 있기 때문이다. 공동부유는 이제 경제적 지표를 넘어, 14억 인구가 각자의 자리에서 소박한 행복을 누릴 수 있는 사회적 토대를 마련하는 문화적 기획으로 확장되고 있다.

나아가 소확행은 전통적인 가족 중심주의의 변화로도 이어진다. 과거에는 결혼과 출산이 부모에 대한 효도이자 사회적 성공의 필수 코스였다면, 이제 청년들은 자신의 행복을 희생하면서까지 가정을 꾸리는 것에 근본적인 의문을 제기한다. 혼자만의 시간을 즐기고 자신에게 투자하는 삶을 선택하는 1인 가구의 증가는 소확행이 가져온 필연적인 사회적 변화다. 이들은 가족이라는 거대한 울타리 대신 자신의 취향이 담긴 작은 원룸을 진정한 안식처로 삼는다. 이제 중국에서 1인 소비 경제는 단순한 틈새시장을 넘어 주요 트렌드가 되었으며, 혼자 밥을 먹고 혼자 여행하는 풍경은 더 이상 외로움의 상징이 아닌 당당한 라이프스타일의 증거가 되었다.

비혼과 저출산 문제는 이러한 가치관 변화의 그늘진 단면이기도 하지만, 한편으로는 삶의 주도권을 개인이 가져오려는 과정에서 발생하는 불가피한 진통이다. 청년들은 이제 가문의 영광을 위해 자신의 삶을 갈아 넣기를 거부한다. 대신 나 자신의 성장과 행복에 집중한다. 이러한 변화는 반려동물 시장의 폭발적 성장이나 1인 타겟 서비스의 고도화로 이어지며 새로운 산업 생태계를 창출하고 있다. 가족이라는 전통적 가치가 개인이라는 현대적 가치로 대체되는 과정에서 중국은 가장 격렬한 문화적 변동을 겪고 있는 셈이다.

소확행의 확산은 교육 현장에서도 변화를 일으키고 있다. 과거 명문대 진학만이 유일한 길이라고 믿었던 학생들과 학부모들 사이에서도, 자신의 재능을 살리거나 소소한 기술을 배워 안정적인 삶을 꾸리려는 움직임이 나타나고 있다. 예술, 요리, 목공 등 자신의 손으로 무언가를 만들어내며 즉각적인 성취감을 맛볼 수 있는 영역에 청년들이 몰리는 현상은 네이쥐안의 피로에서 벗어나려는 몸부림이다. 이들은 남들이 정해준 1등이 되기보다 나만의 세계에서 유일한 존재가 되기를 원한다. 이러한 개성의 분출은 향후 중국의 산업 구조를 더욱 다양하고 창의적인 서비스 산업 중심으로 재편하는 불씨가 될 것이다.

직업의 귀천보다는 일의 재미와 보람을 찾는 청년들이 늘어나고 있다는 점은 중국 사회의 건강성을 보여주는 지표이기도 하다. 모두가 하나의 정점을 향해 달릴 때 발생하는 병목 현상을 해결하는 열쇠는 결국 가치관의 다원화에 있다. 소확행은 청년들에게 다양한 삶의 선택지를 제공하며, 사회 전체의 스트레스 수치를 낮추는 완충 작용을 하고 있다. 이제 중국의 교육은 단순히 지식을 전달하는 것을 넘어, 학생들이 각자의 행복을 정의하고 찾아갈 수 있도록 돕는 방향으로 진화해야 한다는 목소리가 커지고 있다.

결론적으로 현대 중국 사회는 성공의 신화를 쓴 부모 세대와 행복의 의미를 재정립하는 자녀 세대가 한 지붕 아래 공존하는 거대한 과도기를 지나고 있다. 부모의 기대치와 개인의 욕망 사이에서 갈등하면서도 청년들은 점차 타인이 정의한 성공이 아닌 내가 정의한 행복으로 삶의 무게중심을 옮겨가고 있다. 이들이 추구하는 소확행이 단순한 개인주의를 넘어 사회 전체의 삶의 질을 높이는 새로운 동력이 될지, 혹은 국가적 역동성을 저해하는 걸림돌이 될지는 앞으로 중국이 직면할 가장 흥미로운 관전 포인트가 될 것이다. 확실한 것은 이제 중국은 더 이상 하나로 뭉쳐진 거대한 집단이 아니며, 각자의 행복을 추구하는 수억 개의 독립된 자아들이 모인 복잡한 유기체로 변모했다는 사실이다.

우리는 이들의 작은 행복을 결코 가볍게 여겨서는 안 된다. 그 안에는 시대의 변화를 온몸으로 겪어내며 살아남으려는 한 세대의 처절한 몸부림과 새로운 삶의 방식에 대한 열망이 담겨 있기 때문이다. 소확행은 절망의 끝에서 피어난 희망의 다른 이름일지도 모른다. 거대한 용이 잠들고 개개인의 작은 별들이 빛나기 시작하는 시대, 중국의 청년들은 이제 자신만의 궤도를 찾아 항해를 시작했다. 그 항해의 끝에 어떤 풍경이 기다리고 있을지 전 세계가 주목하고 있다. 이 항해는 과거의 항해처럼 대륙을 정복하기 위한 것이 아니라, 나 자신의 내면이라는 광활한 우주를 탐험하기 위한 것이다.

대륙의 호흡은 이제 거시적인 수치에서 미시적인 감각으로 이동하고 있다. 성공의 정의가 바뀌는 지점에서 새로운 문화와 비즈니스의 기회가 싹튼다. 청년들이 마시는 차 한 잔의 무게를 이해하는 자만이 진정으로 현대 중국의 속살을 만질 수 있을 것이다. 행복은 이제 분배의 문제를 넘어 인식의 문제가 되었으며 중국은 그 거대한 인식의 전환 한복판에 서 있다. 이 변화의 결을 따라 우리 또한 성공과 행복에 대한 새로운 질문을 던져야 할 때다. 기업들은 이제 제품의 스펙을 자랑하기보다, 그 제품이 청년들의 지친 일상에 어떤 온기를 전해줄 수 있는지를 고민해야 한다. 감성이 기술을 압도하고, 일상이 성취를 넘어서는 대전환의 시대가 이미 시작되었다.

결국 중국의 변화를 읽는 키워드는 이제 숫자가 아니라 마음이다. 14억 명의 마음속에 자리 잡은 작지만 단단한 행복의 조각들이 모여 미래의 대륙을 구성할 것이다. 996의 과로사보다는 퇴근 후의 소소한 캠핑을, 강남의 아파트보다는 오늘 입은 힙한 옷 한 벌을 선택하는 세대가 만들어갈 중국은 이전과는 전혀 다른 색깔과 질감을 가질 것이다. 이들이 창조할 새로운 문화와 소비의 파도는 이미 국경을 넘어 전 세계로 번져나가고 있다. 우리는 이 늙어가는 대륙의 젊은 심장소리에 귀를 기울여야 한다. 그 소리는 과거의 우렁찬 함성이 아니라, 조용하지만 끈질기게 이어지는 개인의 숨소리다. 이 숨소리가 멈추지 않는 한, 대륙의 엔진은 새로운 형태의 연료로 계속해서 돌아갈 것이다.

이 거대한 가치관의 전환기 속에서 우리는 중국을 바라보는 프레임을 완전히 재설정해야 한다. 중국은 더 이상 저렴한 공장이 아니며, 거대한 성공만을 꿈꾸는 야망가들의 집단도 아니다. 그들은 이제 우리와 마찬가지로 삶의 질을 고민하고, 불확실한 미래보다는 확실한 오늘을 소중히 여기는 평범하고도 위대한 개인들의 합이다. 이 개인들의 욕망과 슬픔, 그리고 소속감을 읽어내는 능력이 곧 미래 대중국 비즈니스의 핵심 역량이 될 것이다. 대륙은 지금 성공이라는 이름의 긴 잠에서 깨어나, 행복이라는 이름의 현실을 마주하고 있다. 그 현실의 풍경을 함께 그려나가는 것, 그것이 우리가 겪어야 할 새로운 도전이자 기회다.

중국인이 말하는 친구의 의미

중국에서 말하는 친구, 즉 朋友라는 단어는 한국에서 사용하는 친구의 의미보다 훨씬 무겁고 현실적인 책임을 담고 있다. 한국에서 친구가 주로 정서적 친밀감과 편안함을 기준으로 형성된다면, 중국에서 친구는 신뢰와 의리, 그리고 행동으로 증명되는 관계에 가깝다. 그래서 중국인들은 쉽게 상대를 朋友라고 부르지 않는다. 그 말 한마디에는 앞으로의 관계에 대한 암묵적인 약속이 포함되어 있기 때문이다.

중국 사회에서는 인간관계의 깊이를 명확하게 구분한다. 안면이 있는 정도의 사이는 熟人에 불과하며, 이 단계에서는 개인적인 책임이나 의무가 거의 없다. 시간이 지나 신뢰가 쌓여야 비로소 朋友

라는 호칭이 사용된다. 여기에는 서로를 믿을 수 있다는 전제가 깔려 있다. 더 깊은 관계가 되면 好朋友, 오랜 시간과 경험을 함께한 경우에는 老朋友라는 표현을 쓴다. 특히 老朋友는 일상뿐 아니라 외교와 비즈니스에서도 매우 신중하게 사용되는 말로, 상대에 대한 높은 신뢰와 지속적인 관계 의지를 내포한다.

중국에서 친구를 이해할 때 빠질 수 없는 개념이 바로 义气, 즉 의리다. 친구란 말은 감정적인 친밀함보다 도리를 지키는 태도와 연결된다. 친구의 체면을 손상시키지 않고, 공개적인 자리에서 곤란하게 만들지 않으며, 이해관계가 얽혀 있더라도 최소한의 선은 넘지 않는 것이 기본적인 예의로 여겨진다. 그래서 중국에서는 친구라고 부르기 시작하는 순간, 말보다 행동이 더 중요해진다.

실생활에서도 이런 인식은 분명하게 드러난다. 친구는 믿기 위해 존재한다는 말이나, 친구가 어려움에 처하면 반드시 돕는다는 표현은 단순한 미담이 아니라 관계의 기준에 가깝다. 도움을 주지 못하더라도 최소한 외면하지 않는 태도가 요구된다. 이는 친구 관계가 감정적 위로에 머무르지 않고 현실적인 책임으로 이어진다는 뜻이다.

이러한 차이를 이해하지 못하면 한중 교류나 비즈니스에서 오해가 생기기 쉽다. 한국식으로 가볍게 친구라는 표현을 사용하면 중국인에게는 과도한 약속처럼 받아들여질 수 있다. 반대로 중국에서 친구로 인정받는다면 그 관계는 쉽게 끊어지지 않는다. 중국에서의 친구는 많음보다 깊음을 중시하는 관계다. 이 문화적 차이를 이해하는 순간, 관계의 신뢰는 훨씬 단단해진다.

이러한 문화적 배경을 이해하면 중국인과의 관계에서 왜 시간이 중요한지 자연스럽게 알게 된다. 중국에서는 짧은 만남과 잦은 접촉만으로는 친구가 되기 어렵다. 함께 시간을 보내며 신뢰를 확인하는 과정이 필요하고, 그 과정 속에서 말과 행동이 일치하는지가 중요하게 평가된다. 한 번의 실수나 가벼운 말이 관계 전체에 영향을 미칠 수 있는 이유도 여기에 있다.

중국인에게 신뢰는 선언이 아니라 축적이다. 약속을 지키는 태도, 일관된 행동, 위기 상황에서의 반응이 차곡차곡 쌓여 관계의 깊이를 만든다. 그래서 처음에는 거리감이 느껴질 수 있지만, 일단 친구로 받아들여지면 그 관계는 오래 유지된다. 관계가 안정되면 굳이 자주 연락하지 않아도 신뢰는 쉽게 흔들리지 않는다.

이러한 특성은 비즈니스 관계에서도 그대로 적용된다. 계약서보다 사람을 먼저 보는 태도, 오랜 거래를 중시하는 관점은 친구 개념에서 비롯된다. 상대를 朋友로 받아들였다는 것은 단기적인 이익보다 장기적인 협력을 선택했다는 의미다. 그래서 중국에서는 관계가 깨지면 회복이 어렵고, 반대로 신뢰가 쌓이면 웬만한 문제는 대화를 통해 해결하려는 경향이 강하다.

결국 중국에서 친구가 된다는 것은 인간적인 호감 이상의 의미를 가진다. 그것은 책임을 공유하고, 체면을 존중하며, 필요할 때 함께 서겠다는 암묵적인 합의다. 이 무게를 이해할수록 중국 사회의 인간관계는 더 명확하게 보인다. 친구라는 말의 깊이를 존중하는 태도가 곧 관계의 출발점이다.

중국식 친구 개념을 이해하면 관계를 맺는 태도 또한 달라져야 한다는 사실을 알게 된다. 처음부터 가까워지려 하거나, 빠른 친분을 기대하는 접근은 오히려 경계심을 키울 수 있다. 대신 신중하고 일관된 태도가 중요하다. 작은 약속을 지키고, 말의 무게를 가볍게 쓰지 않으며, 필요 이상의 호의를 앞세우지 않는 것이 신뢰를 쌓는 첫 단계다.

중국에서는 관계가 깊어질수록 책임의 범위도 함께 넓어진다. 친구로 인정받았다는 것은 단순히 호감을 얻었다는 뜻이 아니라, 일정한 역할을 기대받는다는 의미다. 그래서 친구 사이에서는 요청을 거절하는 일도 조심스럽다. 무조건적인 수용을 의미하는 것은 아니지만, 이유 없는 외면은 관계의 단절로 받아들여질 수 있다. 이 점에서 친구라는 말은 감정 표현이 아니라 관계의 수준을 규정하는 선언에 가깝다.

또 하나 주목할 점은 체면의 중요성이다. 중국 문화에서 체면은 개인의 자존감이자 관계의 안전장치다. 친구의 체면을 지켜주는 행동은 곧 그 관계를 존중한다는 뜻이다. 공개적인 자리에서의 비판이나 농담은 친밀함의 표시가 아니라 무례로 받아들여질 가능성이 크다. 이런 세심함이 쌓여야 비로소 신뢰는 단단해진다.

결국 중국에서의 친구 관계는 속도가 아니라 방향의 문제다. 서두르지 않고, 말보다 행동으로 신뢰를 보여주는 태도가 필요하다. 친구라는 단어의 무게를 이해하는 순간, 관계는 더 이상 불확실한 감정 교류가 아니라 예측 가능한 신뢰의 구조로 바뀐다. 이 구조를 존중할 때 비로소 진짜 친구로 다가갈 수 있다.

이러한 관계 구조 속에서 중요한 것은 스스로의 기준을 분명히 하는 일이다. 중국식 친구 관계는 깊은 만큼 부담이 될 수도 있다. 모든 요청을 감당하려 하거나, 관계 유지를 위해 자신의 원칙을 무너뜨릴 필요는 없다. 오히려 자신이 지킬 수 있는 선을 명확히 하고, 그 안에서 성실함을 유지하는 태도가 더 오래가는 신뢰를 만든다. 무리한 약속보다 지킬 수 있는 약속을 선택하는 것이 관계를 보호하는 방법이다.

또한 중국에서는 침묵이 반드시 부정적인 의미를 갖지 않는다. 자주 연락하지 않아도 관계가 유지될 수 있으며, 일정한 거리가 오히려 신뢰의 표현이 되기도 한다. 이는 감정을 끊임없이 확인해야 안심하는 관계와는 다른 방식이다. 필요할 때 곁에 있을 수 있다는 확신이 더 중요하다.

시간이 흐르며 관계가 축적되면 말은 점점 줄고 이해는 깊어진다. 많은 설명 없이도 의도를 파악하고, 사소한 신호만으로도 상황을 공유할 수 있게 된다. 이런 단계에 이르면 친구는 선택이 아니라 관계의 일부가 된다. 쉽게 맺지 않는 만큼 쉽게 버리지 않는 것이 중국식 친구의 특징이다.

결국 중국에서 친구가 된다는 것은 사람을 얻는 동시에 책임을 받아들이는 일이다. 이 무게를 존중할수록 관계는 단단해지고, 그 안에서 형성된 신뢰는 상황이 바뀌어도 쉽게 흔들리지 않는다. 친구라는 말이 가진 깊이를 이해하는 태도가 모든 관계의 출발점이 된다.

중국 덩샤오핑 생가 우물

7장. 중국의 가족과 교육열

1. '소황제' 세대가 부모가 되었을 때

중국 현대사에서 가장 독특한 인구학적 특성을 가진 이들을 꼽으라면 단연 소황제 세대일 것이다. 1979년부터 시행된 한 자녀 정책의 산물로 태어나 온 가족의 전폭적인 지지와 사랑을 독점하며 자라난 이들이 이제 성인이 되어 가정을 꾸리고 부모의 역할을 수행하기 시작했다. 자기중심적이고 인내심이 부족할 것이라는 과거의 우려와 달리, 이들이 부모가 된 후 보여주는 모습은 중국의 가족 지형과 교육 시장에 유례없는 변화를 불러일으키고 있다. 6명의 어른 즉 친조부모, 외조부모, 부모가 아이 한 명을 돌보는 4-2-1 구조에서 1의 자리에 있었던 이들이 이제 2의 자리에서 새로운 1을 키워내는 주역이 된 것이다. 이는 단순한 세대교체를 넘어 중국식 가족주의의 본질이 가문을 향한 충성에서 자녀를 향한 투자로 근본적으로 재편되고 있음을 의미한다.

소황제 출신 부모들의 가장 큰 특징은 교육과 소비에 있어 극도의 과학화와 프리미엄화를 추구한다는 점이다. 자신들이 누렸던 풍요로운 환경을 자녀에게도 물려주고 싶어 하는 보상 심리는 더욱 정교해진 교육열로 나타난다. 과거 부모 세대가 무조건적인 성적 향상과 명문대 진학에 매몰되었다면, 소황제 부모들은 자녀의 정서적 발달, 창의성, 글로벌 감각 등 다각적인 성장을 중시한다. 이들은 디지털 네이티브답게 육아 정보를 소셜 미디어와 온라인 커뮤니티에서 실시간으로 공유하며 검증된 성분과 브랜드를 따지는 스마트 맘과 스마트 대디의 전형을 보여준다. 이로 인해 중국의 키즈 산업은 단순히 양적인 성장을 넘어 고도의 질적 성장을 거듭하고 있다. 영유아용 유기농 식품부터 인공지능 기반의 조기 교육 로봇에 이르기까지 이들의 지갑을 여는 키워드는 이제 가성비가 아닌 안심과 전문성이다.

전문성에 대한 이들의 집착은 육아 도구의 진화에서 극명하게 드러난다. 과거에는 단순히 아이를 잘 먹이고 입히는 수준에 그쳤다면, 소황제 부모들은 아이의 월령별 발달 단계에 맞춘 극도로 세분화된 제품군에 열광한다. 0~3개월용 젖병과 4~6개월용 젖병이 엄격히 구분되어야 한다고 믿으며, 유모차 한 대를 고를 때도 서스펜션의 강도와 시트의 공기 순환 구조를 과학적으로 분석한다. 이들에게 육아는 본능이 아니라 정교한 학습의 영역이며, 최고의 장비를 갖추는 것은 부모로서의 직무유기를 방지하는 심리적 방어 기제가 된다. 이러한 완벽주의적 성향은 프리미엄 키즈 카페, 영유아 전문 수영장, 어린이 전용 사진관 등 파생 산업의 폭발적 성장을 견인하며 시장의 수준을 글로벌 럭셔리 수준으로 격상시켰다.

하지만 이들의 육아는 여전히 윗세대와의 갈등과 협력이라는 복잡한 고리 안에 묶여 있다. 맞벌이가 일상인 중국 대도시에서 소황제 부모들은 여전히 자신의 부모에게 육아의 상당 부분을 의존할 수밖에 없다. 여기서 이른바 격대교육의 갈등이 발생한다. 전통적인 육아 방식을 고수하는 조부모와 최신 과학적 육아를 주장하는 소황제 부모 사이의 가치관 차이는 현대 중국 가정의 흔한 풍경이 되었다. 조부모는 아이를 과보호하며 전통적인 식습관과 예절을 강조하는 반면, 소황제 부모들은 서구식 자율성과 독립성을 주입하려 한다. 조부모의 헌신적인 뒷받침 없이는 사회생활과 자아실현이 불가능하다는 구조적 한계는 이들이 독립적인 부모로서 홀로서기를 하는 데 커다란 걸림돌이 된다. 경제적 의존과 정서적 독립 사이의 아슬아슬한 줄타기는 현대 중국 가정 내 심리적 긴장감의 핵심 원인이다.

격대교육의 갈등은 일상의 아주 작은 부분에서부터 폭발한다. 조부모가 아이에게 직접 밥을 떠먹여 주려는 행위를 소황제 부모는 아이의 자립심을 해치는 행위로 규정하며 제지한다. 설탕이나 소금이 가미된 간식을 주려는 조부모와 유기농 수제 간식만을 고집하는 부모 사이의 말다툼은 단순한 의견 차이를 넘어, 중국 사회의 급격한 근대화가 가정이라는 미시적 공간에서 일으키는 마찰음이다. 그러나 이 갈등은 대개 현실적인 타협으로 마무리된다. 젊은 부모들은 퇴근 후의 짧은 육아 시간만으로는 아이를 온전히 키울 수 없다는 것을 잘 알기에, 결국 조부모의 헌신에 감사하며 육아 주도권을 일정 부분 양보한다. 이처럼 현대 중국의 육아는 세대 간 가치관 투쟁인 동시에 생존을 위한 절박한 공생의 과정이기도 하다.

또한 소황제 부모들은 인내보다는 효율을 중시하는 성향을 육아에도 투영한다. 자녀 교육에 있어서도 짧은 시간 안에 최대의 효과를 낼 수 있는 에듀테크나 맞춤형 컨설팅에 아낌없이 투자한다. 그러나 이러한 높은 기준은 역설적으로 본인들에게 막대한 심리적, 경제적 압박으로 돌아온다. 완벽한 부모가 되어야 한다는 강박과 자녀를 치열한 경쟁 사회에서 낙오시키지 않아야 한다는 불안감은 이들을 다시금 교육열의 굴레로 밀어 넣는다. 정부의 학업 부담 경감 조치인 쌍지엔 정책에도 불구하고 이들이 비공식적인 고액 과외나 예체능 특수 교육으로 눈을 돌리는 이유는 바로 근원적인 생존 불안 때문이다. 자신들이 누렸던 계층적 지위를 자녀가 잃게 될지도 모른다는 공포가 이들을 더욱 공격적인 교육 소비자로 만든다.

이러한 불안은 이른바 찌와(Jiwa, 닭 피를 주입한 듯 아이를 경쟁으로 내모는 교육 열풍) 현상을 낳았다. 소황제 부모들은 자신이 경험한 치열한 네이쥐안의 고통을 자녀에게 물려주고 싶지 않다고 말하면서도, 정작 남들보다 뒤처지는 것은 참지 못한다. 영어 유치원을 넘어 코딩, 골프, 펜싱, 승마 등 희소성 있는 교육에 매달리는 이유는 자녀를 단순한 우등생이 아닌 최상위 엘리트로 키워내야 한다는 강박 때문이다. 이들에게 자녀의 성공은 부모로서 자신의 유능함을 입증하는 최종 성적표와 같다. 교육 시장이 음성화되고 고도화되면서 부모의 정보력과 자본력이 자녀의 미래를 결정짓는 핵심 변수가 되었고, 이는 소황제 부모들을 한시도 쉬지 못하게 만드는 족쇄가 되고 있다.

소황제 부모 세대의 등장은 중국의 소비 지형을 가족 중심에서 아이 중심으로 더욱 강력하게 고착시켰다. 이들은 자신을 위해서는 탕핑을 외치며 지출을 줄일지언정 자녀를 위한 지출에는 결코 타협하지 않는다. 소위 삼수 소비 즉 아이, 노인, 여성 중에서도 아이는 가장 압도적인 우선순위를 차지한다. 프리미엄 유모차, 고가의 코딩 캠프, 해외 연수 프로그램은 이제 중산층 소황제 부모들에게 선택이 아닌 필수 코스처럼 여겨진다. 이러한 현상은 중국 내수 시장에서 아동 관련 산업이 경기 불황에도 흔들리지 않는 철옹성 같은 영역이 되게 만들었다. 기업들은 이제 부모를 논리적으로 설득하기보다 아이의 감성을 사로잡고 부모의 근원적 불안을 해소하는 정교한 심리 마케팅에 모든 역량을 집중하고 있다.

아이를 위한 소비는 이제 단순한 물건 구매를 넘어 하나의 사회적 지위 표시(Status Symbol)로 작용한다. 어떤 브랜드의 카시트를 사용하는지, 주말에 어떤 체험 학습을 보내는지가 부모의 경제적 수준과 가치관을 대변하는 척도가 되었다. 특히 이들은 제품의 기능성만큼이나 디자인과 미적 가치를 중시한다. 자신의 SNS에 올렸을 때 세련되게 비칠 수 있는 육아 용품은 가격이 비싸더라도 기꺼이 선택받는다. 브랜드들은 이러한 과시적 소구점과 실용적 가치를 결합하여 소황제 부모들의 욕망을 자극한다. 아이를 키우는 과정이 고된 노동이 아니라 세련된 라이프스타일의 일부라는 환상을 심어주는 것이 현대 중국 키즈 산업의 핵심 전략이다.

사회적 측면에서 이들은 자녀의 성취를 자신의 자아실현과 동일시하는 경향이 강하다. 한 자녀 정책 시절 자신들이 받았던 과도한 기대를 이제는 자신의 아이에게 그대로 투사하는 것이다. 이는 아이에게 심리적 부담을 주기도 하지만, 동시에 아이를 인격적으로 대우하고 개성을 존중하려는 노력으로도 나타난다. 권위주의적인 부모가 되기보다 아이의 친구 같은 부모(Xiao-pengyou)가 되고 싶어 하는 이들의 욕구는 중국의 가정 내 위계질서를 수평적으로 변화시키고 있다. 식탁에서의 대화 주제가 일방적인 훈육에서 아이의 관심사와 기분으로 이동하고 아이의 선택권을 존중하는 문화가 정착되면서 중국 차세대 인성 형성에 중대한 영향을 미치고 있다.

이러한 수평적 관계 맺기는 학교 현장에서도 변화를 일으킨다. 소황제 부모들은 교사에게 일방적으로 아이를 맡기기보다 학교 운영에 적극적으로 참여하고 목소리를 낸다. 아이의 권리가 조금이라도 침해당한다고 느낄 때는 집단적인 행동도 서슴지 않는다. 이는 과거 세대의 순응적인 태도와는 확연히 다른 모습이다. 가정에서 시작된 이러한 소통의 경험은 아이들에게 자아 존중감을 키워주고, 이것이 장기적으로 중국 사회의 경직된 조직 문화를 희석하는 기폭제가 될 것이라는 전망도 나온다. 아이의 의사를 묻고 경청하는 소황제 부모의 양육 방식은 대륙의 감성을 훨씬 더 섬세하고 개인주의적인 방향으로 이끌고 있다.

그럼에도 불구하고 이들이 마주한 현실적인 무게는 녹록지 않다. 4-2-1 구조의 정점에서 모든 혜택을 누렸던 이들은 이제 4명의 노인과 1명의 아이를 동시에 책임져야 하는 샌드위치 세대의 압박을 온몸으로 받아내고 있다. 이러한 중압감은 중국의 출산율 급락과 직접적으로 맞닿아 있다. 한 명의 아이에게 모든 자원을 집중하는 소황제식 육아 모델은 다자녀를 양육하기에는 경제적, 정서적 비용이 너무나 크기 때문이다. 정부가 세 자녀 정책을 장려하고 각종 혜택을 내놓아도 소황제 부모들이 쉽게 응하지 않는 이유는 그들이 생각하는 성공적인 육아의 기준이 이미 너무 높아져 버렸기 때문이다.

한 아이에게 쏟아붓는 비용과 에너지가 이미 임계점에 도달했기에, 둘째나 셋째를 갖는다는 것은 단순히 식구가 느는 문제가 아니라 삶의 질 전체가 무너지는 위기로 인식된다. 또한 늙어가는 부모들의 의료비와 간병 부담이 가시화되면서 소황제 부모들의 심리적 여유는 더욱 고갈되고 있다. 이들에게 출산은 이제 국가를 위한 애국심의 문제가 아니라, 자신의 삶을 유지하기 위한 냉철한 손익계

산의 결과가 되었다. 고도화된 도시 환경 속에서 아이 한 명을 제대로 키워내는 것조차 버거운 이들에게 다자녀 정책은 그저 먼 나라 이야기일 뿐이다.

결국 소황제 세대가 부모가 되었다는 것은 중국의 가족주의가 가문의 영광을 위한 희생에서 아이의 행복과 경쟁력을 위한 투자로 이동했음을 의미한다. 이들은 부모 세대의 헌신을 보고 자랐지만 동시에 자신들의 자아도 놓치고 싶어 하지 않는 모순된 욕망을 품고 있다. 이러한 갈등과 고뇌는 중국의 가족 문화를 더욱 개인화되고 합리적인 방향으로 재편하는 동력이 된다. 소황제 부모들이 만들어가는 새로운 가족 풍경은 향후 수십 년간 중국 사회의 소비와 교육 그리고 가치관의 향방을 결정짓는 가장 중요한 변수가 될 것이다.

가정 내의 경제권과 의사결정권이 이들 세대로 완전히 넘어오면서, 기업들과 정책 입안자들은 이들의 입맛을 맞추기 위해 필사적으로 움직인다. 이들은 더 이상 막연한 애국심 호소나 전통적인 가치관 강요에 움직이지 않는다. 나 자신의 편의와 내 아이의 특별함이 확실히 보장될 때만 지갑을 열고 마음을 연다. 소황제 부모들의 까다로운 안목은 중국 내수 시장의 품질 표준을 글로벌 수준으로 끌어올리는 역할을 했으며, 이는 해외 브랜드들이 중국 시장에서 더 이상 브랜드 파워만으로 살아남을 수 없게 만드는 거대한 진입 장벽이 되었다.

이들은 이제 자신들이 받았던 사랑의 방식을 현대적으로 재해석하며 새로운 세대를 길러내고 있다. 무조건적인 복종 대신 아이의 독립적 인격을 존중하려 애쓰는 이들의 모습에서 우리는 미래 중국의 변화된 민낯을 엿본 수 있다. 소황제에서 부모로 진화한 이들의 여정은 대륙의 가족사와 사회 구조가 어떻게 질적으로 성장하고 있는지를 보여주는 거대한 서사시다. 이들의 불안과 욕망 그리고 사랑이 얽혀 만들어내는 새로운 교육과 소비의 문법을 이해하는 것이야말로 현대 중국의 심장을 읽는 가장 빠른 지름길이 될 것이다.

과거의 소황제가 외로운 제왕이었다면, 현재의 소황제 부모는 고독한 분투가다. 어깨에 얹힌 윗세대의 부양 의무와 아랫세대에 대한 양육 책임 사이에서 이들은 기술과 데이터를 무기로 자신만의 영토를 구축하고 있다. 이들이 길러내는 다음 세대는 이전의 그 어떤 세대보다 독립적이고 영리하며 개성이 강한 집단이 될 것이다. 4-2-1 구조의 끝단에서 태어날 새로운 세대는 부모의 합리성과 조부모 세대의 끈기를 동시에 학습하며 또 다른 중국을 설계하게 될 것이다. 결국 중국의 진정한 변화는 거창한 정치적 담론이 아니라, 소황제 부모가 아이의 젖병 온도를 맞추고 코딩 학원 셔틀버스를 기다리는 그 소소하고도 치열한 일상에서부터 싹트고 있다.

그들의 손에 들린 스마트폰은 육아를 위한 백과사전이자 세계와 소통하는 창이며, 동시에 자신의 불안을 잠재울 쇼핑 채널이다.

이들은 알고리즘이 추천하는 육아 템에 열광하면서도, 그것이 아이에게 미칠 영향을 꼼꼼히 따지는 모순된 완벽주의자들이다. 소황제 부모들이 만들어내는 이 거대한 육아의 파도는 중국을 넘어 전 세계 키즈 마켓의 트렌드를 선도하고 있다. 중국의 미래는 이제 그들이 아이에게 속삭이는 자장가 소리와, 아이의 재능을 발견했을 때 터져 나오는 환호성 속에 담겨 있다. 그 소리를 경청하고 그들의 마음을 얻는 자만이 14억 대륙의 새로운 가족 경제권을 차지할 수 있을 것이다.

2. 세계 최고 수준의 교육열과 에듀테크 시장

중국의 교육열은 단순한 학구열을 넘어 한 가정의 사활을 건 투쟁이자 대륙의 미래 패권을 설계하는 거대한 국가적 프로젝트다. 과거 부모 세대가 자녀의 명문대 진학에 모든 자원을 쏟아부었다면 현재의 소황제 부모들은 이를 넘어 인공지능과 빅데이터가 주도하는 미래 사회에서 살아남을 수 있는 디지털 경쟁력 확보에 열을 올리고 있다. 이러한 열망은 2021년 사교육을 제한한 솽지엔 정책이라는 거친 파도를 만났지만 시장은 소멸하는 대신 기술과 결합한 에듀테크라는 더 정교하고 강력한 형태로 진화했다. 규제라는 둑을 넘기 위해 물줄기가 더 빠르고 날카롭게 변한 셈이다. 이제 중국의 교육은 물리적 교실의 담장을 넘어 데이터가 흐르는 클라우드 위에서 24시간 멈추지 않는 거대한 엔진이 되었다.

중국 에듀테크 시장의 폭발적인 성장을 이끄는 핵심 동력은 세계 최고 수준의 인공지능 기술력과 방대한 학습 데이터다. 정부의 규제로 인해 과거처럼 단순 문제 풀이 위주의 대면 학원은 위축되었으나 그 빈자리를 인공지능 기반의 맞춤형 학습 플랫폼이 빠르게 채웠다. 이제 중국의 학생들은 인공지능 챗봇과 실시간으로 대화하며 언어를 배우고 학생의 표정과 시선을 분석해 집중도를 파악하는 지능형 학습 보조 시스템을 활용한다. 개인의 취약점을 실시간으로 분석해 최적의 학습 경로를 제시하는 코스웨어 기술은 교육의 효율성을 극대화하며 교육의 개인화라는 숙원을 기술로 풀어내고 있다. 이는 단순한 학습 보조를 넘어 교사의 역할 일부를 기계가 완벽히 대체하는 수준까지 도달했다. 이러한 기술적 우위는 단순히 지식을 전달하는 속도를 넘어 아이의 심리 상태와 지적 호기심의 방향까지 데이터로 포착해내는 정밀함을 보여준다.

인공지능은 이제 단순한 조력자가 아니라 개별 학생의 지적 동반자로 자리 잡았다. 학생이 문제를 틀리면 인공지능은 단순히 정답을 알려주는 것에 그치지 않고, 그 학생이 과거에 어떤 개념에서 실수를 했는지, 현재 어떤 심리적 상태인지를 데이터로 추론하여 가장 적절한 조언을 건넨다. 이러한 밀착형 관리는 기존의 대규모 강의 중심 교육으로는 도저히 도달할 수 없었던 영역이다. 데이터가 축적될수록 시스템은 더 영리해지고, 아이들은 자신만을 위해 존재하는 완벽한 튜터와 함께 24시간 성장한다. 이는 교육의 패러다임이 공급자 중심에서 철저하게 학습자 중심으로 이동했음을 상징한다.

특히 최근의 트렌드는 단순 지식 전달에서 벗어나 소양 교육과 과학 기술 역량 강화로 이동하고 있다. 코딩, 로봇공학, 3D 프린팅과 같은 스팀 교육이 에듀테크 시장의 새로운 먹거리로 부상했다. 중국 정부는 2024년부터 초중고교에 인공지능 교육 과정을 전면 의무화하며 이러한 흐름을 국가 차원에서 지원하고 있다. 이에 따라 기업들은 가상현실 기술을 활용해 역사적 인물과 대화하거나 가상 실험실에서 화학 반응을 실습하는 몰입형 교육 솔루션을 쏟아내고 있다. 이는 규제라는 위기를 기술 혁신의 기회로 바꾼 중국 특유의 생존 문법을 잘 보여준다. 암기 위주의 교육에서 창의적 문제 해결 능력 배양으로 패러다임 자체가 변하고 있는 것이다. 이제 아이들은 교과서 속의 활자가 아니라 가상 세계 속의 직접적인 경험을 통해 지식을 체득하며 미래 산업의 주역으로 길러지고 있다.

몰입형 교육 기술인 VR과 AR은 중국 교실의 풍경을 근본적으로 바꾸고 있다. 만리장성의 역사를 배울 때 아이들은 교과서를 보는 대신 VR 고글을 쓰고 직접 축조 현장을 거닌다. 달의 위상 변화를 배울 때는 증강현실 기술을 이용해 책상 위에 떠오른 달을 사방에서 관찰한다. 이러한 시각적, 촉각적 자극은 학습의 흥미를 극대화할 뿐만 아니라 추상적인 개념을 직관적으로 이해하도록 돕는다. 중국 에듀테크 기업들은 이러한 하이테크 솔루션을 대량 생산하여 단가를 낮추었고, 이는 대도시뿐만 아니라 중소도시의 일반 가정에서도 어렵지 않게 접근할 수 있는 보편적인 교육 환경으로 자리 잡았다.

에듀테크의 발전은 교육의 공간적 제약 또한 허물고 있다. 1선 도시의 수준 높은 교육 자원이 디지털 플랫폼을 통해 3, 4선 도시와 농촌 지역으로 실시간 보급되면서 지역 간 교육 격차를 해소하는 사회적 도구로서의 역할도 수행하고 있다. 부모들은 이제 자녀를 유명 학원에 보내기 위해 긴 줄을 서는 대신 스마트폰 앱 하나로 전국 최고의 강사진과 인공지능 튜터의 관리를 받는다. 데이터 보안과 개인정보 보호에 대한 규제가 강화되는 추세 속에서도 중국 부모들은 자녀의 성취를 위해서라면 기술적 편의성을 적극적으로 수용하는 경향을 보인다. 이는 인프라의 상향 평준화를 통해 인적 자원의 질을 국가 전체적으로 끌어올리는 결과로 이어진다. 디지털이 가져온 교육의 민주화는 동시에 전국적인 무한 경쟁을 가속화하는 양면성을 띠기도 하지만 국가 전체적인 인재 풀의 수준을 비약적으로 높이는 기폭제가 되고 있다.

농촌 지역의 아이들이 베이징 명문대 출신 강사의 강의를 실시간으로 듣고 인공지능의 지도를 받는 모습은 중국 사회의 고질적인 문제였던 지역 격차를 해소하는 실질적인 대안이 되고 있다. 이는 국가 통합과 사회 안정을 추구하는 당국 입장에서도 매우 고무적인 현상이다. 디지털 실크로드라 불리는 이러한 교육 네트워크는 대륙 구석구석을 지식으로 연결하며, 잠재력 있는 인재들이 출신 배경에 상관없이 자신의 능력을 펼칠 수 있는 토양을 마련하고 있다. 에듀테크는 이제 단순한 비즈니스를 넘어 중국의 사회적 통합과 인적 자본의 효율적 재배치를 돕는 핵심 인프라로 기능하고 있다.

또한 중국의 에듀테크는 이제 하드웨어와의 결합을 통해 가정 학습의 풍경을 바꾸고 있다. 인공지능 학습기, 스마트 램프, 글자를 읽어주는 스마트 펜 등 다양한 기기들이 아이들의 공부방을 점령했다. 특히 부모가 퇴근하기 전까지 아이의 숙제를 도와주고 오답을 체크해 주는 스마트 기기들은 바쁜 맞벌이 소황제 부모들에게 필수적인 육아 보조 도구가 되었다. 이러한 기기들은 아이들의 학습 데이터를 초 단위로 수집하여 부모의 스마트폰으로 보고서를 발송한다. 기술이 부모의 불안을 잠재우고 아이의 성취를 수치화하여 보여주는 정교한 심리적 위안 장치로 기능하는 것이다. 부모는 직장에서도 아이의 학습 진도를 실시간으로 파악하며 안도감을 얻고 기업은 그 데이터를 기반으로 다시금 새로운 맞춤형 상품을 제안하는 정교한 알고리즘의 고리가 형성된다.

스마트 학습 기기는 이제 가전제품을 넘어 지능형 라이프스타일의 일부가 되었다. 시력을 보호하면서도 학습 집중도를 높여주는 스마트 조명은 아이가 졸거나 자세가 흐트러지면 즉각적으로 경고를 보내고 부모에게 알림을 전송한다. 스마트 펜은 종이 위에 쓴 글씨를 디지털화하여 오답 노트를 자동으로 생성하고, 모르는 단어를 찍으면 즉석에서 원어민 발음과 뜻을 들려준다. 이러한 기기들은 부모의 물리적인 개입 없이도 아이가 스스로 학습을 지속할 수 있는 환경을 구축해주며, 이는 맞벌이 부부들의 육아 스트레스를 획기적으로 낮춰주는 효과를 거두고 있다. 하드웨어와 소프트웨어가 완벽하게 결합된 에듀테크 에코시스템은 중국 가정의 필수 생존 키트가 되었다.

이러한 고도화된 교육 열풍의 이면에는 인구 감소 시대의 역설이 숨어 있다. 아이의 숫자가 줄어들수록 그 한 명에게 투입되는 자본과 기대는 기하급수적으로 늘어난다. 한 명의 자녀를 인공지능 시대의 엘리트로 키워내지 못하면 가문의 도태로 이어진다는 공포가 에듀테크 시장을 떠받치는 근본적인 에너지원이다. 기업들은 이러한 부모들의 결핍과 공포를 정확히 파고들며 가장 최신 기술이 접목된 교육 상품을 끊임없이 내놓는다. 교육은 이제 지식의 전수를 넘어 기술을 소비하고 미래를 선점하는 일종의 투자 상품이 되었다. 저출산으로 시장 규모가 축소될 것이라는 우려와 달리 자녀 한 명당 투입되는 객단가는 상상을 초월할 정도로 높아지고 있으며 이는 교육 시장을 더욱 럭셔리하고 기술 집약적인 영역으로 탈바꿈시키고 있다.

중국 부모들에게 자녀 교육은 이제 지출이 아닌 투자다. 그것도 가장 수익률이 높은 대체 불가능한 투자로 인식된다. 경제 상황이 어려워져도 아이의 학원비나 에듀테크 구독료를 가장 마지막에 줄이는 현상은 이러한 심리를 단적으로 보여준다. 기술은 이러한 부모들의 투자 효율성을 극대화해주는 도구로 각광받는다. 내 아이가 정확히 무엇을 알고 무엇을 모르는지, 상위 몇 퍼센트의 지능을 가지고 있는지 데이터로 증명받고 싶어 하는 부모들의 욕망은 에듀테크 기업들에게는 마르지 않는 금광과 같다. 공포 마케팅과 기술 지상주의가 결합하여 중국의 교육 시장은 그 어느 때보다 뜨거운 열기를 뿜어내고 있다.

나아가 중국 에듀테크 기업들은 이제 해외 시장으로 눈을 돌리고 있다. 대륙에서 검증된 정교한 알고리즘과 대규모 동시 접속 처리 능력 그리고 몰입형 콘텐츠는 동남아시아와 중동 등 교육 열기가 높은 지역에서 강력한 경쟁력을 발휘한다. 중국식 디지털 교육 모델이 표준이 되어 전 세계로 수출되는 이른바 교육 굴기가 실현되고 있는 것이다. 이는 중국이 하드웨어 제조 강국을 넘어 소프트웨어와 콘텐츠를 아우르는 지식 경제의 리더로 도약하려는 의지를 보여준다. 수많은 글로벌 사용자들이 중국 기업이 만든 학습 도구로 언어를 익히고 수학 문제를 푸는 모습은 중국의 소프트 파워가 교육이라는 매개체를 통해 확장되고 있음을 방증한다.

이미 베트남, 인도네시아 등지에서는 중국발 에듀테크 앱들이 교육 카테고리 상위권을 점령하고 있다. 중국 기업들은 현지의 문화와 언어에 맞춘 커스터마이징 전략을 펼치는 동시에, 중국 내수 시장에서 다져진 압도적인 가성비와 기술력을 무기로 전 세계 교육 시장의 표준을 재정의하고 있다. 지능형 튜터링 시스템과 게이미피케이션 요소가 결합된 중국식 플랫폼은 전 세계 아이들에게도 매력적인 학습 도구로 받아들여지고 있다. 교육은 이제 반도체나 자동차처럼 중국의 핵심 수출 품목 중 하나가 되었으며, 이는 전 세계의 미래 인재들이 중국의 기술적 영향력 아래에서 성장하게 됨을 의미한다.

결국 중국의 에듀테크 시장은 전 세계에서 가장 역동적이고 실험적인 전장이다. 14억 인구의 교육열이라는 마르지 않는 샘물과 국가의 인공지능 굴기 전략이 결합하여 교육 방식의 근본적인 체질 개선을 이뤄내고 있다. 비록 출생아 수가 감소하며 인구 절벽의 위기가 찾아왔음에도 불구하고 자녀 한 명에게 투입되는 교육 자본은 오히려 더욱 고도화되고 집중되고 있다. 미래 세대를 인공지능 인재로 키워내려는 중국의 이 치열한 속도전은 에듀테크를 단순한 교육 보조 도구가 아닌 국가 경쟁력을 결정짓는 핵심 전략 자산으로 격상시키고 있다. 교육은 이제 단순히 책을 읽히는 행위가 아니라 알고리즘을 체득하고 기계와 공존하는 법을 가르치는 고차원적인 지능 전쟁으로 변모했다.

이러한 지능 전쟁에서 승리하기 위해 중국은 국가적 차원에서 학습 데이터를 자산화하고 있다. 익명화된 수억 명의 학습 패턴은 인공지능을 훈련시키는 강력한 연료가 되며, 이는 다시 더 정교한 교육 솔루션으로 돌아온다. 이러한 데이터의 선순환 구조는 해외 기업들이 쉽게 따라올 수 없는 중국 에듀테크만의 독보적인 진입 장벽을 형성하고 있다. 이제 중국의 교육은 단순히 개인의 성공을 돕는 수단이 아니라, 국가 전체의 지능 수준을 인위적으로 상향 조정하려는 거대한 시스템 엔지니어링의 과정으로 이해되어야 한다.

대륙의 아이들이 스마트폰과 로봇을 통해 세상을 배우는 모습은 우리가 상상하는 미래 교육의 예고편일지도 모른다. 기술이 교육의 기회를 평등하게 만들 것인지 아니면 자본력에 따른 또 다른 정보 격차를 낳을 것인지에 대한 논란은 여전하지만 중국은 멈추지 않고 전진하고 있다. 교육열이라는 원초적인 본능이 첨단 기술이라는 날개를 달고 비상하는 현장 그곳이 바로 오늘날 중국 에듀테크의 민낯이다. 이 거대한 실험이 낳을 결과물은 향후 수십 년간 중국은 물론 전 세계 인적 자원의 지형도를 바꿔놓을 것이다. 데이터가 쌓일수록 알고리즘은 더욱 정교해지고 그 혜택을 받은 아이들은 이전 세대와는 비교할 수 없는 정보 처리 능력을 갖춘 새로운 신인류로 성장할 것이다.

에듀테크의 정점은 결국 인간과 기계의 완벽한 협업에 있다. 중국의 아이들은 이제 기계와 경쟁하는 법이 아니라 기계를 활용해 자신의 능력을 무한히 확장하는 법을 배우고 있다. 이는 미래의 노동 시장에서 이들이 가질 압도적인 우위를 예견케 한다. 부모들의 불안이 기술을 부르고, 기술이 다시 아이들의 성취로 이어지는 이 거대한 메커니즘은 중국 사회의 역동성을 상징하는 가장 강렬한 풍경이다. 대륙의 교육열은 기술이라는 강력한 가속 페달을 밟고 이제껏 인류가 가보지 못한 새로운 지식의 지평으로 나아가고 있다.

우리는 이제 교육을 단순한 학교 수업의 연장으로 보지 말고 데이터와 알고리즘이 빚어내는 새로운 문명의 기초 공사로 보아야 한다. 중국의 부모들이 보여주는 맹목적이면서도 영리한 기술 수용성은 미래 시장을 예측하는 중요한 척도가 된다. 기술이 인간의 지능을 보조하고 확장하는 가장 치열한 현장인 중국의 에듀테크 시장은 앞으로도 끊임없이 진화하며 새로운 비즈니스 모델을 창출할 것이다. 대륙의 교육 열기는 식지 않는다 다만 그 형태를 디지털로 바꾸어 더욱 뜨겁게 타오를 뿐이다. 이제 교육은 국가의 백년대계를 넘어 알고리즘의 천년대계를 설계하는 일종의 지식 생태계 건설로 나아가고 있으며 그 중심에는 기술을 향한 끝없는 갈망과 미래에 대한 절박한 기대가 공존하고 있다.

마지막으로, 중국 에듀테크의 진화는 우리에게도 중요한 시사점을 던진다. 규제가 혁신을 가로막는 것이 아니라 오히려 더 높은 차원의 기술적 돌파구를 마련하게 한 사례는 정책과 시장의 상호작용에 대해 깊은 통찰을 제공한다. 또한, 기술이 교육의 본질인 '성장'을 어떻게 효율적으로 지원할 수 있는지에 대한 실질적인 답을 중국 시장은 온몸으로 보여주고 있다. 이제 우리는 대륙에서 벌어지는 이 거대한 교육 실험의 결과를 주시하며, 다가올 인공지능 시대의 인재 양성 모델에 대해 진지하게 고민해야 할 때다.

3. 결혼과 출산을 포기하는 도시 남녀들

중국 대륙의 하늘을 찌를 듯 솟아오른 마천루들이 화려한 네온사인으로 도시를 수놓을 때, 그 거대한 콘크리트 그림자 아래에서 살아가는 젊은 세대의 한숨은 갈수록 깊고 무겁게 가라앉고 있습니다. 수천 년 동안 중국 사회를 지탱해 온 가장 견고하고도 신성한 기둥이었던 '가족'이라는 가치가 이제는 그 근간부터 흔들리고 있습니다. 개혁개방 이후 유례없는 속도로 경제 성장을 구가하며 '중국몽(中國夢)'을 노래하던 도시의 청년들은, 이제 찬란한 미래를 설계하는 대신 결혼과 출산을 스스로 거부하는 길을 택하고 있습니다.

이들은 치열한 생존 경쟁에서 낙오되지 않으려 발버둥 치는 '네이쥐안(內卷, 각박한 내부 경쟁)'의 피로감과, 모든 것을 포기하고 드러누워 버리는 '탕핑(躺平, 가만히 누워 아무것도 하지 않음)'의 무력감 사이에서 절망적인 사투를 벌이고 있습니다. 이는 단순히 인구 통계학적 수치의 변화를 넘어, 중화권 특유의 유교적 전통 가치관이 근대적 개인주의 및 자본주의적 모순과 정면으로 충돌하며 발생한 거대한 문명적 단층 현상이라 할 수 있습니다.

오늘날 베이징, 상하이, 선전과 같은 중국 대도시의 혼인율은 매해 역대 최저치를 경신하며 바닥을 알 수 없는 추락을 거듭하고 있습니다. 결혼이라는 인륜지대사가 청년들에게 더 이상 설렘이나 축복이 아닌, 피하고 싶은 '재앙' 혹은 '감당할 수 없는 과업'으로 인식되고 있는 것입니다. 이러한 변화의 이면에는 개인의 자유로운 가치관 변화라는 표면적 이유를 넘어, 구조적인 사회적 압박이 이미 개인이 감당할 수 있는 임계점을 넘어섰다는 냉혹한 현실이 자리 잡고 있습니다.

결혼을 가로막는 가장 거대한 장벽은 단연 압도적인 경제적 부담입니다. 현대 중국의 결혼 시장에서 남성이 최소한의 경쟁력을 갖추기 위해서는 이른바 '3대 필수 요소'라 불리는 주택, 자동차, 그리고 안정적인 고수입이 반드시 뒷받침되어야 합니다. 특히 1선 도시의 집값은 일반적인 직장인이 평생의 월급을 단 한 푼도 쓰지 않고 모아도 결코 도달할 수 없는 천문학적인 수준으로 치솟았습니다. 과거 부모 세대에게 결혼이 소박한 살림으로 시작해 함께 자산을 일궈가는 과정이었다면, 지금의 청년들에게 결혼은 '이미 완성된 자본'을 증명해야만 입장이 허용되는 폐쇄적인 클럽과 같습니다.

또한, 중국 특유의 '차이리(彩禮, 신랑 측이 신부 측에 주는 지참금)' 문화는 경제적 부담을 가중시키는 결정적인 요인입니다. 농촌과 도시를 가리지 않고 치솟는 차이리는 남성들에게 파산을 각오해야 하는 경제적 징벌처럼 다가옵니다. 결혼이 사랑의 결실이 아닌 막대한 자본 투입의 장이 되어버린 상황에서, 자산이 없는 청년들은 문턱 앞에서 발길을 돌릴 수밖에 없습니다. 부모의 전폭적인 경제적 지원 없이는 가정을 꾸리는 것 자체가 원천적으로 불가능한 구조적 모순이, 수많은 젊은이를 비혼이라는 비자발적 선택으로 내몰고 있는 셈입니다.

여성들의 비약적인 교육 수준 향상과 자아실현에 대한 강렬한 욕구 또한 혼인율 감소의 결정적인 변수로 작용하고 있습니다. 고학력 전문직 여성들이 급증하면서, 이들은 과거 가부장적인 가사노동과 독박 육아, 그리고 시댁 중심의 희생이 당연시되던 전통적 결혼 제도에 대해 근본적인 의문을 제기하기 시작했습니다. "혼자 살면 경제적으로 여유롭고 정신적으로 자유로운데, 왜 굳이 결혼이라는 굴레에 들어가 스스로의 커리어와 삶의 질을 희생해야 하는가?"라는 물음은 이제 도시 여성들 사이에서 거부할 수 없는 보편적인 정서가 되었습니다.

중국 정부가 인구 절벽의 위기감을 느끼고 '세 자녀 정책'까지 발표하며 출산을 독려하고 있지만, 정작 정책의 대상인 여성들의 반응은 싸늘하기만 합니다. 여성들에게 있어 결혼은 이제 신분 상승이나 안정의 사다리가 아니라, 오히려 자신의 성취와 자유를 갉아먹는 무거운 족쇄로 인식되고 있기 때문입니다. 경력 단절에 대한 공포와 여전히 견고한 유리 천장은 여성들로 하여금 가정을 꾸리는 대신 자기 자신에게 투자하는 삶을 선택하게 만듭니다.

출산 포기는 결혼 포기의 필연적인 연장선인 동시에, 사회의 지속 가능성을 파괴하는 더욱 심각한 징후입니다. 중국 부모들에게 자녀 교육은 단순한 양육의 차원을 넘어선, 가문의 명운을 건 잔혹한 '군비 경쟁'과 다름없습니다. 명문대 진학을 향한 끝없는 사교육비 지출과 아이의 성공을 위해 부모의 모든 사생활과 경제력을 쏟아붓는 문화는 젊은 세대에게 출산에 대한 원초적인 공포를 심어주었습니다.

특히나 치열한 입시 지옥과 취업난을 몸소 겪으며 성장한 이들은, "내가 겪은 이 고통스러운 경쟁의 굴레를 자식에게까지 물려주고 싶지 않다"는 강한 반출생주의적 정서를 공유하고 있습니다. 아이 한 명을 이른바 '엘리트'로 키워내기 위해 온 가족의 자원을 고갈시켜야 하는 현실은, 평범한 월급쟁이들에게 출산을 '불가능한 미션'으로 느끼게 만듭니다. 정부가 사교육을 금지하는 정책을 내놓아도, 근본적인 학벌 지상주의와 경쟁 구조가 변하지 않는 한 부모들의 불안은 해소되지 않습니다.

이러한 현상은 도시의 삭막하고 비인간적인 노동 환경과도 깊은 궤를 같이합니다. 오전 9시부터 밤 9시까지 주 6일간 근무하는 이른바 '996 근무제'는 청년들에게 누군가를 사랑하고, 관계를 맺고, 타인을 돌볼 최소한의 시간적·정신적 여유조차 허락하지 않습니다. 퇴근 후 녹초가 된 몸을 이끌고 돌아온 비좁은 방 한 칸에서 이들이 느끼는 감정은 고독이나 외로움이라기보다, 오히려 타인의 간섭으로부터 벗어났다는 안도감과 해방감에 가깝다.

타인과의 결합이 주는 피로와 책임을 견디기보다, 스마트폰 속 가상 세계의 콘텐츠에 몰입하거나 반려동물과의 교감에서 정서적 위안을 찾는 청년들이 급격히 늘어나는 이유입니다. 고양이 한 마리를 정성껏 키우며 자신만의 평화를 유지하는 것이, 자녀를 낳아 끝없는 교육 전쟁터로 내모는 것보다 훨씬 합리적이고 윤리적인 선택이라는 인식이 대중적으로 자리 잡았습니다. 반려동물 시장의 폭발적인 성장은 역설적으로 인간 관계의 단절과 출산율 저하를 투영하는 거울과 같습니다.

또한, 거대 도시가 제공하는 익명성은 청년들을 전통적인 가문의 압박으로부터 물리적·심리적으로 해방시켰습니다. 과거 집성촌이나 소도시 공동체 내에서는 명절마다 쏟아지는 어른들의 잔소리와 '가문의 대를 이어야 한다'는 유교적 책임감이 강력한 사회적 통제 기제로 작동했습니다. 그러나 대도시로 이주한 청년들은 이러한 가부장적 질서에서 비교적 자유롭습니다.

이들은 명절에 고향에 내려가 친척들의 결혼 성화를 피하는 구체적인 행동 매뉴얼을 공유하고, 심지어 애인 대행 서비스를 이용해서라도 자신의 비혼 상태를 고수하려 합니다. 이는 단순한 세대 갈등이나 철없는 반항이 아닙니다. 자신의 삶에 대한 주도권을 타인의 시선이나 관습으로부터 되찾으려는, 지극히 현대적이고도 눈물겨운 실존적 사투인 것입니다. 효도라는 이름의 압박이 더 이상 개인의 행복보다 우선시될 수 없다는 선언이기도 합니다.

결국 중국 도시 남녀들이 선택한 비혼과 무자녀는 국가 시스템의 불합리에 대한 '조용한 저항'이자, 각박한 현실 속에서 살아남기 위한 최후의 '생존 전략'입니다. 살인적인 물가, 불안정한 고용 시장, 그리고 이미 공고해질 대로 공고해져 계층 이동의 사다리가 사라진 사회에서 청년들은 자기 한 몸 건사하는 것조차 버거운 숙제로 느낍니다.

가족을 구성함으로써 얻게 될 정서적 안정감보다, 그로 인해 감당해야 할 경제적 파산 위험과 심리적 비용이 압도적으로 높다는 계산이 이미 끝난 셈입니다. 이들에게 국가는 애국심을 강조하며 출산을 장려하지만, 정작 그들이 발을 딛고 선 사회는 기본권조차 위협하는 모순된 공간으로 다가올 뿐입니다. 사회 안전망이 부족한 상대에서 가족은 보험이 아닌 짐이 되어버렸습니다.

이러한 인구 구조의 급격한 불균형은 이제 중국의 국가 경쟁력 자체를 위협하는 수준에 도달했습니다. 젊은 층의 가처분 소득 감소와 소비 위축은 내수 시장의 장기적인 침체로 이어지고, 이는 다시 고용 불안을 야기하여 청년들을 더욱 가난하게 만드는 악순환의 고리를 형성하고 있습니다. 노동 가능 인구의 감소는 제조 대국으로서의 위상을 흔들고, 노인 부양비의 급증은 미래 세대에게 짊어지기 힘든 멍에를 지우고 있습니다.

정부는 부랴부랴 각종 세제 혜택과 육아 휴직 확대, 사교육 시장 단속 등의 대책을 쏟아내고 있으나, 이미 차갑게 얼어붙은 청년들의 마음을 돌리기에는 역부족입니다. 주거 환경의 근본적인 안

정과 과도한 승자독식 구조의 교육 시스템 개혁, 그리고 노동권의
실질적인 보장 없이는 도시의 불 꺼진 창을 다시 밝히기란 불가능
에 가깝습니다. 삶의 질에 대한 진지한 고민이 선행되지 않는 한,
국가의 구호는 청년들의 공허한 귓가를 스쳐 지나가는 소음에 불
과할 것입니다.

중국의 가족 공동체는 지금 물질주의의 거센 파도와 개인주의
의 확산 속에서 그 존립 근거를 상실해가고 있습니다. '효(孝)'를 근
간으로 삼아 국가와 사회를 유지해 온 수천 년의 사회 계약이 파기
되고 있으며, 그 폐허 위에는 파편화된 개인들만이 고립된 섬처럼
남겨지고 있습니다. 늙어가는 부모를 홀로 부양해야 한다는 중압
감과, 자신의 최소한의 삶을 지켜내야 한다는 생존 본능 사이에서
청년들은 결국 고립을 선택합니다.

이는 비단 중국만의 고유한 문제는 아니나, 중국이 가진 압도적
인 인구 규모와 유례를 찾기 힘든 고령화 속도는 이 위기를 인류
역사상 가장 파괴적인 사회적 실험처럼 보이게 만듭니다. 국가 성
장의 과실이 개인의 행복으로 온전히 연결되지 않을 때, 개인은 종
족 번식이라는 생물학적 본능마저 억제하며 시스템에 항거한다는
것을 중국의 청년들이 온몸으로 증명하고 있습니다.

미래의 중국 사회는 이제 혈연 중심의 가족이 아닌, 전혀 새로운
형태의 공동체를 모색해야 하는 기로에 서 있습니다. 결혼하지 않

은 이들이 서로를 돌보는 수평적 네트워크나, 디지털 공간에서의 느슨한 유대감이 전통적인 대가족의 기능을 대체하는 풍경이 일상이 될 것입니다. 14억 인구라는 거대한 유기체가 건강하게 유지되려면, 그 유기체를 구성하는 최소 단위인 세포, 즉 개인이 먼저 행복해야 한다는 평범하고도 위대한 진리를 중국은 지금 혹독한 사회적 대가를 치르며 배우고 있습니다.

도시의 화려한 네온사인 아래에서 조용히 읊조리는 청년들의 한숨이 멈추지 않는 한, 대륙의 활력은 서서히 식어갈 수밖에 없습니다. 이제 중국은 '성장의 수치'가 아닌 '삶의 온도'를 고민해야 할 시점에 서 있습니다. 결혼과 출신이 개인의 인생에 있어 '재앙'이 아닌 '축복'과 '선택'이 될 수 있는 사회적 토양을 복원하는 것, 그것이 바로 중국이 직면한 가장 거대한 시대적 도전입니다.

가족이라는 따뜻한 공동체가 무너진 자리에 차가운 자본의 논리와 국가의 통제만이 남는다면, 그 어떤 경제적 번영도 사막 위의 신기루처럼 순식간에 사라질 수 있습니다. 대륙의 청년들이 다시 미래를 꿈꾸고, 누군가와 함께 생을 설계할 수 있는 용기를 가질 수 있을 때, 비로소 중국의 진정한 부흥은 그 실체를 드러낼 것입니다. 성장의 마침표가 아닌, 상생의 쉼표가 필요한 시점입니다.

이러한 사회적 진통은 중국이 진정한 근대 국가로 거듭나기 위한 일종의 '성장통'일지도 모릅니다. 하지만 그 통증이 너무나 극심하여 유기체의 생존 자체를 위협한다면, 시스템 전반에 대한 근본적인 수술이 불가피합니다. 청년들이 말하는 탕핑은 게으름의 표현이 아니라, 더 이상 달릴 수 없다는 몸부림입니다. 그들이 다시 일어설 수 있도록 만드는 것은 강요된 정책이 아니라, 한 개인으로서 존중받고 미래를 낙관할 수 있는 안전한 사회적 기반입니다.

결국, 21세기 중국의 명운은 첨단 기술이나 군사력이 아니라, 도시의 골목길마다 아이들의 웃음소리가 다시 울려 퍼질 수 있느냐에 달려 있습니다. 한 세대의 희생을 담보로 쌓아 올린 마천루는 화려할지 모르나, 그 안에서 살아가는 사람들의 마음이 시들어간다면 그 문명은 지속될 수 없습니다. 중국이 마주한 이 거대한 인구학적, 문명적 과제는 이제 시작일 뿐이며, 그 해법은 청년들의 가슴 속 깊은 곳에 숨겨진 '행복할 권리'를 되찾아주는 데서 시작되어야 할 것입니다.

8장. 콘텐츠와 미디어로 본 중국

1. 틱톡(도인)과 위챗이 지배하는 일상

중국의 아침은 위챗(WeChat)으로 시작해서 도인(Douyin)으로 끝난다고 해도 과언이 아니다. 베이징의 숨 가쁜 출근길 지하철 안이나 상하이의 세련된 카페, 심지어 내륙 깊숙한 농촌의 마을 어귀에서도 사람들은 약속이라도 한 듯 일제히 고개를 숙이고 스마트폰 화면을 응시한다. 그들의 엄지손가락은 기계적인 리듬으로 끊임없이 위로 올라가거나 옆으로 미끄러지며 거대한 디지털 생태계를 유영한다. 이제 중국에서 위챗과 도인은 단순한 모바일 애플리케이션의 차원을 넘어 인간의 오감과 일상의 모든 행위를 지배하는 하나의 거대한 운영체제가 되었다. 이는 단순히 기술적 진보를 넘어 중국인의 의식 구조와 사회적 상호작용의 문법을 근본적으로 재편한 문명적 전환이다.

위챗은 중국인에게 있어 제2의 신분증이자 삶 그 자체다. 13억 명 이상의 월간 활성 사용자 수를 보유한 이 플랫폼은 초기에 단순한 메신저로 시작했으나, 지금은 결제, 금융, 공공 서비스, 쇼핑을 아우르는 '슈퍼 앱'으로 군림한다. 길거리 노점상에서 전병 하나를 살 때도, 병원 예약을 하거나 전기 요금을 낼 때도 사람들은 가장 먼저 위챗페이를 켠다. 특히 위챗 내에서 구동되는 미니 프로그램인 '샤오청쉬'는 별도의 앱 설치 없이도 거의 모든 서비스를 이용하게 함으로써 사용자들을 위챗이라는 견고한 성벽 안에 영원히 가두어 두었다. 이는 플랫폼이 국가적 인프라의 역할을 수행하며 개인의 삶을 완벽하게 통합한 전례 없는 사례다.

과거 지갑을 들고 다니던 습관은 이제 전설 속 이야기가 되었으며, 위챗의 '모멘츠'는 개인의 사회적 지위와 취향을 드러내는 가장 중요한 전시장으로 기능한다. 직장 상사부터 가족, 오랜 친구에 이르기까지 모든 인간관계가 이 하나의 창구로 수렴되면서 중국인들에게 위챗은 단순한 도구가 아닌 사회적 생존을 위한 필수 인프라가 된 것이다. 이제 위챗 아이디를 교환하는 것은 종이 명함을 주고받는 것보다 더 깊은 신뢰와 연결의 의미를 담고 있다. 사람들은 모멘츠의 피드를 통해 타인의 삶을 관찰하고 자신의 행복을 증명하며 디지털화된 사회적 자본을 축적한다. 이 연결망에서 소외되는 것은 곧 현대 중국 사회에서의 실질적인 고립을 의미한다.

반면 도인은 중국인의 시각과 청각 그리고 욕망을 사로잡는 강력한 콘텐츠 엔진이다. 8억 명에 육박하는 일일 사용자가 매일 평균 2시간 이상을 도인에 쏟아붓는다. 15초에서 1분 남짓한 짧은 영상들은 인공지능 알고리즘을 타고 사용자의 취향을 정밀하게 타격한다. 한번 스크롤을 시작하면 도파민의 굴레에서 멈출 수 없는 이 중독성은 단순한 재미를 넘어 커머스의 혁명을 불러왔다. 영상을 보다가 화면 속 물건이 마음에 들면 단 두 번의 클릭만으로 구매가 완료되는 '관심 이커머스' 시스템은 기존의 검색 기반 쇼핑 패턴을 완전히 뒤바꾸어 놓았다. 목적이 있어서 물건을 찾는 시대는 가고, 알고리즘이 내 욕망을 먼저 읽어내어 물건을 제안하는 발견형 소비의 시대가 온 것이다.

최근에는 1~2분 분량의 짧은 에피소드로 구성된 숏폼 드라마가 도인을 점령하며 전통적인 영화나 TV 시장의 규모를 위협할 정도로 성장했다. 출퇴근 시간이나 점심시간 등 자투리 시간을 이용해 고도의 자극과 반전이 담긴 이야기를 소비하는 것은 도시 직장인들의 새로운 휴식 문화가 되었다. 또한 실시간 스트리밍을 통한 라이브 커머스는 이제 중국 유통의 주류가 되었으며, 유명 왕홍들은 TV 스타 이상의 영향력을 행사하며 소비 트렌드를 주도한다. 그들의 말 한마디에 수백만 개의 제품이 순식간에 동이 나고 농촌의 특산물이 전국으로 팔려나가는 광경은 도인이 만들어낸 디지털 경제의 상징적인 모습이다.

이러한 미디어의 지배력은 단순히 소비 영역에만 머물지 않는다. 도인의 알고리즘은 유행어와 사회적 의제를 순식간에 생산하고 전파하며 대중의 사고방식까지 동질화하는 강력한 문화적 권력을 행사한다. 시골 마을의 할머니가 직접 재배한 농산물을 라이브 방송으로 완판시키고 무명의 청년이 하룻밤 사이에 전국적인 스타가 되는 광경은 오직 중국의 이 거대한 디지털 생태계 안에서만 가능한 일이다. 지리적 거리는 디지털 연결망 안에서 무의미해졌으며 정보의 전파 속도는 광속에 가까워졌다. 이는 중국 사회의 하부 구조를 자극하여 새로운 형태의 자생적 경제 부흥을 이끄는 동력이 되기도 한다.

이 두 플랫폼의 결합은 중국 사회의 소통 방식과 경제 구조를 근본적으로 재편했다. 위챗이 지인 기반의 폐쇄적인 네트워크를 통해 신뢰와 행정적 편의를 제공한다면, 도인은 알고리즘 기반의 개방적인 네트워크를 통해 낯선 정보와 끝없는 오락을 공급한다. 중국인들은 위챗으로 공적인 업무를 처리하고 사적인 관계를 유지하며, 도인을 통해 세상의 변화를 읽고 자신의 욕망을 소비한다. 위챗이 디지털 안정감을 주는 고향 같은 공간이라면 도인은 끊임없이 새로운 자극이 쏟아지는 화려한 광장과도 같다. 이러한 이중 구조는 중국인들의 내면을 공적 의무와 사적 쾌락으로 교묘하게 분리하고 통합한다.

디지털 기술은 중국인의 시간 활용 방식까지 바꾸어 놓았다. 사람들은 화장실에 갈 때도, 식사를 할 때도 숏폼 영상을 시청하며 짧게 파편화된 정보를 흡수한다. 긴 글보다는 짧은 영상에, 논리적인 분석보다는 직관적인 감성에 더 민감하게 반응하게 된 것이다. 이러한 변화는 기업들의 마케팅 전략을 완전히 뒤흔들고 있다. 이제 소비자의 주의력을 3초 안에 사로잡지 못하면 그 어떤 훌륭한 제품도 디지털의 바다 속으로 침몰하고 만다. 짧고 강렬한 이미지와 소리가 세상을 움직이는 핵심 언어가 되었으며, 이는 깊이 있는 사유 대신 즉각적인 자극에 반응하는 새로운 인류를 주조해내고 있다.

또한 플랫폼 내에서의 데이터 축적은 중국형 신용 사회의 근간이 되고 있다. 위챗 결제 내역과 도인에서의 활동 지표는 개인의 경제적 능력과 사회적 성향을 판단하는 보이지 않는 데이터가 되어 금융 서비스나 취업 시장에까지 영향을 미친다. 편리함의 대가로 개인의 모든 정보가 플랫폼의 알고리즘에 기록되는 환경은 중국인들에게 거부감보다는 당연한 삶의 배경으로 받아들여지고 있다. 기술이 선사하는 압도적인 효율성이 프라이버시에 대한 우려를 압도하고 있는 셈이다. 데이터는 이제 현대 중국을 움직이는 새로운 석유이자 개인을 규정하는 절대적인 척도가 되었다.

결국 위챗과 도인이 지배하는 일상은 기술이 인간의 삶을 어디까지 파고들 수 있는지를 보여주는 거대한 사회적 실험장과 같다. 디지털 장벽 안에서 독자적으로 형성된 이 독특한 미디어 환경은 중국만의 고유한 문화를 만들어내고 있으며, 이는 외부 세계가 중국이라는 거대한 실체를 이해하기 위해 반드시 거쳐야 할 필수 관문이 되었다. 오늘도 중국의 도시 남녀들은 위챗으로 커피를 주문하고 도인으로 그 커피를 마시는 자신의 모습을 공유하며 하루를 채워가고 있다. 그들이 공유하는 일상은 곧바로 수치화된 데이터가 되어 다시 그들의 내일 소비를 결정하는 순환의 고리에 갇힌다.

이 거대한 연결망 속에서 개인은 더욱 편리해졌으나 동시에 플랫폼이 설계한 알고리즘의 굴레에서 벗어나기 힘든 존재가 되었다. 위챗과 도인이 없는 일상은 이제 상상조차 할 수 없는 공포가 되었으며, 중국의 모든 경제와 문화 활동은 이 두 거인의 손바닥 위에서 춤추고 있다. 알고리즘은 우리가 무엇을 보고, 무엇을 사고, 심지어 무엇을 정의라고 생각할지까지도 조용히 권유하고 유도한다. 중국의 디지털 생태계는 이제 기술의 영역을 넘어 인간의 영혼과 사회의 구조를 주조하는 거대한 거푸집으로 진화하고 있는 것이다. 인간이 도구를 만든 것이 아니라, 도구가 인간의 새로운 본성을 규정하고 있는 셈이다.

과거 중국이 '세계의 공장'으로서 저렴한 노동력을 제공했다면, 이제는 세계에서 가장 진화하고 치열한 '디지털 실험실'이 되었다. 여기서 검증된 비즈니스 모델과 알고리즘 전략은 국경을 넘어 전 세계로 확장되고 있으며, 우리는 이 거대한 파동의 진원지인 중국을 주목하지 않을 수 없다. 중국인들의 엄지손가락이 매 순간 만들어내는 거대한 데이터의 물결은 대륙의 경제 지형을 실시간으로 바꾸고 있으며, 그 변화의 끝이 어디를 향할지 가늠하기란 쉽지 않다. 다만 분명한 사실은, 위챗과 도인이 그리는 디지털 지도가 곧 현대 중국의 가장 정확한 단면도라는 점이다.

이 거대한 연결망은 사회적 통제의 도구이자 동시에 개인이 세상과 소통하는 유일한 창구가 되었다. 사람들은 알고리즘이 추천하는 정보의 바다 속에서 안도감을 느끼는 동시에, 자신이 보지 못하는 정보에 대한 막연한 불안감을 안고 살아간다. 위챗 모멘츠에 올라오는 타인의 화려한 일상과 도인에서 쏟아지는 성공 신화들은 청년들에게 희망을 주는 동시에 상대적 박탈감을 심화시킨다. 디지털 권력이 전통적인 국가 권력과 결합하거나 혹은 그것을 보완하며 만들어내는 이 새로운 질서는 중국이라는 국가의 성격을 근본적으로 변화시키고 있다.

중국의 디지털 플랫폼은 이제 단순한 서비스를 넘어 하나의 사회 계약으로 작동한다. 개인은 자신의 정보를 제공하고, 플랫폼은 그 대가로 유례없는 편의성과 안전, 그리고 소속감을 제공한다. 14억 인구의 거대한 유기체가 동시다발적으로 같은 유행어를 내뱉고 같은 영상을 보며 웃는 광경은 소름 돋는 장관이다. 하지만 그 이면에는 알고리즘의 선택을 받지 못한 소외된 목소리들과 파편화된 개인들의 고독이 숨겨져 있다. 기술의 화려함이 깊어질수록 인간 본연의 고독과 실존적 고민은 디지털 신호 속에 묻혀버리기 쉽다.

미래의 중국은 아마도 이 거대한 디지털 생태계의 완성형이 될 것이다. 모든 욕망이 데이터로 치환되고, 모든 행동이 예측 가능해지는 사회에서 개인의 자유는 어떤 의미를 갖게 될까. 중국의 청년들이 스마트폰의 푸른 빛 아래에서 꿈꾸는 것은 알고리즘이 제안하는 다음 구매 목록일까, 아니면 이 견고한 디지털 성벽 너머의 진실일까. 오늘도 대륙의 밤은 위챗의 마지막 메시지와 도인의 마지막 영상이 남긴 여운 속에서 저물어간다. 그들이 내일 아침 다시 엄지손가락을 움직일 때, 중국이라는 거대한 유기체는 또 한 걸음 알 수 없는 미래를 향해 나아간다.

결국 현대 중국을 이해한다는 것은 위챗의 미로를 탐험하고 도인의 소음 속에서 의미를 찾아내는 과정과 다름없다. 그 안에는 경제적 번영의 찬가와 개인의 소소한 행복, 그리고 거대한 시스템의 논리가 복잡하게 얽혀 있다. 이 디지털 제국이 그리는 지도가 인류의 미래가 될지, 아니면 중국만의 독특한 예외적 풍경으로 남을지는 아직 알 수 없다. 다만 분명한 것은 우리 모두가 이 거대한 실험의 영향권 아래에 놓여 있다는 사실이다. 엄지손가락 하나로 세상을 움직이는 중국인들의 일상은 이미 그 자체로 하나의 거대한 역사가 되고 있다.

2. 검열의 울타리 안에서 피어나는 창의성

중국의 문화 콘텐츠 시장을 깊이 있게 이해하기 위해서는 '검열'이라는 거대한 벽을 가장 먼저 마주해야 한다. 국가신문출판서와 광전총국으로 대표되는 관리 기구는 사회주의 핵심 가치에 반하거나 풍기문란을 조장한다고 판단되는 모든 요소를 현미경처럼 엄격히 통제한다. 타임슬립을 소재로 한 드라마가 역사를 왜곡한다는 이유로 방영이 금지되거나, 게임 속 선혈의 색상이 공포감을 조성한다는 이유로 초록색으로 변하는 것은 중국에서 흔히 볼 수 있는 풍경이다. 하지만 흥미로운 점은 이러한 촘촘한 검열의 울타리 안에서도 중국의 창의성은 기묘하고도 강인하게 피어나고 있다는 사실이다. 압력솥 안에서 식재료가 압박을 견디며 더욱 진한 맛을 우려내듯, 중국의 창작자들은 규제라는 물리적 한계를 정신적 도약의 발판으로 삼고 있다.

가장 대표적인 분야가 바로 웹소설 시장이다. 중국 웹소설은 검열의 눈을 피하기 위해 독특한 은유와 상징 체계를 발달시켰다. 민감한 정치적 사안이나 사회적 부조리를 직접적으로 비판하는 대신, 무협이니 선협이라는 판타지 장르의 틀을 빌려 인간의 욕망과 권력의 속성을 탐구한다. 현실에서는 불가능한 정의 구현을 가상의 세계관 속에서 실현하며 독자들에게 카타르시스를 제공하는 것이다. 이러한 생존 전략은 오히려 중국 특유의 방대한 세계관과 치밀한 설정을 낳았고, 현재는 동남아시아와 북미 시장까지 수출되는 강력한 지식재산권(IP)의 원천이 되었다. 텍스트에 기반한 상상력은 검열관의 시선이 미처 닿지 못하는 행간 사이에서 무한히 확장된다.

게임 산업 역시 검열과 창의성이 충돌하며 진화하는 현장이다. 중국 정부는 청소년의 게임 중독을 막기 위해 셧다운제를 강화하고 판호 발급을 제한하는 등 강력한 규제책을 펴왔다. 그러나 이러한 압박은 중국 게임사들이 양적 팽창 대신 질적 성장을 추구하게 만드는 역설적인 결과를 초래했다. 내수 시장의 규제를 피해 해외로 눈을 돌린 게임들은 서구권의 미학적 기준과 중국의 기술력을 결합하며 세계적인 흥행작들을 배출하기 시작했다. 최근 전 세계적인 열풍을 일으킨 사례들은 중국 게임이 더 이상 카피캣이 아닌, 독창적인 예술성과 기술력을 갖춘 주류 문화가 되었음을 증명한다. 규제가 오히려 글로벌 표준에 맞춘 고품질 콘텐츠를 양성하는 '메가 필터' 역할을 한 셈이다.

특히 주목할 만한 점은 검열 시스템 자체가 하나의 거대한 창작 지침서 역할을 하기도 한다는 역설적 현실이다. 창작자들은 금지된 단어나 소재를 피하기 위해 신조어를 만들어내거나, 고전 문학의 문구를 빌려와 현대 사회를 풍자한다. 예를 들어, 인터넷상에서 특정 정치적 인물을 직접 언급하는 대신 발음이 비슷한 동물이나 사물을 별명으로 부르며 검열 시스템의 키워드 필터링을 무력화한다. 이러한 놀이 문화는 대중 사이에서 강력한 동질감을 형성하며, 언어의 유희와 상징의 깊이를 더하는 계기가 되었다. 금지된 것을 말하기 위해 발달한 이 상징 체계는 이제 중국 네티즌들만의 고유한 디지털 문법으로 정착했다.

영상 콘텐츠 분야에서는 이른바 은유의 미학이 극치에 달한다. 직접적인 표현이 막힐 때 작가와 감독들은 카메라 앵글, 색감, 그리고 인물의 침묵을 통해 메시지를 전달한다. 검열관의 가위질을 피하면서도 대중의 공감을 얻어야 하는 절박함이 오히려 세련된 연출 기법을 낳은 셈이다. 시청자들 또한 행간을 읽는 법을 터득했다. 삭제된 장면이나 수정된 대사 뒤에 숨겨진 본래의 의도를 추측하고 공유하며, 창작자와 소비자 사이의 독특한 유대감을 형성한다. 이는 단순한 시청을 넘어 일종의 집단적인 해독 과정으로 진화했다. 불완전한 텍스트를 대중의 상상력으로 완성하는 기묘한 소비 문화가 형성된 것이다.

또한 기술적 수단을 동원한 우회 전략도 창의성의 한 축을 담당한다. 인공지능을 활용해 검열 알고리즘이 감지하지 못하도록 미세하게 변형된 이미지를 생성하거나, 블록체인 기술을 이용해 삭제 불가능한 기록을 남기려는 시도들이 이어지고 있다. 이는 국가의 하이테크 통제 시스템과 민간의 하이테크 저항 정신이 맞붙는 첨단 기술의 전장이기도 한다. 기술이 장벽을 쌓으면, 창의성은 그 장벽을 넘는 사다리가 되거나 장벽 아래를 파고드는 터널이 된다. 이 과정에서 발생하는 기술적 진보는 중국 미디어 생태계의 기형적이면서도 독보적인 경쟁력을 형성하고 있다.

중국의 창의성은 통제라는 압력 속에서 더 단단하게 압축된 다이아몬드와 같다. 물론 표현의 자유가 보장된 환경이었다면 더 찬란한 꽃을 피웠을 것이라는 아쉬움은 남는다. 하지만 제한된 규칙 안에서 최선의 수를 찾아내는 바둑 기사처럼, 중국의 콘텐츠 창작자들은 검열이라는 시스템을 하나의 상수로 받아들이고 그 안에서 구현 가능한 최대치의 상상력을 발휘하고 있다. 이들은 규칙을 어기지 않으면서도 시스템의 허점을 파고들어 대중의 갈증을 해소해 주는 '디지털 마술사'와도 같다.

나아가 이러한 '생존형 창의성'은 중국 콘텐츠가 글로벌 시장에서 독특한 매력을 발산하는 요인이 된다. 노골적이고 직접적인 서구의 콘텐츠와 달리, 중국의 콘텐츠에는 한 번 더 곱씹게 만드는 은유와 동양적인 여백이 담겨 있다. 이는 말하지 않아도 전해지는 정서적 깊이를 선호하는 아시아 문화권에서 특히 강력한 힘을 발휘한다. 규제가 만든 여백이 오히려 문화적 상징성으로 승화되어, 중국만의 독창적인 서사 구조를 완성하고 있는 것이다.

검열의 칼날은 창작의 범위를 좁혔을지 모르나, 그 안에서 살아남은 이야기들은 생명력이 질기다. 중국 드라마 제작사들은 로맨스라는 보편적인 장르 안에 가부장제에 대한 비판이나 현대 여성의 자립이라는 시대적 화두를 은밀하게 심어 놓는다. 검열관이 보기에는 무해한 사랑 이야기지만, 대중은 그 안에서 자신의 삶을 옥죄는 구조적 모순을 읽어낸다. 이러한 소통 방식은 억압받는 이들끼리 주고받는 비밀스러운 암호와 같아서, 오히려 메시지의 파급력을 더욱 견고하게 만든다.

결국 중국의 미디어 생태계는 억압과 분출이라는 양가적인 힘이 팽팽하게 맞서며 굴러가는 거대한 수레바퀴와 같다. 검열의 울타리는 창작의 범위를 제한하는 족쇄인 동시에, 그 족쇄를 풀기 위한 기발한 우회로를 찾게 만드는 자극제가 되기도 한다. 이러한 기형적인 환경 속에서 탄생한 콘텐츠들은 오늘날 전 세계가 주목하는 중국만의 독특한 문화적 매력을 형성하고 있다. 삭막한 통제의 땅 위에서도 인간의 유희 본능과 창작 욕구는 잡초처럼 끈질기게 자라나, 오늘도 검열의 담장을 넘어 세상 밖으로 뻗어 나가고 있다.

기업들은 이제 중국의 규제를 단순한 리스크로만 보지 말고, 그 안에서 단련된 콘텐츠의 저력을 이해해야 한다. 검열을 통과했다는 것은 그만큼 대중의 보편적인 정서를 건드리면서도 정교한 연출력을 갖췄다는 증거이기도 하다. 중국의 창의성은 닫힌 문 앞에서 멈추는 것이 아니라, 문 틈으로 새어 나오는 빛을 통해 새로운 우주를 그려내고 있다. 이러한 연금술적 변화가 지속되는 한, 중국의 콘텐츠 시장은 전 세계에서 가장 역설적이고도 강력한 문화적 에너지를 내뿜는 화산으로 남을 것이다.

대륙의 창의성이 빚어내는 이 기묘한 예술의 세계는 통제가 결코 인간의 상상력을 이길 수 없음을 증명하는 살아있는 교과서다. 검열관이 빨간 펜으로 대본을 긋는 순간, 작가의 머릿속에서는 그 빨간 선을 넘지 않으면서도 독자의 심장을 찌를 새로운 문장이 태어난다. 이러한 투쟁은 중국 문화사에 있어 가장 고통스러우면서도 창조적인 시기로 기록될 것이다. 우리는 이 거대한 실험이 가져올 문화적 열매가 어떻게 세계 시장의 문법을 다시 쓸지 지켜보아야 한다.

또한 중국의 디지털 콘텐츠는 이제 플랫폼의 힘을 빌려 전 세계인의 안방까지 침투하고 있다. 틱톡(TikTok)을 비롯한 수많은 매체는 중국식 서사 구조와 시각적 문법을 전파하는 선봉장이 되었다. 자국 내에서 단련된 '검열 우회' 기술과 고도의 은유는 역설적으로 문화적 배경이 다른 외국인들에게도 신선한 지적 유희를 제공한다. 직접적인 서사보다 함축적인 상징이 주는 매력이 글로벌 대중의 취향을 저격하고 있는 셈이다.

나아가 중국의 창작자들은 이제 가상 현실(VR)과 인공지능(AI)이라는 새로운 영토로 발을 넓히고 있다. 물리적인 검열이 닿기 힘든 메타버스 공간에서 이들은 더욱 대담한 상상력을 발휘한다. 기술이 진화할수록 통제의 그물망은 느슨해질 수밖에 없으며, 그 틈새를 비집고 나오는 창의성은 더욱 강력한 폭발력을 갖게 된다. 삭막한 규제의 황무지에서 꽃을 피운 대륙의 창의성은 이제 그 씨앗을 전 세계로 퍼뜨리며 새로운 문화 지도를 그려가고 있다.

결국 검열이라는 장벽은 중국 콘텐츠를 가두는 벽이 아니라, 더 높은 곳을 향해 뛰어오르게 만드는 도약대가 되었다. 인간의 본능적인 창조 의지는 지금 이 순간에도 수억 개의 스마트폰 화면 위에서 새로운 신화를 써 내려가고 있다. 닫힌 세상 속에서 가장 화려하게 타오르는 중국의 창의성, 그 불꽃은 결코 꺼지지 않고 대륙의 밤을 밝히고 있다.

기술적 통제와 문화적 생존 사이의 이 팽팽한 긴장은 역설적으로 중국 미디어 산업의 기초 체력을 강화했다. 정부의 눈을 피하기 위한 고도의 세련미는 작품의 질적 수준을 끌어올렸고, 제한된 자원 내에서 최대의 효율을 뽑아내는 제작 방식은 압도적인 가성비를 낳았다. 이제 전 세계는 규제라는 이름의 '도가니'에서 제련된 중국 콘텐츠의 날카로운 칼날을 마주하고 있다. 이는 단순히 일시적인 유행을 넘어, 통제된 환경이 빚어낸 전혀 새로운 형태의 현대 미학이라 불릴 만하다.

중국 미디어 시장의 거대한 흐름은 결코 멈추지 않을 것이다. 장벽이 높아질수록 그것을 뛰어넘는 사다리는 더욱 정교해지고, 감시가 철저해질수록 속삭임은 더욱 깊은 울림을 남기기 때문이다. 우리는 이 역설적인 창의성의 연대기를 통해 인간의 상상력이 환경에 굴복하지 않고 어떻게 스스로를 진화시키는지를 목격하고 있다. 대륙의 창의성이 빚어내는 기묘한 예술은 이제 중국의 국경을 넘어 인류의 보편적인 감성과 지적 유희를 자극하는 새로운 동력이 되고 있다.

3. 게임과 웹소설: 중국 문화 수출의 첨병

과거 중국의 문화 수출이 판다나 경극, 소림사 같은 박제된 전통 상징물에 머물렀다면, 오늘날의 중국은 게임과 웹소설이라는 강력한 디지털 병기를 앞세워 전 세계 젊은 층의 일상을 파고들고 있다. 이들은 더 이상 서구권 문화를 복제하거나 흉내 내는 수준에 머물지 않는다. 오히려 독자적인 세계관과 압도적인 자본력, 그리고 치밀한 현지화 전략을 결합해 전 세계 콘텐츠 시장의 판도를 뒤흔드는 첨병 역할을 자처한다. 이는 중국의 소프트파워가 단순한 국가 이미지 홍보를 넘어 디지털 기술과 서사가 결합한 고도의 문화적 영향력으로 진화했음을 보여주는 대목이다.

특히 게임 산업의 약진은 경이로운 수준을 넘어 위협적이기까지 하다. '메이드 인 차이나' 게임은 이제 저급한 가짜라는 오명을 벗고 고품질과 창의성의 대명사로 자리 잡았다. 미호요의 '원신'이나 게임 사이언스의 '검은 신화: 오공' 같은 작품들은 동양적인 미학을 현대적인 기술력으로 구현해내며 서구권 게이머들을 열광시켰다. 중국 게임사들은 단순히 재미를 파는 것이 아니라 게임 속 건축물, 의복, 음악 속에 중국의 문화적 요소를 자연스럽게 녹여낸다. 전 세계 사용자들이 게임 캐릭터의 대사를 듣기 위해 중국어 성조를 공부하고, 게임 속 배경이 된 실제 중국 유적지를 성지 순례하는 현상은 이제 낯선 풍경이 아니다.

중국 게임의 성공은 단순히 그래픽의 화려함에만 기인하지 않는다. 이들은 모바일 환경에 최적화된 사용자 경험(UX)과 데이터 기반의 운영 시스템을 세계 최고 수준으로 끌어올렸다. 수억 명의 이용자가 동시에 접속하는 서버를 안정적으로 관리하고, 매주 새로운 콘텐츠를 업데이트하며 사용자의 피드백을 실시간으로 반영하는 속도는 기존 서구권 대형 게임사들을 압도한다. 또한 확률형 아이템이나 배틀패스 같은 수익 모델을 정교하게 설계하여 상업적 성공과 사용자 몰입도를 동시에 잡는 전략은 이제 글로벌 표준으로 자리 잡고 있다.

이러한 게임 산업의 부흥은 중국 내부에 축적된 막대한 엔지니어 풀과 예술가들의 협업이 있었기에 가능했다. 중국 게임사들은 전 세계 최고의 인재들을 영입하고 있으며 특히 할리우드 영화 제작에 참여하던 기술자들을 대거 흡수하여 시각적인 완성도를 극한으로 끌어올리고 있다. 이제 중국 게임은 서구의 기술을 배우는 입장에서 서구의 게임 개발사들이 벤치마킹해야 하는 연구 대상이 되었다. 이는 중국이 정보기술 강국으로서 쌓아 온 기초 체력이 문화 콘텐츠라는 그릇에 담겨 폭발한 결과라고 할 수 있다.

웹소설 역시 게임 못지않은 문화 수출의 주역이다. 중국의 온라인 문학 플랫폼은 매일 수만 건의 새로운 에피소드가 쏟아지는 거대한 콘텐츠 공장이다. 무협, 선협, 언정소설로 대표되는 중국 특유의 장르물은 기발한 상상력과 방대한 서사 구조로 해외 독자들을 사로잡았다. 특히 우쌰월드(WuxiaWorld) 같은 번역 사이트를 통해 북미와 유럽으로 퍼져나간 웹소설들은 서구의 판타지와는 또 다른 동양적 신비로움을 선사하며 두터운 팬덤을 형성했다. 서구의 독자들은 주인공이 고난을 뚫고 신선이 되기 위해 수련하는 도교적 세계관에 신선한 충격을 받았으며, 이는 동양 철학에 대한 대중적 관심으로까지 이어지고 있다.

중국 웹소설의 진정한 힘은 강력한 원천 지식재산권(IP)으로서의 가치에 있다. 인기 있는 웹소설은 웹툰, 애니메이션, 드라마를 거쳐 게임으로 재탄생하며 무한한 부가가치를 창출한다. 이러한 원소스 멀티유즈(OSMU) 전략은 중국 문화 콘텐츠가 해외 시장에서 긴 생명력을 유지하게 만드는 핵심 비결이다. 하나의 IP가 다양한 형태의 콘텐츠로 변주되며 전 세계 소비자의 시각과 청각을 동시다발적으로 공략한다. 실제로 해외에서 큰 인기를 끈 중국 드라마의 원작이 웹소설인 경우가 대다수이며, 이러한 선순환 구조는 중국 콘텐츠 산업의 기초 체력을 단단하게 만든다.

웹소설 플랫폼은 이제 인공지능(AI) 번역 기술을 도입하여 언어의 장벽을 실시간으로 허물고 있다. 과거에는 전문 번역가가 수개월에 걸쳐 작업해야 했던 방대한 분량의 소설이 이제는 AI를 통해 단 며칠 만에 수십 개 국어로 번역되어 전 세계에 동시 연재된다. 이러한 속도전은 글로벌 독자들이 실시간으로 중국의 서사 세계에 몰입하게 만든다. 또한 독자들의 댓글과 반응이 원작자의 창작 과정에 즉각적으로 반영되는 양방향 소통 구조는 팬덤의 충성도를 더욱 강화하는 장치가 된다.

정부 차원의 전폭적인 지원도 무시할 수 없다. 중국 정부는 게임과 웹소설을 소프트파워 강화의 핵심 수단으로 인식하고 디지털 문화 수출을 장려하는 정책을 펼친다. 규제와 검열이라는 양면성이 존재하지만, 수출용 콘텐츠에 대해서는 비교적 넓은 창작의 반경을 허용하며 글로벌 경쟁력을 확보할 수 있도록 돕는다. 문화적 예외주의를 내세워 자국의 문화적 우수성을 세계에 알리고 경제적 실익까지 챙기려는 전략적 행보다. 이러한 하이테크 문화 수출은 과거 노동집약적 산업 중심이었던 중국의 국가 이미지를 첨단 기술과 창의성이 공존하는 국가로 탈바꿈시키고 있다.

중국 정부는 '디지털 실크로드'라는 기치 아래 문화적 영향력을 서구권뿐만 아니라 동남아시아, 중동, 아프리카로도 확장한다. 이들 지역에서 중국의 게임과 웹소설은 단순한 오락을 넘어 중국식 현대화의 모델을 보여주는 교과서 같은 역할을 하기도 한다. 젊은 세대들이 중국의 게임 캐릭터를 동경하고 중국 웹소설의 가치관을 공유하게 되면서 중국에 대한 심리적 거리감은 눈에 띄게 줄어든다. 이는 국가 간의 외교적 긴장과는 별개로 민간 차원에서의 거대한 문화적 융합이 일어나고 있음을 의미한다.

결국 게임과 웹소설은 중국이 세계와 소통하는 가장 현대적이고 강력한 언어가 되었다. 딱딱한 선전 문구보다 매력적인 게임 캐릭터와 몰입감 넘치는 소설 속 이야기가 외국인들의 마음을 얻는데 훨씬 효과적이라는 사실을 증명한 셈이다. 디지털 영토를 확장 중인 이 첨병들은 앞으로도 국경을 넘어 전 세계인의 여가 시간을 지배하며 중국이라는 국가의 이미지를 새롭게 정의해 나갈 것이다. 전 세계의 젊은 세대가 중국의 앱에서 소설을 읽고 중국의 서버에서 게임을 즐기는 한, 중국의 문화적 영향력은 그 어느 때보다 강력하고 조용하게 확장될 것이다.

이 거대한 흐름은 향후 수십 년간 글로벌 대중문화의 주도권을 놓고 벌어지는 경쟁에서 중요한 변수가 될 것이다. 서구 중심의 서사 구조에 익숙했던 전 세계 소비자들은 이제 동양적 가치관과 최첨단 기술이 결합한 새로운 유형의 자극을 받아들이고 있다. 이러한 문화적 변용은 단순히 즐길 거리의 변화를 넘어 인류의 보편적인 미학적 기준을 재정의하는 과정이 될 수도 있다. 중국은 이제 세계의 공장을 넘어 세계의 서사 공급소가 되기를 꿈꾼다. 그들이 만들어내는 수많은 가상 세계가 현실 세계의 인식까지 바꾸어 놓을 수 있다는 사실을 우리는 목격하고 있다.

기술이 서사를 뒷받침하고 자본이 그 확산을 가속화하는 시스템 속에서 중국의 디지털 문화 굴기는 멈추지 않을 것이다. 대륙의 창의성이 빚어낸 이 강력한 콘텐츠들이 전 세계 젊은이들의 스마트폰 안에서 어떤 새로운 역사를 써 내려갈지 주목해야 한다. 이는 단순한 유행을 넘어선 문명적 확장이기 때문이다. 과거의 실크로드가 비단과 향신료를 날랐다면, 오늘의 디지털 실크로드는 코드와 서사를 나른다. 그 길의 끝에서 우리가 마주할 미래는 중국의 목소리가 전 세계의 스피커를 통해 울려 퍼지는 세상일지도 모른다.

문화란 물과 같아서 높은 곳에서 낮은 곳으로, 혹은 강한 곳에서 약한 곳으로 흐르기 마련이다. 중국은 지금 그 물길을 스스로 만들어내고 있다. 거대한 자본의 펌프로 기술의 관을 타고 서사의 물줄기를 쏘아 올린다. 우리는 이제 그 물결이 만들어내는 거대한 소용돌이 속에 서 있다. 중국의 디지털 병기들이 휩쓸고 지나간 자리에는 중국식 미학과 가치관이라는 새로운 퇴적물이 쌓일 것이다. 그것이 인류 문화를 더욱 풍요롭게 할지, 혹은 획일화된 디지털 감옥을 만들지는 아직 알 수 없다. 다만 분명한 것은 대륙의 창의성이 이미 세계의 경계를 허물기 시작했다는 사실이다.

중국의 디지털 문화 수출은 이제 단순한 비즈니스를 넘어 국가 전략의 정점에 서 있다. 전 세게 게이머들이 '오공'의 서사 속에서 중국적 정의를 배우고, 웹소설의 주인공과 함께 수련하며 동양적 인과응보를 내면화한다. 이러한 무의식의 점령은 그 어떤 무력보다 강력하다. 기술이 서사를 전달하는 매체가 아니라 서사 자체가 기술의 형태를 띠게 된 시대, 중국은 그 파도의 정점에 올라타 있다. 스마트폰 화면 위에서 펼쳐지는 이 거대한 신화는 이제 시작일 뿐이다.

대륙의 야심은 단순히 영토의 크기에 머물지 않고, 전 인류의 무의식 속에 '중국적 서사'를 각인시키는 데 있다. 수억 개의 코드가 얽혀 만들어진 가상 세계는 이제 현실의 외교나 경제보다 더 강력한 힘으로 세대 간의 장벽을 허문다. 중국의 문화 굴기는 이제 반박할 수 없는 현실이 되었으며, 그들이 쏘아 올린 디지털 신호는 지구 반대편의 누군가의 삶을 바꾸어 놓고 있다. 이 거대한 실험이 도달할 목적지가 어디인지 우리는 숨죽여 지켜보아야 한다.

결국 중국의 디지털 콘텐츠가 성공한 비결은 '가장 중국적인 것이 가장 세계적인 것'이라는 오래된 격언을 최첨단 알고리즘으로 증명해낸 데 있다. 붓글씨의 묵향 대신 픽셀의 광채로 무장한 현대의 중국 서사들은, 전 세계 젊은이들의 심장 박동을 중국 서버의 리듬에 맞추게 한다. 이는 단순한 문화의 소비를 넘어, 사고방식의 동질화를 초래하는 거대한 문명적 파도다. 대륙의 창의성은 이제 규제의 좁은 틈을 지나 글로벌 시장이라는 광활한 바다로 나아가, 그 누구도 예상치 못한 거대한 제국을 건설하고 있다.

과거에는 총칼이, 그 다음에는 달러가 세상을 지배했다면, 이제는 '서사의 매력'과 '알고리즘의 정밀함'이 권력의 상징이 되었다. 중국은 그 핵심을 정확히 꿰뚫고 디지털 실크로드의 지도를 다시 그리고 있다. 우리가 스마트폰을 켜고 그들의 이야기에 귀를 기울이는 순간, 중국의 문화적 영토는 한 뼘 더 넓어진다. 이 보이지 않는 영토 확장이 가져올 미래는, 우리가 알던 세계와는 전혀 다른 색채와 향기를 지닌 세상일지도 모른다. 대륙의 창의성이 빚어내는 이 기묘한 연금술은 지금 이 순간에도 수천만 개의 스크린 위에서 새로운 역사를 실시간으로 생성해내고 있다.

4부

중국 비즈니스의
실제 작동 방식

9장. 중국식 의사결정과 소통의 기술

1. "알겠다"는 말이 "YES"가 아닌 이유

중국인과 비즈니스 상담을 해본 경험이 있는 한국인들이 가장 흔하게 겪는 당혹감 중 하나는 바로 긍정과 부정의 경계가 모호하다는 사실이다. 회의실 테이블에 마주 앉아 제안서를 설명할 때 상대방은 시종일관 고개를 끄덕이며 "알겠다" 혹은 "문제없다"라고 답한다. 그러나 며칠 뒤 돌아오는 답변은 예상과 다르거나 아예 묵묵부답인 경우가 허다하다. 이는 중국인의 소통 방식이 고맥락 문화(High-context Culture)에 깊이 뿌리박고 있기 때문이다. 화자의 말 자체보다 그 말이 오가는 상황, 화자의 직급, 어조, 심지어는 침묵의 길이까지도 하나의 메시지가 되는 문화적 특성을 이해하지 못하면 대륙에서의 비즈니스는 늘 안개 속을 걷는 것과 같다.

중국 사회에서 소통의 핵심은 단순히 정보의 전달이 아니라 관계의 유지에 있다. 그들에게 대화는 사실의 진위를 가리는 과정이기에 앞서 상대방의 체면(面子)을 살려주고 화합을 도모하는 과정이다. 따라서 눈앞에서 상대방의 제안을 단칼에 거절하는 것은 매우 무례하고 교양 없는 행동으로 간주된다. 그들이 내뱉는 "알겠다”라는 말은 당신의 논리에 동의한다는 뜻이 아니라, 당신이 말하는 내용을 귀담아듣고 있으며 우리의 관계를 존중한다는 일종의 예의 차원의 수긍인 경우가 많다. 거절을 하더라도 상대방이 무안하지 않게 시간을 두고 서서히 열기를 식히는 것이 그들이 생각하는 세련된 비즈니스 매너다.

이러한 화법은 중국의 역사적 경험과도 밀접한 관련이 있다. 오랜 세월 동안 권력의 변화와 사회적 격동을 겪어온 중국인들에게 자신의 패를 성급히 드러내는 것은 생존에 직결된 위험 요소였다. 따라서 이들은 극도로 신중한 태도를 견지하며 상대방의 기분을 상하게 하지 않으면서도 자신의 확답을 유보하는 중용의 화법을 발달시켰다. 상대방이 좋다고 말할 때 그것이 정말 내용이 좋다는 것인지 아니면 단지 분위기가 좋다는 것인지를 구분하는 감각이 비즈니스 성패를 가른다. 말은 화려하지만 알맹이는 비워두는 이들의 화법은 거친 풍파를 견디며 살아남은 대륙인들의 지혜이자 방어 기제이기도 하다.

이러한 모호함은 중국 특유의 의사결정 구조와도 맞닿아 있다. 중국 기업이나 조직에서 실무자가 “알겠다”라고 말하는 것은 “내가 할 수 있는 범위 내에서는 이해했으나 최종 결정권자의 승인은 별개의 문제다”라는 숨은 뜻을 내포한다. 중국식 의사결정은 철저하게 상명하복식이며 최고 결정권자인 ‘라오반(老板)’의 의중이 절대적이다. 실무자가 현장에서 긍정적인 신호를 보냈더라도 내부 보고 과정에서 라오반의 전략적 판단이 다르다면 그 약속은 언제든 휴지조각이 될 수 있다. 따라서 비즈니스 파트너가 보여주는 태도가 그 조직 전체의 의사인지를 확인하기 위해서는 결정권자와의 거리를 가늠하는 능력이 필수적이다.

또한 중국인들은 "안 된다"라는 부정적인 표현을 극도로 아낀다. 대신 "불편하다"거나 "조금 어렵다"라는 식의 우회적인 표현을 사용한다. 한국인 파트너 입장에서는 '조금 어려우니 우리가 더 노력해서 도와주면 되겠구나'라고 오해하기 쉽지만, 중국인에게 이 말은 사실상 불가능하다는 최종 통보에 가깝다. 이 지점에서 발생하는 소통의 비용은 중국 비즈니스에서 가장 뼈아픈 실책으로 이어지곤 한다. 그들은 안 된다는 말 대신 "다음에 다시 이야기하자"거나 "위에서 검토가 더 필요하다"라는 핑계를 대며 출구 전략을 짠다. 직접적인 충돌을 피하려는 이들의 성향은 때로 비즈니스 속도를 늦추는 원인이 되기도 하지만 반대로 관계가 파탄 나는 것을 막는 완충 작용을 하기도 한다.

그렇다면 어떻게 이들의 진심을 파악할 것인가? 중국인들의 진짜 속마음을 알기 위해서는 겉으로 드러난 말이 아니라 그 이면의 맥락을 읽는 훈련이 필요하다. 예를 들어 "검토해 보겠다"라는 표현은 한국인에게 긍정적인 검토로 들릴 수 있지만 중국 비즈니스 현장에서는 완곡한 거절이거나 무기한 보류를 의미하는 경우가 많다. 반대로 진짜 관심이 있는 경우에는 단순히 고개를 끄덕이는 데 그치지 않고 구체적인 수치나 실행 계획 혹은 다음 미팅의 날짜를 먼저 제안하며 적극적인 질문을 던진다. 그들의 질문이 날카로워질수록 그리고 실무적인 세부 사항에 집착할수록 계약서에 도장을 찍을 확률은 올라간다.

또한 식사 자리와 같은 비공식적인 소통 채널의 중요성을 간과해서는 안 된다. 회의실에서의 대화가 격식과 체면을 차리는 공적인 무대라면 술잔이 오가는 식탁은 비로소 본심이 드러나는 공간이다. 중국 비즈니스맨들은 공식 석상에서 하지 못한 속내를 사적인 자리에서 넌지시 비추곤 한다. "알겠다"라는 말 뒤에 숨겨진 그들의 진짜 의도는 회의실의 화이트보드가 아니라 식당의 원형 테이블 위에서 확인되는 경우가 더 많다. 여기서 나누는 "우리끼리 하는 말인데"라는 문구야말로 비즈니스의 진짜 핵심인 경우가 많다. 이 비공식적인 자리에서의 확답이 공식적인 계약보다 더 강력한 구속력을 갖기도 한다.

중국인과의 소통에서 '기다림'은 포기나 지체가 아니라 전략적인 성숙의 과정이다. 한국인들이 '빨리빨리'를 외치며 계약서의 빈칸을 채우려 들 때, 중국인은 상대방이 이 사업을 끝까지 책임질 수 있는 사람인지, 신뢰할 만한 인격체인지를 집요하게 관찰한다. 그들의 모호함은 일종의 '거름망'이다. 조급함을 이기지 못해 실언을 하거나 안색을 바꾸는 파트너는 그들의 신뢰 리스트에서 가장 먼저 삭제된다. 따라서 대화의 공백이 생기거나 답변이 늦어질 때, 그

것을 부정적 신호로만 해석하여 무리한 조건을 제시하는 것은 하책 중의 하책이다. 오히려 그 공백을 여유로운 태도로 메우며 상대방의 고민을 이해한다는 신호를 보내는 것이 훨씬 효과적이다.

결국 중국식 소통의 기술은 문장 그 자체가 아니라 문장 사이의 여백을 읽는 법을 배우는 것이다. 그들의 긍정적인 반응에 섣불리 샴페인을 터뜨려서도 안 되며 모호한 태도에 쉽게 실망해서도 안 된다. 중국인에게 확답을 얻어내는 과정은 단순히 계약서에 도장을 찍는 행위가 아니라 서로의 신뢰가 쌓여 거절할 필요가 없는 상태에 이르는 긴 호흡의 과정임을 이해해야 한다. 이들은 사람을 먼저 보고 그다음에 비즈니스를 본다. 신뢰가 형성되지 않은 상대에서의 긍정은 단지 거래를 위한 기술에 불과하지만 신뢰가 쌓인 뒤의 긍정은 운명을 같이하겠다는 약속이 된다.

중국 비즈니스 현장에는 꽌시(关系)라는 보이지 않는 질서가 흐른다. 이 질서 안에서 소통은 때로 미로처럼 복잡하지만 그 길을 제대로 찾아갔을 때 얻는 보상은 매우 크다. 그들은 한번 '자기 사람'이라고 판단하면 계약 조건 이상의 편의를 봐주기도 하고 위기 상황에서 기꺼이 방패가 되어주기도 한다. 따라서 그들의 모호한 화법을 기만이라고 치부하기보다 상대방에 대한 배려와 자기방어가 결합된 고도의 문화적 산물로 받아들이는 역지사지의 자세가 필요하다. 말의 행간에 숨겨진 온도를 감지할 수 있을 때 비로소 대륙과의 진정한 파트너십이 시작된다.

또한, 중국의 지역별 특성에 따른 화법의 차이도 인지해야 한다. 북방 사람들은 비교적 호탕하고 직선적인 표현을 즐기지만 그 이면에 숨겨진 자존심이 매우 강하다. 반면 남방 사람들은 계산이 치밀하고 표현이 부드러우나 그 부드러움 속에 날카로운 실리 계산이 숨어 있다. 상하이 사람의 "알겠다"와 광둥 사람의 "문제없다"는 각기 다른 뉘앙스의 상업적 계산을 포함한다. 이러한 지역적 다양성까지 고려한 입체적 소통이야말로 중국 비즈니스의 정수라 할 수 있다.

중국인들과 협상을 할 때는 '말'보다는 '행동'의 일관성을 보아야 한다. 회의 중에는 매우 보수적으로 답변하던 파트너가 미팅 후 차를 마시는 자리에서 당신의 고향이나 가족에 대해 묻기 시작한다면, 그것은 이미 비즈니스의 문턱을 넘었다는 아주 긍정적인 신호다. 반대로 회의 내내 칭찬을 아끼지 않던 이가 미팅 후 식사 자리를 정중히 거절한다면, 그날의 화려한 긍정은 단지 당신을 정중히 돌려보내기 위한 화려한 포장지였을 가능성이 높다. 이처럼 텍스트 밖의 행동 양식을 읽어내는 능력이 바로 대륙 비즈니스의 생존권과 직결된다.

나아가 중국의 소통은 '시간'의 흐름에 따라 그 의미가 변주된다. 오늘 어렵다고 한 일이 내일은 가능해질 수 있고, 오늘 약속한 일이 내일은 검토 단계로 후퇴할 수도 있다. 이는 그들이 변덕스럽기 때문이 아니라, 그들을 둘러싼 인적 관계망(꽌시)과 정책적 환경이 시시각각 변하기 때문이다. 따라서 한 번의 소통으로 모든 것을 확정 지으려는 태도보다는, 지속적인 접촉을 통해 맥락의 변화를 감지하고 수정해 나가는 유연함이 필요하다. 중국에서 "예스"는 "오케이"가 아니라 "진행 중"이라는 뜻에 더 가깝다는 사실을 명심해야 한다.

그들의 "알겠다"라는 말은 결론이 아니라 소통의 시작일 뿐이다. 진정한 합의는 문서상의 서명 이전에 서로의 눈빛과 비공식적인 확언 속에서 먼저 완성된다. 따라서 중국 비즈니스에서는 말의 성찬에 취하기보다 그 말이 나온 배경과 상대방의 직급 그리고 대화가 이루어진 장소의 성격까지 입체적으로 분석하는 지혜가 필요하다. 겉으로 드러난 파도 아래에는 거대한 해류가 흐르고 있음을 잊지 말아야 한다. 대륙의 비즈니스는 논리의 싸움이 아니라 인내와 통찰의 싸움이며 그 승패는 결국 누가 더 상대의 마음 깊은 곳을 정확히 읽어내느냐에 달려 있다.

이러한 소통의 미학은 비단 비즈니스뿐만 아니라 중국 사회 전반을 이해하는 열쇠가 된다. 이들은 서구적인 직선적 논리보다 동양적인 곡선적 지혜를 선호하며 때로는 돌아가는 길이 가장 빠른 길임을 몸소 보여준다. 한국의 기업들이 중국 시장에서 고전하는 이유 중 상당수는 기술력이나 자본의 부족이 아니라 이러한 미묘한 소통의 결을 맞추지 못한 데서 기인한다. 상대방의 체면을 세워주면서도 실리를 챙기는 고도의 심리전, 그것이 바로 중국 비즈니스의 민낯이다.

　긴 시간 동안 축적된 이들의 화법을 단기간에 마스터하기란 쉽지 않다. 그러나 최소한 그들의 언어 뒤에 다른 풍경이 있을 수 있다는 의심과 호기심을 유지하는 것만으로도 커다란 실수를 피할 수 있다. 중국인 파트너가 내미는 찻잔 속의 찻잎이 세로로 서면 좋은 징조라고 하듯 비즈니스 대화에서도 보이지 않는 징조를 포착하려 노력해야 한다. 말은 공기 중으로 흩어지지만 그 말이 남긴 여운과 맥락은 계약서의 잉크보다 오래 남는다.

　대륙과의 비즈니스 성공을 꿈꾸는가? 그렇다면 먼저 그들의 침묵을 해석하는 법부터 익혀야 한다. 긍정도 부정도 아닌 그 모호한 경계선 위에서 흔들리지 않고 중심을 잡는 법을 배울 때 비로소 거대한 중국 시장의 문이 열릴 것이다. 오늘도 대륙의 어느 회의실에서는 수많은 "알겠다"라는 말이 오가고 있을 것이다. 그중 진짜는 무엇이고 가짜는 무엇인지 가려내는 눈을 가졌을 때 비로소 당신은 진정한 중국 전문가로 거듭나게 된다. 문을 열어주는 것은 기술이지만, 그 안으로 당신을 초대하는 것은 결국 소통의 결이다. 상대의 체면을 나의 실리로 바꾸는 연금술, 그 핵심은 결국 '말'이 아닌 '마음'의 행간에 숨겨져 있다.

2. 계약서보다 중요한 오찬과 만찬의 정치학
　중국 비즈니스 현장에서 "식사하셨습니까(吃饭목러吗)"라는 인사는 단순한 안부 확인 이상의 의미를 갖는다. 서구적 관점에서 비즈니스는 사무실에서 시작해 계약서 서명으로 끝나는 차가운 이성의 영역이지만, 중국에서 비즈니스는 식탁 위에서 시작해 술잔 속에서 완성되는 뜨거운 관계의 영역이다. 중국인들에게 함께 밥을 먹는다는 것은 단순히 영양을 섭취하는 행위가 아니라 서로의 체면을 확인하고 '우리'라는 울타리를 설정하는 고도의 정치적 의례다. 밥 한 끼를 같이 하지 않은 사람과는 큰일을 도모하지 않는다는 대륙의 불문율은 오늘날 최첨단 기술 기업들이 즐비한 선전이나 상하이에서도 여전히 유효한 원칙으로 작동한다.

흔히 한국 기업들이 범하는 실수 중 하나는 낮 시간의 회의에만 모든 공을 들이고 저녁 만찬을 단순한 접대나 휴식 시간으로 치부하는 것이다. 하지만 중국 파트너에게 만찬은 상대방의 진정성과 그릇을 시험하는 '제2의 회의장'이다. 회의실에서 오갔던 딱딱한 논리보다 식탁 위에서 보여주는 태도와 배려가 계약의 향방을 결정짓는 경우가 훨씬 많다. 계약서상의 조항은 상황에 따라 변할 수 있다고 믿는 중국인들에게 변하지 않는 것은 오직 함께 술을 마시며 쌓은 정(情)뿐이기 때문이다. 논리는 사람을 설득할 수 있지만 정은 사람을 움직인다는 것이 그들의 오랜 철학이다.

중국식 만찬의 정치는 좌석 배치에서부터 시작된다. 문을 마주보는 안쪽 상석인 주석(主席)에 누가 앉느냐, 그리고 그 옆에 누가 배치되느냐는 당일 모임의 성격과 권력 구조를 명확히 보여준다.

주최 측은 귀빈을 주석의 오른쪽에 앉힘으로써 최고의 예우를 표하며, 이 배치가 어긋날 경우 상대방은 자신의 체면이 깎였다고 느껴 비즈니스 전체를 그르칠 수도 있다. 젓가락을 들기 전부터 이미 보이지 않는 서열과 존중의 게임이 시작되는 셈이다. 이 배치는 단순한 서열을 넘어 주최 측이 오늘 협상에서 누구의 목소리에 가장 귀를 기울일 것인가를 암시하는 전략적 포석이기도 하다.

식탁 위에 오르는 요리의 가짓수와 종류 또한 중요한 메시지다. 주최 측이 얼마나 귀하고 풍성한 음식을 대접하느냐는 "우리가 당신과의 사업을 얼마나 중요하게 생각하는가"에 대한 물리적 답변이다. 음식을 조금 남기는 것이 대접받은 사람의 미덕인 이유도 여기에 있다. 접시가 싹 비워지면 주최 측은 음식이 부족했다고 느껴 체면을 잃었다고 생각하기 때문이다. 풍요로움 속에서 피어나는 여유가 곧 신뢰의 기반이 된다. 이러한 풍습은 현대 도시에서도 여전히 유효하며 비즈니스 파트너의 경제적 능력과 성의를 가늠하는 척도가 된다. 또한 지역의 특산 요리를 내놓으며 그에 얽힌 이야기를 풀어내는 것은 상대를 환영한다는 정서적 교감의 도구로 활용된다.

무엇보다 만찬의 백미는 술자리, 즉 '지우쥐(酒局)'다. 독주인 백주를 나누며 주고받는 건배 제의는 서로의 경계심을 허무는 가장 강력한 도구다. 술을 잘 마시고 못 마시고는 본질적인 문제가 아니다. 못 마시더라도 성의를 다해 잔을 비우려는 태도, 그리고 상대방

의 잔을 채워주며 건네는 덕담 속에 비즈니스의 핵심 정보가 오간
다. 술잔이 바닥나야 진심이 나온다는 말처럼 술기운을 빌려 확인
한 서로의 인간미는 계약서의 수만 가지 문구보다 더 강력한 구속
력을 발휘한다. 이때 상대방의 잔보다 자신의 잔을 낮게 부딪치는
등의 세심한 예절은 당신이 중국 문화를 깊이 이해하고 있다는 강
력한 신호가 된다.

또한 만찬은 공식 회의에서 풀리지 않던 난제를 해결하는 우회
로 역할을 수행한다. 낮 동안의 협상에서 평행선을 달렸던 쟁점들
도 술잔을 기울이며 나누는 사적인 대화 속에서 "내가 힘써 보겠
다"거나 "방법을 찾아보자"는 식의 유연한 합의로 이어지곤 한다.
이는 체면을 중시하는 중국인들이 공적인 자리에서는 양보하기 힘
든 사안을 '사적인 우리'의 관계 속에서는 호의로 풀어낼 명분을 찾
기 때문이다. 사실상 모든 중요한 의사결정의 가이드라인은 이 술
상 위에서 그려진다고 해도 과언이 아니다. 넥타이를 풀고 나누는
농담 섞인 진심이 수백 페이지의 보고서보다 더 큰 힘을 발휘하는
순간이다.

만찬 문화는 시대에 따라 변하고 있지만 그 본질인 관계 맺기는
더욱 정교해지고 있다. 최근에는 과거처럼 폭음하는 문화가 줄어
들고 대신 고급 차를 마시거나 골프를 병행하는 등 형태가 다양해
졌으나, 식탁이 소통의 중심이라는 사실은 변함이 없다. 특히 1선
도시의 젊은 경영자들은 세련된 와인 바나 미쉐린 레스토랑을 선

호하기도 하지만, 그 안에서도 여전히 좌석 배치와 대접의 격식은 엄격하게 따진다. 겉모습은 글로벌 표준을 따르는 듯 보여도 그 내부를 흐르는 문화적 문법은 수천 년을 이어온 대륙의 정서를 그대로 유지하고 있다.

결국 중국에서의 오찬과 만찬은 비즈니스의 부속물이 아니라 본질 그 자체다. 계약서는 단지 협의된 내용을 기록한 종이에 불과하며 실제 사업을 움직이는 동력은 식탁 위에서 다져진 감정적 유대감에서 나온다. 중국 비즈니스에서 성공하고 싶다면 서류 가방을 챙기기 전에 먼저 젓가락 사용법과 건배 예절, 그리고 상대방의 체면을 세워주는 대화 기술을 익혀야 한다. 식탁 정치를 지배하는 자가 비즈니스라는 전쟁터에서도 승리할 수 있는 법이다.

상대방이 좋아하는 요리가 무엇인지 미리 파악하고 만찬 도중 자연스럽게 그 요리에 대한 찬사를 보내는 것 역시 고도의 협상 기술이다. 이는 단순히 맛에 대한 평가가 아니라 상대방의 고향과 문화에 대한 존중을 표현하는 방식이기 때문이다. 또한 만찬이 끝난 후 배웅하는 모습에서도 비즈니스의 성패가 갈린다. 차가 떠날 때까지 자리를 지키며 손을 흔드는 배웅의 예절은 오늘 우리가 맺은 관계가 일회성이 아님을 증명하는 마지막 도장과 같다.

만찬장에서 오가는 대화의 주제 선택도 세심해야 한다. 정치를 비롯한 민감한 주제는 피하되 가족이나 건강, 그리고 상대방의 업적에 대한 칭찬으로 분위기를 띄우는 것이 정석이다. 중국인들은 자신을 알아주는 사람을 위해 목숨을 바친다는 선비 정신의 흔적이 비즈니스 현장에도 남아 있다. 그들에게 당신은 단순한 거래처 직원이 아니라 인생의 길목에서 만난 동반자가 되어야 한다. 그리고 그 동반자 관계가 확정되는 성스러운 장소가 바로 만찬의 식탁이다.

오늘날의 중국 비즈니스는 데이터와 알고리즘이 지배하는 듯 보이지만, 그 기저를 지탱하는 힘은 여전히 사람과 사람 사이의 뜨거운 온기다. 디지털 시대일수록 얼굴을 맞대고 밥을 먹는 시간의 가치는 더욱 빛을 발한다. 화려한 프레젠테이션 기술보다 투박하더라도 진심이 담긴 건배사 한마디가 상대방의 마음을 여는 마스터키가 될 수 있음을 잊지 말아야 한다. 대륙의 비즈니스는 결국 식탁이라는 무대 위에서 펼쳐지는 연극이자 축제이며, 그 축제의 규칙을 완벽히 이해하는 자만이 거대한 성공의 열매를 맛볼 수 있다.

이 식탁 위의 정치는 사실상 정보의 비대칭성을 해소하는 장치이기도 한다. 공식적인 자리에서는 검열과 조직의 눈치 때문에 차마 꺼내지 못한 내부 사정이나 규제 동향이 술잔이 몇 차례 돌고 난 뒤의 '우리끼리' 대화에서는 아주 자연스럽게 흘러나온다. 파트너가 단순히 음식을 권하는 것이 아니라, 당신의 앞접시에 직접 요리를 덜어주는 행위는 "우리는 이제 같은 배를 탔다"는 선언과도 같다. 이때 고마움을 표하며 그 호의를 받아들이는 세련된 매너가 수십 통의 이메일보다 더 강력한 신뢰의 다리를 놓는다.

나아가 중국의 만찬은 개인의 인격을 검증하는 고도로 설계된 시험대다. 음식이 늦게 나올 때 보여주는 인내심, 서빙하는 직원에게 건네는 태도, 그리고 술에 취했을 때 드러나는 본성까지 중국 파트너는 매 순간을 기록하고 평가한다. 비즈니스 파트너로서의 역량은 이미 회의실에서 검증되었기에, 식탁에서는 인간으로서의 자격을 묻는 것이다. 대륙의 라오반들은 종종 "술품이 곧 인품"이라고 말한다. 술잔을 비우는 속도와 매너 속에서 상대의 정직함과 책임감을 읽어내는 그들의 통찰력은 결코 무시할 수 없는 수준이다.

중국 비즈니스 만찬에서 요리가 끊이지 않고 계속 서빙되는 것은 주최 측의 '여력'을 과시하는 상징이기도 한다. 한국인들은 종종 "다 먹지도 못할 음식을 왜 이렇게 많이 시키느냐"고 낭비를 우려하지만, 이는 경제적 낭비가 아니라 심리적 투자다. 넉넉하게 남겨진 음식은 주최자가 손님을 대접함에 있어 인색하지 않았음을 증명하는 훈장과 같다. 또한, 주최자가 직접 생선 눈알이나 귀한 부위를 손님의 접시에 놓아주는 것은 특별한 존중의 표시이므로, 설령 입에 맞지 않더라도 기쁘게 받아들이는 척이라도 하는 것이 예의다. 이러한 사소한 교감이 모여 '꽌시'라는 거대한 성벽을 구축한다.

식탁 위에서 오가는 백주(白酒)의 향연은 단순한 음주를 넘어선다. 잔을 비울 때마다 "간베이(干杯)"라고 외치는 것은 서로의 마음을 비우고 정직해지자는 무언의 약속이다. 상대방의 주량을 존중하면서도 자신의 성의를 보이는 절묘한 줄타기는 고도의 정치적 기술이다. 술이 약한 파트너라면 차(茶)로 대신하겠다고 정중히 양해를 구하되, 분위기를 띄우는 건배사만큼은 누구보다 열정적으로 해야 한다. "산은 오르지 않으면 정상을 알 수 없고, 술은 마시지 않으면 진심을 알 수 없다"는 식의 중국식 시구 하나를 곁들이면 좌중의 분위기는 단숨에 당신의 편이 된다.

비즈니스 만찬의 마무리 또한 시작만큼이나 중요하다. 중국인들은 손님을 배웅할 때 '송(送)'의 예절을 매우 중시한다. 식사가 끝났다고 서둘러 자리를 뜨는 것은 관계의 단절을 의미할 수 있다. 엘리베이터 앞이나 차 문 앞까지 직접 따라가 작별 인사를 나누고, 파트너의 차가 시야에서 사라질 때까지 지켜봐 주는 인내심이 필요하다. 이러한 배웅의 시간 동안 오가는 "조심히 가십시오", "오늘 정말 즐거웠습니다"라는 짧은 인사가 사실은 그날의 모든 비즈니스 성과를 확정 짓는 최종 도장이 된다.

결국 중국에서의 식사는 단순히 배를 채우는 행위가 아니라, 서로의 영혼을 섞고 공동체의 운명을 묶는 신성한 계약 의식이다. 회의실의 형광등 아래서 맺어진 약속은 차갑고 부서지기 쉽지만, 만찬장의 조명 아래서 백주 향기와 함께 맺어진 약속은 대륙의 역사만큼이나 끈질기게 살아남는다. 중국 시장이라는 거대한 미로를 통과하고 싶은가? 그렇다면 지금 당장 당신의 파트너에게 정중하게 제안하라. "오늘 저녁, 함께 식사하시겠습니까?" 그 대답 속에 당신의 미래와 성공의 열쇠가 담겨 있다.

오늘날 인공지능과 데이터가 지배하는 최첨단 비즈니스 환경 속에서도, 중국의 식탁 정치가 여전히 강력한 힘을 발휘하는 이유는 인간 소외에 대한 본능적인 거부감 때문이다. 기술이 발달할수록 사람들은 더욱 확실한 '내 편'을 찾기를 원하며, 그 확인 절차는 여전히 얼굴을 맞대고 김이 모락모락 나는 요리를 나누는 구석기 시대적 소통 방식에 의존한다. 대륙의 창의성과 자본력이 전 세계를 휩쓸고 있는 지금, 그 근간을 지탱하는 것은 결국 식탁 위에서 다져진 끈끈한 유대감임을 잊지 말아야 한다.

3. 사장의 절대 권한과 하향식(Top-down) 문화

중국 기업의 조직도를 들여다보면 그 구조는 표면적으로 서구식 기업과 다를 바 없어 보이나, 실제로 작동하는 방식은 지극히 전제적이고 수직적이다. 중국 비즈니스 생태계의 중심에는 '라오반(老板)'이라 불리는 절대적 권력자가 존재한다. 이들은 단순한 경영진의 일원이 아니라 기업의 생사와 모든 의사결정을 한 손에 쥐고 흔드는 제왕적 존재에 가깝다. 이러한 문화는 과거 황제 중심의 중앙 집권적 통치 경험과 가족주의적 가부장 문화가 현대 기업 경영에 고스란히 이식된 결과라 할 수 있다.

중국 기업의 하향식 문화는 의사결정 속도에서 그 특징이 극명하게 드러난다. 라오반의 마음이 움직이면 수조 원 규모의 투자나 거대 프로젝트의 방향이 단 하룻밤 사이에 결정되기도 한다. 중간 관리자의 동의나 실무진의 피드백을 수렴하는 과정은 요식 행위로 치부되거나 생략되기 일쑤다. 이는 민주적 합의와 절차를 중시하는 서구식 시스템에 비해 비효율적으로 보일 수 있으나, 급변하는 중국 내수 시장에서 기회를 선점하는 데에는 막강한 추진력을 발휘하는 동력이 된다. 실제로 알리바바나 텐센트 같은 거대 공룡 기업에서도 창업자의 직관과 결단은 방대한 데이터 분석 결과보다 훨씬 강력한 힘을 발휘하곤 한다.

이러한 전제적 리더십은 조직 전체를 거대한 유기체처럼 일사불란하게 움직이게 만든다. 라오반이 목표를 설정하면 조직의 모든 자원과 인력이 오직 그 지점을 향해 맹렬히 돌진한다. 이 과정에서 발생하는 개별 부서 간의 이기주의나 절차적 복잡성은 라오반의 권위 아래 순식간에 정리된다. 중국 기업들이 신사업에 진출할 때 보여주는 파괴적인 속도의 근원은 바로 이 강력한 하향식 의사결정 구조에 있다. 그들에게 속도는 곧 생존이며, 절차는 속도를 늦추는 장애물일 뿐이다.

반면 이러한 문화는 협상 테이블에 마주 앉은 외국 기업들에게 거대한 장벽으로 작용한다. 실무진 간의 수차례 미팅을 통해 세부 조항을 조율해 놓아도, 마지막 단계에서 라오반의 한마디에 모든 내용이 뒤집히는 광경은 중국 비즈니스에서 흔히 볼 수 있는 풍경이다. 중국 측 실무자들은 권한이 거의 없으며, 그들의 역할은 라오반의 의중을 전달하거나 보고서를 작성하는 것에 한정된다. 따라서 실무진과의 소통에만 매달리는 것은 문 밖에서 헛발질하는 것과 다름없다. 이들은 결정권이 없으므로 협상 중에 어떠한 확답도 주지 않으며, 모든 사안을 내부적으로 보고하겠다는 말만 반복하게 된다.

하향식 문화의 또 다른 단면은 조직 내의 무거운 침묵과 복종이다. 라오반의 지시는 곧 법이며, 이에 대한 이의 제기는 단순한 의견 차이를 넘어 권위에 대한 도전이자 체면을 깎는 행위로 간주된다. 부하 직원들은 라오반이 틀린 결정을 내리더라도 이를 직접적으로 지적하기보다는 지시 사항을 맹목적으로 수행하거나 문제가 터진 뒤에야 수습에 나선다. 이러한 경직성은 창의적인 아이디어가 아래에서 위로 흐르는 것을 막고, 조직 전체가 한 사람의 판단력에 과도하게 의존하게 만드는 리스크를 낳는다. 보고 체계 또한 라오반의 기분을 상하게 하지 않기 위해 좋은 소식은 부풀리고 나쁜 소식은 숨기는 '보희불보우(報喜不報憂)' 현상이 나타나기 쉽다.

이러한 조직 내 정보의 왜곡은 결국 라오반을 고립시키는 결과를 초래하기도 한다. 모두가 '예스맨'이 되어버린 조직에서 라오반은 현실과 동떨어진 판단을 내릴 위험에 노출된다. 하지만 역설적으로 이러한 위험을 감수하면서까지 라오반의 권위를 유지하는 것은, 그것이 대륙의 거친 비즈니스 정글에서 가장 확실하게 책임 소재를 명확히 하고 내부 결속을 다지는 방법이기 때문이다. 중국 직원들에게 충성이란 업무 성과보다 상사의 의중을 얼마나 정확히 파악하고 이를 집행하느냐에 달려 있다.

비즈니스 파트너로서 우리가 취해야 할 전략은 명확하다. 상대 기업의 라오반이 누구인지, 그의 배경과 성향이 어떠한지, 그리고 그가 현재 무엇에 꽂혀 있는지를 파악하는 이른바 '라오반 마케팅'에 집중해야 한다. 하급자들과의 백 마디 대화보다 라오반과의 단 한 번의 독대가 사업의 성패를 가른다. 또한 협상 과정에서 상대측 실무자에게 과도한 확답을 요구하거나 그들을 압박하는 것은 무의미하다. 그들에게는 거절할 권한도 승낙할 힘도 없기 때문이다. 오히려 실무자들의 체면을 살려주면서 그들이 라오반에게 보고할 수 있는 명분과 논리를 제공해 주는 것이 훨씬 영리한 접근법이다.

성공적인 협상을 위해서는 상대방 조직 내의 비공식적인 권력 지도를 그려야 한다. 명함에 적힌 직함보다 라오반과 얼마나 가까운 사이인지, 누가 실질적인 복심인지를 알아내는 것이 중요하다. 때로는 비서나 운전기사가 수석 부사장보다 더 많은 정보를 쥐고 있을 수도 있다. 라오반의 귀에 당신의 제안이 어떻게 전달되느냐가 핵심이며 그 통로를 확보하는 것이 비즈니스의 첫걸음이다. 중국에서 비즈니스는 시스템을 타는 것이 아니라 사람을 타는 예술에 가깝다.

이러한 수직적 구조는 국가 전체의 시스템과도 결을 같이 한다. 중국 공산당의 시스템이 국가 운영을 하향식으로 끌어가듯 기업 역시 그러한 통치 철학을 공유한다. 이는 위기 상황에서 전 부서가 일사불란하게 움직이는 효율성을 극대화하지만, 동시에 소통의 단절과 관료주의라는 부작용을 동반한다. 최근 젊은 세대인 주링허우나 링링허우가 직장에 들어오면서 이러한 탑다운 문화에 대한 반감이 생기고는 있으나, 여전히 자금줄과 인사권을 쥔 라오반의 권위는 난공불락의 요새와 같다.

젊은 세대의 저항 역시 은밀하고 우회적인 방식으로 이루어진다. 겉으로는 복종하는 척하지만 뒤에서는 '탕핑(躺平)'이나 '바이란(摆烂)' 같은 소극적 저항을 통해 조직의 활력을 떨어뜨리기도 한다. 라오반들은 이제 단순히 명령하는 것만으로는 조직을 이끌 수 없다는 사실을 깨닫기 시작했다. 그럼에도 불구하고 최종 의사결정의 칼자루는 결코 부하 직원들에게 넘겨주지 않는다. 권력을 나누는 것은 곧 약점을 노출하는 것이라고 믿는 대륙의 오랜 권력관이 여전히 지배적이기 때문이다.

결국 중국식 하향식 문화는 강력한 효율성과 치명적인 경직성이라는 양날의 검을 가지고 있다. 이를 이해하지 못한 채 합리적인 시스템과 수평적 소통만을 고집한다면 중국 비즈니스의 미로 속에서 길을 잃기 십상이다. 라오반이라는 절대 권력의 생리를 인정하고 그 정점에 있는 의사결정권자의 마음을 사로잡는 것이야말로 중국이라는 거대한 시장의 문을 여는 가장 빠르고 유일한 열쇠다. 중국에서 비즈니스는 시스템과 시스템의 만남이 아니라 사람과 사람, 더 정확히는 라오반과 라오반의 결단으로 이루어지는 게임이다.

이 거대한 수직적 질서 안에서 한국 기업이 생존하기 위해서는 우리 역시 결정권자가 전면에 나서야 한다. 실무진에게 전권을 위임했다는 식의 서구적 접근은 중국인들에게는 "당신들과 진지하게 사업할 마음이 없다"는 신호로 읽힐 수 있다. 라오반은 라오반이 상대해야 한다는 '격'의 원칙을 지킬 때 비로소 진정한 대화가 시작된다. 대륙의 비즈니스 문법을 익히는 것은 단순히 언어를 배우는 것이 아니라, 그들의 권력 작동 원리를 가슴으로 이해하는 과정이다.

실제로 중국의 라오반들은 자신의 권위를 세워주는 파트너에게 무한한 신뢰를 보낸다. 회의실에서 격식을 갖추어 그를 영접하고, 식사 자리에서 그의 업적을 치켜세우는 행위는 단순한 아첨이 아니라 협상의 중요한 기술이다. 그의 체면이 서는 순간, 막혔던 모든 행정적 절차와 금전적 조건들이 마법처럼 풀려나간다. 반대로 그의 권위에 흠집을 내는 행위는 사업의 종료를 의미한다. 라오반의 결정은 번복될 수 없기에, 그가 결정을 내리기 전에 당신의 의중이 그의 생각인 것처럼 스며들게 하는 고도의 심리전이 요구된다.

또한, 중국 기업의 라오반은 부하 직원들에게 '엄격한 아버지'이자 '자비로운 보호자'의 이미지를 동시에 구축하려 한다. 그는 직원들의 사생활까지 깊숙이 관여하며 헌신을 요구하는 대신, 그들의 충성에 대해 확실한 경제적 보상과 보호을 약속한다. 이러한 유사 가족주의적 유대는 외부인이 틈입하기 어려운 견고한 성벽을 형성한다. 우리가 그 성벽 안으로 들어가기 위해서는 라오반이라는 성주로부터 통행증을 받아야만 한다. 시스템에 의존하는 한국식 비즈니스 방식으로는 이 성벽을 넘기 힘들다.

중국 비즈니스의 수직 계층 구조에서 정보는 곧 권력이다. 라오반은 모든 정보를 독점함으로써 자신의 지배력을 공고히 하며, 하급자들은 자신에게 유리한 정보만을 선별해 보고함으로써 라오반의 눈을 가린다. 이러한 '정보의 비대칭성'은 외국인 파트너에게 치명적인 독이 될 수 있다. 실무자가 전해주는 말이 라오반의 실제 생각과 180도 다른 경우가 허다하기 때문이다. 따라서 우리는 다각도의 채널을 동원해 라오반의 진짜 의중을 크로스 체크해야 한다. 비공식적인 술자리나 제3의 중개인을 통해 흐르는 정보가 공식 회의록보다 수천 배 더 가치 있는 이유가 여기에 있다.

나아가 라오반 시스템은 중국의 사회적 신뢰 부족을 보완하는 기제이기도 한다. 계약서보다 사람을 믿는 문화에서, 라오반은 조직의 모든 약속에 대한 최종 보증인이 된다. 그가 "좋다"라고 말하는 순간, 그 기업의 모든 인프라와 꽌시망이 가동된다. 이는 반대로 라오반이 실각하거나 마음을 바꾸면 모든 것이 신기루처럼 사라질 수 있음을 의미한다. 중국 비즈니스의 리스크 관리는 곧 라오반과의 관계 관리라고 해도 과언이 아니다. 리스크를 줄이기 위해 시스템을 정비하기보다, 라오반의 개인적 관심사와 사업적 욕망을 우리와 일치시키는 '이익 공동체' 전략이 훨씬 실효적이다.

최근 디지털 전환과 글로벌화가 진행되면서 중국 기업 내부에서도 변화의 바람이 불고 있기는 한다. 특히 기술 중심의 스타트업이나 해외 유학파 출신의 젊은 라오반들은 서구식 수평 구조를 도입하려 애쓴다. 그러나 위기 상황이 닥치거나 중요한 갈림길에 서면, 이들 역시 결국 대륙의 DNA에 각인된 하향식 결단력을 발휘한다. 결국 중국 비즈니스의 본질은 바뀌지 않는 상수에 가깝다. 껍데기는 변할지언정, 알맹이는 여전히 강력한 한 사람의 리더십에 의해 좌우되는 '라오반의 시대'가 지속되고 있다.

결국 중국 비즈니스의 정수는 '라오반의 심리학'을 파악하는 데 있다. 그가 두려워하는 것은 무엇인지, 그가 갈망하는 명예는 무엇인지를 읽어낼 때 협상의 주도권을 쥘 수 있다. 대륙은 넓고 사람도 많지만, 결국 세상을 움직이는 것은 소수의 라오반들이다. 그들의 제왕적 리더십이 지닌 파괴적인 속도와 그 이면의 고독을 이해하는 자만이 중국이라는 거대한 대륙에서 승리자가 될 수 있다. 시스템의 정교함보다는 인격의 무게로, 논리보다는 직관으로 승부하는 라오반의 세계에 발을 들이는 순간, 당신은 이미 중국 비즈니스의 절반을 성공한 셈이다.

대륙의 거대한 기류를 타고 흐르는 이 수직적 권력의 법칙을 무시하지 마라. 당신이 마주한 실무자의 미소 뒤에는 라오반의 차가운 계산이 숨어 있을 수 있고, 실무자의 거절 뒤에는 라오반의 테스트가 숨어 있을 수 있다. 보이지 않는 선을 따라 움직이는 그들의 권력 지도를 완벽히 해독해낼 때, 비로소 당신은 중국이라는 거대한 시장의 진정한 주인이 될 자격을 얻게 된다. 말의 성찬보다 권력의 향방을, 서류의 완결성보다 리더의 의지를 먼저 살피는 혜안이야말로 대륙 비즈니스의 진정한 승부처다.

중국 베이징 천단

1. 알리바바, 텐센트 그 이후: 바이트댄스와 미호요의 시대

중국의 IT 산업 지형도가 급격하게 재편되고 있다. 지난 10년이 전자상거래의 제왕 알리바바와 소셜 미디어의 지배자 텐센트라는 이른바 'AT 시대'였다면, 지금은 그들의 거대한 그늘을 벗어나 자신만의 독보적인 기술력과 콘텐츠로 무장한 새로운 강자들이 등장했다. 그 선두 주자는 단연 틱톡의 모기업 바이트댄스와 서브컬처 게임의 글로벌 돌풍을 일으킨 미호요다. 이들은 내수 시장의 성공에 안주하지 않고 처음부터 전 세계 시장을 정조준하며 중국의 디지털 영향력을 한 차원 높은 곳으로 끌어올렸다. 이는 중국식 플랫폼 비즈니스가 단순히 덩치를 키우던 단계를 지나 질적인 혁신과 문화적 확장을 동시에 이루어내고 있음을 의미한다.

바이트댄스는 기존의 포털이나 검색 엔진이 지배하던 정보 유통 방식을 인공지능 알고리즘으로 완전히 뒤바꾸어 놓았다. 이들은 단순히 사용자가 원하는 정보를 찾아주는 단계를 넘어 사용자가 무엇을 원하는지 스스로 깨닫기도 전에 취향에 맞는 콘텐츠를 끊임없이 공급한다. 틱톡이 전 세계 10억 명 이상의 사용자를 확보하며 유튜브와 메타를 위협하는 플랫폼으로 성장한 비결은 바로 이 정교한 추천 엔진에 있다. 과거 중국 기업들이 해외 플랫폼의 비즈니스 모델을 복제하던 카피캣 수준이었다면 이제는 바이트댄스의 알고리즘을 전 세계 기술 기업들이 연구하고 추격하는 입장이 된 것이다.

이 알고리즘의 무서움은 국경과 언어를 초월한다는 점에 있다. 바이트댄스는 각 국가의 문화적 특수성을 일일이 분석하는 대신 데이터가 말해주는 보편적인 인간의 욕망에 집중했다. 사용자가 영상을 몇 초간 시청했는지, 어느 지점에서 스크롤을 멈췄는지에 대한 미세한 데이터를 분석해 뇌의 도파민을 가장 효율적으로 자극하는 콘텐츠를 배치한다. 이러한 기술적 우위는 실리콘밸리의 거물들조차 공포를 느끼게 할 만큼 강력하며 디지털 선전의 새로운 문법을 창조했다는 평가를 받는다.

알고리즘의 힘은 이제 단순히 오락에 머물지 않고 국가적 전략 자산으로 격상되었다. 바이트댄스의 엔진은 사용자의 정치적 성향, 소비 패턴, 심리적 취약점까지 파악할 수 있는 잠재력을 지녔다. 이는 단순히 앱 하나의 성공을 넘어 전 세계인의 데이터 주권을 누가 쥐느냐의 싸움으로 번지고 있다. 서구권 국가들이 틱톡 금지령을 검토하며 민감하게 반응하는 이유도 바로 여기에 있다. 중국의 기술이 인류의 인지 구조를 설계하는 수준에 도달했기 때문이다.

이러한 알고리즘의 힘은 전자상거래 분야에서도 폭발적인 파괴력을 보여주고 있다. 바이트댄스는 도인과 틱톡 숍을 통해 콘텐츠 소비가 곧장 구매로 이어지는 '관심 이커머스'라는 생태계를 완성했다. 이는 검색창에 상품명을 입력해야 했던 알리바바의 전통적 방식을 구식으로 만들었으며 광고와 쇼핑의 경계를 허무는 데 성공했다. 전 세계 이커머스 기업들이 바이트댄스의 모델을 벤치마킹하는 상황은 중국 기술의 위상이 단순한 제조를 넘어 지능형 플랫폼의 정점에 도달했음을 보여준다. 물건을 필요해서 사는 것이 아니라 영상을 즐기다 보니 어느새 결제 버튼을 누르게 되는 이 심리적 마케팅은 유통의 패러다임을 뿌리째 흔들고 있다.

관심 이커머스의 핵심은 '우연한 발견'을 '필연적 구매'로 전환하는 기술에 있다. 소비자는 자신이 무엇을 사고 싶은지 모른 채 앱을 켜지만, 알고리즘은 이미 그가 어제 검색했던 키워드와 오늘 아침 시청한 짧은 영상을 결합해 최적의 상품을 눈앞에 들이민다. 이 과정에서 발생하는 전환율은 기존 오픈마켓의 그것을 압도한다. 중국의 이커머스 공세는 이제 아마존의 성벽을 넘어 전 세계 거실과 침실을 점령하고 있다. 테무(Temu)나 쉬인(Shein) 같은 후발 주자들 역시 이 알고리즘 기반의 초저가, 초정밀 타기팅 전략을 계승하며 글로벌 유통 시장의 포식자로 군림 중이다.

미호요의 등장은 중국 콘텐츠 산업의 자부심을 상징한다. 상하이의 대학생 3명이 "오타쿠가 세상을 구한다"는 슬로건을 내걸고 시작한 이 작은 스타트업은 이제 전 세계 게이머들의 지갑을 여는 거대 기업으로 성장했다. 특히 원신은 모바일과 PC, 콘솔을 넘나드는 기술적 성취와 매력적인 캐릭터 디자인으로 동서양의 미학적 경계를 허물었다. 미호요는 텐센트나 넷이즈 같은 기존 대형 퍼블리셔의 유통망에 의존하지 않고 자신들만의 팬덤 커뮤니티와 직접 소통하며 독자적인 생태계를 구축했다. 이는 중국 게임이 더 이상 하청 생산 기지가 아닌 고유의 지식재산권을 창출하는 문화 발신지가 되었음을 의미한다.

미호요의 성공 뒤에는 막대한 연구개발 투자가 자리 잡고 있다. 이들은 매년 수조 원을 그래픽 엔진 개발과 오픈월드 구현 기술에 쏟아붓는다. 단순히 예쁜 캐릭터를 만드는 것에 그치지 않고 물리 연산이나 광원 효과 같은 핵심 기술력에서 글로벌 메이저 게임사들을 압도하기 시작했다. 이들이 개척한 고품질 서브컬처 시장은 이제 전 세계 게임 산업의 주류가 되었으며 일본조차 중국 게임의 퀄리티에 긴장할 만큼 기술적 격차를 벌리고 있다. 기술이 예술을 지탱하고 예술이 기술의 한계를 시험하는 선순환이 미호요 안에서 일어나고 있는 것이다.

더욱 놀라운 것은 미호요가 보여주는 서사의 깊이다. 과거의 중국 게임이 시스템은 훌륭하나 이야기가 빈약했다면, 미호요는 철학적 사유와 방대한 세계관을 게임 속에 녹여냈다. 이들은 붕괴 시리즈부터 이어온 독자적인 연대기를 구축하며 사용자들이 게임 속

역사와 문화에 몰입하게 만든다. 이는 단순히 오락거리를 제공하는 수준을 넘어 하나의 가상 종교와 같은 강력한 팬덤을 형성하는 기반이 된다. 전 세계 유저들은 미호요의 업데이트 날짜에 맞춰 휴가를 내고, 캐릭터의 서사에 눈물을 흘린다.

또한 미호요는 게임 속에 중국의 전통 음악이나 절경을 자연스럽게 녹여내며 이른바 문화 침투를 가장 세련된 방식으로 수행한다. 전 세계 사용자들이 게임 속 경극 음악을 찾아 듣고 장자제의 풍경을 닮은 게임 지형에 감탄하며 중국 문화에 대한 호감을 키워간다. 이는 정부의 강압적인 선전보다 수백 배 강력한 힘을 발휘한다. 젊은 세대에게 중국은 이제 낡은 공산주의 국가가 아니라 가장 앞선 그래픽과 서사를 선사하는 콘텐츠 강국으로 각인되고 있다.

이러한 문화적 영향력은 검은 신화: 오공과 같은 대작으로 이어지며 중국 게임의 지평을 더욱 넓히고 있다. 이제 중국 게임사들은 서구권의 전유물이었던 AAA급 콘솔 게임 시장까지 넘보고 있다. 그들은 서구의 언리얼 엔진을 누구보다 잘 다루면서도, 그 안에 담기는 영혼은 철저히 동양적인 것으로 채워 넣는다. 기술이라는 그릇에 중국의 고전과 미학을 담아 전 세계로 수출하는 이 전략은 현대판 실크로드의 완성을 연상케 한다.

이들 새로운 강자의 공통점은 철저한 기술 지상주의와 글로벌 마인드셋이다. 알리바바와 텐센트가 중국의 거대한 인구를 기반으로 한 플랫폼 서비스에 집중했다면 바이트댄스와 미호요는 국경과 문화를 초월하는 보편적인 기술력과 콘텐츠 경쟁력에 사활을 걸었다. 바이트댄스의 인공지능 알고리즘은 언어의 장벽을 뛰어넘어 전 세계인의 시각을 사로잡았고 미호요의 그래픽과 연출력은 문화적 거부감 없이 글로벌 시장에 안착했다. 이들은 중국 정부의 플랫폼 규제라는 파고 속에서도 해외 시장이라는 돌파구를 찾아내며 생존을 넘어선 성장을 일구어냈다.

이들의 부상은 중국 스타트업 생태계의 세대교체를 의미하기도 한다. 과거 세대가 자본과 인맥을 통해 시장을 점유했다면 바이트 댄스의 장이밍이나 미호요의 창업자들은 기술적 탁월함과 서브컬처에 대한 깊은 이해를 바탕으로 대중의 욕망을 파고들었다. 이들은 권위적인 기업 문화보다는 유연하고 창의적인 업무 환경을 선호하며 이러한 자유로움 속에서 탄생한 혁신적인 시도들이 전 세계 디지털 트렌드를 주도하고 있다. 젊은 인재들이 알리바바 대신 바이트댄스와 미호요로 몰리는 현상은 중국 IT의 심장이 어디로 옮겨가고 있는지를 명확히 보여준다.

새로운 거인들은 기업의 운영 방식에서도 과거와 궤를 달리한다. 복잡한 관료주의를 타파하고 데이터와 실력 중심의 조직 문화를 정착시켰다. 이들에게 중요한 것은 라오반의 기분이 아니라 알고리즘이 내놓는 결과값과 전 세계 팬들의 반응이다. 이러한 실용주의적 태도는 이들이 전 세계 시장에서 서구 기업들과 대등하게 경쟁

할 수 있는 근본적인 힘이 되었다. 그들은 전 세계 오피스를 거점으로 현지 인재들을 흡수하며, 중국 기업이라는 정체성 위에 글로벌 테크 기업이라는 옷을 덧입혔다.

이들은 이제 단순한 영리 기업이 아니라 중국의 소프트파워를 지탱하는 국가적 기둥이다. 그들이 수집하는 방대한 데이터와 그들이 창조하는 매력적인 가상 세계는 앞으로 펼쳐질 패권 전쟁의 가장 강력한 비대칭 무기가 될 것이다. 중국 IT의 세대교체는 끝났다. 이제는 그들이 주도하는 새로운 질서가 전 세계 디지털 영토의 표준이 되어가고 있다.

중국 IT 거인들의 부상은 단순히 기술의 승리가 아니라, 인간의 심층 심리를 파고드는 인문학적 통찰의 승리이기도 하다. 바이트댄스는 인간의 말초적 재미를, 미호요는 인간의 미적 갈망을 기술로 치환해냈다. 이들이 설계한 디지털 미로 속에서 전 세계 유저는 자발적으로 자신의 시간과 비용을 지불한다. 이는 과거 강압적인 방식의 확장이 아니라, 매혹과 탐닉을 통한 소프트한 지배다.

결국 중국의 기술 굴기는 하드웨어를 넘어 소프트웨어와 콘텐츠라는 고도의 영역으로 진입했음을 보여주는 살아있는 증거다. 디지털 장벽 너머에서 조용히 힘을 기르던 중국의 새로운 거인들은 이제 전 세계인의 스마트폰 속에서 소리 없이 일상을 지배하며 기술 강국 중국의 새로운 미래를 써 내려가고 있다. 전 세계 젊은 세대가 틱톡으로 춤을 배우고 원신으로 모험을 떠나는 한 중국의 디지털 영토는 무한히 확장될 것이다.

실리콘밸리가 독점하던 디지털 패권은 이제 베이징과 상하이의 젊은 기술자들에 의해 심각하게 도전받고 있다. 그들이 휘두르는 알고리즘의 칼날과 서사의 마법은 국경을 무력화시키고 인류의 여가 시간을 중국의 서버 안으로 끌어들인다. 중국의 새로운 IT 거인들이 그리는 미래 지도는 우리가 상상하는 것보다 훨씬 거대하고 정교하다. 이들은 인공지능을 통해 인간의 욕망을 설계하고 가상 세계를 통해 현실의 갈증을 해소하며 지구촌의 여가 시간을 잠식해 들어가고 있다.

앞으로 우리가 마주할 세상은 중국산 알고리즘이 추천해주는 옷을 입고, 중국산 게임이 만든 가상 공간에서 친구를 만나며, 중국산 숏폼 앱이 생성한 유행에 따라 춤을 추는 세상일지도 모른다. 기술과 감성이 결합한 이 강력한 디지털 공세 앞에서 전 세계는 새로운 긴장과 감탄을 동시에 내뱉고 있다. 과거의 중국이 세계의 공장이었다면, 이제는 전 세계인의 꿈과 취향을 제조하는 공장으로 진화하고 있는 것이다.

2. 현금 없는 사회: 알리페이가 바꾼 경제 생태계

중국의 대도시 거리에서 지갑을 꺼내는 사람을 찾기란 이제 하늘의 별 따기보다 어렵다. 노점상의 군고구마를 살 때도, 구걸하는 노숙자의 앞에도 종이박스 대신 QR코드가 놓여 있는 풍경은 중국이 세계에서 가장 앞서나가는 '현금 없는 사회'임을 단적으로 보여준다. 이러한 변화의 중심에는 알리페이(Alipay, 支付宝)가 있다. 알리페이는 단순히 결제 수단을 대체하는 것을 넘어 중국의 경제 구조와 금융 생태계, 그리고 사회적 신뢰 시스템을 근본적으로 뒤바꾼 디지털 혁명의 기폭제가 되었다. 이는 단순히 기술적 진보를 넘어 14억 인구의 생존 방식과 국가 통치 모델까지 재설계하는 거대한 문명적 전환이라 할 수 있다.

알리페이의 성공은 역설적으로 낙후되었던 중국의 금융 인프라에서 시작되었다. 과거 중국의 국유 은행들은 개인 고객들에게 문턱이 높았고 신용카드 보급률은 현저히 낮았다. 위조지폐에 대한 불안감과 불편한 결제 프로세스가 만연하던 시기에 등장한 모바일 결제는 중국인들에게 빛과 같았다. 스마트폰 하나로 모든 경제활동이 가능해지자 중국은 신용카드 단계를 건너뛰고 곧바로 모바일 금융 시대로 진입하는 '도약형 발전'을 이뤄냈다. 이제 알리페이는 결제를 넘어 펀드 가입, 보험, 대출, 공공요금 납부까지 아우르는 거대한 금융 플랫폼으로 진화했다. 은행 지점에 가본 적 없는 시골의 청년도 스마트폰 속 알리페이를 통해 세계 최대 규모의 머니마켓펀드(MMF)인 '위어바오'에 투자하는 시대가 열린 것이다.

알리페이가 가져온 가장 혁신적인 변화는 신용의 수량화다. 알리페이의 운영사인 앤트그룹은 결제 데이터를 바탕으로 개인의 신용 점수를 산출하는 '쯔마신용(芝麻信用)' 시스템을 도입했다. 과거에는 증명할 길 없던 개인의 신뢰도를 결제 이력, 자산 규모, 인맥 등으로 수치화한 것이다. 신용 점수가 높은 사람들은 호텔 예약 시 보증금을 면제받거나 자전거 대여 서비스를 무료로 이용하는 등 실질적인 혜택을 누린다. 이는 만성적인 불신 사회였던 중국에서 디지털 데이터를 매개로 한 새로운 형태의 사회적 자본을 형성하는 결과를 낳았다. 누군가의 도덕성이나 성실함이 숫자로 치환되어 일상을 지배하는 이 시스템은 중국 사회의 투명성을 높였다는 찬사와 감시 사회를 고착화했다는 비판을 동시에 받는다.

데이터는 이제 제2의 석유가 되어 중국 경제의 혈관을 타고 흐른다. 알리페이를 통해 축적된 방대한 소비 데이터는 인공지능 알고리즘을 거쳐 정교한 개인 맞춤형 서비스로 재탄생한다. 개인이 어디서 커피를 마시고 어떤 브랜드의 옷을 선호하며 주로 몇 시에 택시를 타는지에 대한 정보는 기업들에게 황금알을 낳는 거위와 같다. 이러한 초정밀 마케팅은 소비의 효율성을 극대화하며 내수 시장의 폭발적 팽창을 이끌었다. 중국은 이제 물건을 파는 나라가 아니라 데이터를 기반으로 욕망을 설계하는 나라로 진화하고 있다. 데이터의 축적은 곧 권력이 되며, 이 권력은 다시금 개인의 소비를 유도하는 강력한 순환 고리를 형성한다.

또한 알리페이는 중국의 소비 지형을 완전히 재편했다. 모바일 결제의 간편함은 오프라인 매장의 디지털화를 가속화했고 이는 곧장 빅데이터 분석으로 이어졌다. 상인들은 고객이 언제, 무엇을, 얼마나 자주 구매하는지 실시간으로 파악하여 맞춤형 마케팅을 펼친다. 소비자 역시 현금을 챙기는 번거로움 없이 스마트폰만 들고 가벼운 마음으로 소비에 나선다. 이러한 결제 편의성은 중국 내수 시장의 폭발적인 성장을 견인한 숨은 공신이다. 14억 인구의 소비 데이터가 알리페이라는 하나의 파이프라인으로 모이면서 중국은 전 세계에서 가장 정교한 데이터 경제 국가로 거듭났다. 현금을 세던 손가락은 이제 QR코드를 스캔하며 대륙의 부를 디지털 공간으로 빠르게 옮기고 있다.

하지만 현금 없는 사회가 장점만 있는 것은 아니다. 모든 경제 활동이 디지털로 기록되면서 개인의 사생활 침해와 국가의 감시망 강화에 대한 우려가 상존한다. 모든 소비 기록은 곧 그 사람의 동선과 취향, 그리고 정치적 성향까지 유추할 수 있는 단서가 된다. 또한 스마트폰 사용에 익숙하지 않은 노년층이 경제 활동에서 소외되는 '디지털 격차' 문제도 심각한 사회적 과제로 떠올랐다. 중국 정부는 이러한 부작용을 막기 위해 현금 결제를 거부하는 상점에 대한 단속을 강화하고 있지만, 이미 모바일 결제가 산소와 같은 존재가 된 일상을 되돌리기에는 역부족이다. 기술의 속도가 인간의 적응 속도를 앞지르면서 발생하는 그늘은 현대 중국이 안고 있는 또 다른 진통이다.

금융의 민주화라는 측면에서 알리페이의 공로는 지대하다. 과거 담보가 없어서 은행 문턱조차 넘지 못했던 수많은 소상공인과 개인들이 알리페이의 결제 데이터를 기반으로 소액 대출을 받을 수 있게 되었다. 인공지능이 3분 안에 대출 여부를 결정하고 1초 만에 입금하며 인간의 개입이 전혀 없는 '310 모델'은 금융 혁신의 교과서가 되었다. 이는 대륙 구석구석의 실물 경제에 모세혈관처럼 자금을 공급하며 창업 열풍을 뒷받침했다. 알리페이는 단순한 앱이 아니라 소외된 계층을 경제 시스템 안으로 끌어들인 거대한 통합의 도구였던 셈이다. 이로 인해 거대 국유 은행들이 독점하던 금융 권력이 미세한 개인 단위로 분산되는 효과를 가져왔다.

최근 중국 정부는 알리페이와 같은 거대 핀테크 플랫폼의 영향력을 억제하기 위해 규제의 칼날을 빼 들었다. 앤트그룹의 상장 중단과 반독점 과징금 부과는 민간 기업이 국가의 금융 통제권을 위협하는 것을 좌시하지 않겠다는 의지의 표명이다. 동시에 중국 인민은행은 중앙은행 디지털화폐(e-CNY)를 도입하며 디지털 결제의 주도권을 민간에서 국가로 회수하려 한다. 이는 알리페이가 닦아놓은 모바일 결제 인프라 위에 국가의 공신력을 얹어 통화 주권을 강화하려는 시도다. 알리페이는 이제 정부와의 공생과 경쟁이라는 새로운 차원의 도전에 직면해 있다.

알리페이의 진화는 여기서 멈추지 않는다. 이제는 안면 인식 결제와 손바닥 인식 결제 등 생체 인증 기술을 도입하며 스마트폰조차 필요 없는 시대를 준비하고 있다. 얼굴이 곧 지갑이 되는 세상에서 결제라는 행위는 공기처럼 자연스러운 일상이 된다. 이러한 기술적 완성도는 중국을 글로벌 핀테크의 성지로 만들었으며 전 세계 금융 기관들이 알리페이의 행보를 주시하게 만든다. 실리콘 밸리가 소프트웨어를 만들었다면 중국은 그 소프트웨어를 14억 인구의 삶에 완벽하게 이식하는 거대한 실험에 성공했다. 생체 정보가 금융 결제와 결합하는 순간, 인간은 그 자체로 걸어 다니는 결제 단말기가 된다.

결국 알리페이가 구축한 생태계는 중국을 전 세계 디지털 금융의 테스트베드로 만들었다. 현금이 사라진 자리에 들어선 것은 방대한 데이터와 이를 기반으로 한 초효율적 사회 시스템이다. 알리페이는 단순한 결제 앱을 넘어 중국인의 생활 방식과 사고구조를 디지털에 최적화된 형태로 개조했다. 이제 중국의 경제 생태계는 알리페이 이전과 이후로 나뉘며 이들이 만들어낸 현금 없는 사회의 모델은 미래 경제가 나아갈 방향을 미리 보여주는 거대한 예고편이 되고 있다. 지폐의 바스락거림이 사라진 자리에는 서버가 돌아가는 미세한 소음만이 남았다.

오늘날 중국의 거리는 디지털 부호로 가득 차 있다. 시장의 채소가게 주인부터 대형 쇼핑몰의 지배인까지 모두가 알리페이라는 거대한 그물망 안에서 상호작용한다. 이 그물망은 단순한 경제 네트워크를 넘어 국가의 통제와 개인의 편의가 정교하게 맞물린 중국식 거버넌스의 핵심 장치다. 현금이 사라진 자리에 남은 것은 숫자와 신용, 그리고 이를 관리하는 알고리즘의 권력이다. 사용자가 결제를 할 때마다 그의 위치와 시간, 구매 품목은 실시간으로 기록되어 거대한 데이터 센터로 전송된다. 이 정보들은 다시 개인의 신용 점수를 보정하고 향후 그가 받을 수 있는 대출 금리를 결정짓는다.

이러한 변화는 국경을 넘어 전 세계로 확장되고 있다. 해외로 나간 중국 관광객들이 알리페이를 사용하면서 동남아시아와 유럽의 주요 상점들에도 알리페이 로고가 붙기 시작했다. 이는 중국식 결제 표준이 글로벌 표준으로 확장될 수 있음을 시사한다. 달러 패권에 대항하는 중국의 디지털 위안화 전략 역시 알리페이가 닦아놓은 탄탄한 모바일 결제 기반이 있었기에 가능한 시도다. 중국은 결제 기술을 통해 자국의 경제 영토를 조용히 넓혀가고 있다. 자국 통화의 영향력을 넓히기 위해 군대를 보내는 대신 QR코드를 보급하는 세련된 패권 전략을 선택한 것이다.

중국인들에게 알리페이는 이제 단순한 선택이 아닌 생존의 필수품이다. 스마트폰 배터리가 떨어지는 것이 지갑을 잃어버리는 것보다 더 큰 공포로 다가오는 사회, 그것이 바로 알리페이가 만든 현대 중국의 자화상이다. 기술이 주는 압도적 편리함 이면에 숨겨진 데이터의 가치와 사회적 통제의 메커니즘을 이해할 때 비로소 우리는 대륙의 진면목을 볼 수 있다. 편리함의 대가는 개인 정보의 투명한 공개이며, 중국인들은 이를 기꺼이 혹은 어쩔 수 없이 수용하며 디지털 문명의 최첨단을 달리고 있다.

현금 없는 사회를 향한 중국의 질주는 멈추지 않을 것이다. 이미 종이 화폐의 시대는 역사의 뒤안길로 사라지고 있으며 그 자리는 0과 1의 비트가 채우고 있다. 알리페이가 쏘아 올린 작은 QR코드 하나가 14억 인구의 운명을 바꾸고 세계 경제의 지도를 다시 그리고 있다. 우리는 지금 인류 역사상 가장 거대한 금융 실험의 한복판을 지나고 있는 셈이다. 디지털 신용이 종이 돈보다 더 강력한 구속력을 갖는 세상, 모든 욕망이 알고리즘에 의해 예측되고 결제되는 세상은 이제 먼 미래의 이야기가 아니다.

나아가 알리페이는 사회 공헌과 환경 보호라는 영역까지 손을 뻗었다. '앤트 포레스트(蚂蚁森林)' 시비스를 통해 사용자가 모바일 결제를 하거나 걷는 등의 저탄소 활동을 하면 가상의 나무를 키울 수 있게 했고, 이를 실제 나무 심기로 연결했다. 이는 디지털 플랫폼이 어떻게 대중의 행동을 유도하고 사회적 가치를 창출할 수 있는지 보여주는 사례다. 기술이 단순히 부를 쌓는 도구에 그치지 않고 환경 운동의 엔진이 된 것이다. 이처럼 알리페이는 중국인의 삶 모든 구석에 뿌리를 내리며 거대한 생태계 그 자체가 되었다.

결국 알리페이가 꿈꾸는 세상은 모든 것이 연결된 '심리스(Seamless)'한 세상이다. 인간의 움직임이 곧 결제가 되고, 데이터가 곧 신뢰가 되는 이 완벽한 효율의 사회는 인류가 한 번도 가보지 못한 길이다. 그 길의 끝에 유토피아가 있을지, 아니면 완벽한 감시의 디스토피아가 있을지는 아직 알 수 없다. 분명한 것은 알리페이가 만들어낸 이 거대한 파동이 이미 돌이킬 수 없는 흐름이 되었다는 사실이다. 대륙의 낡은 가죽 지갑들은 이제 박물관의 전시물로 전락했고, 대신 14억 개의 스마트폰 화면이 새벽부터 밤늦게까지 대륙의 경제를 환하게 밝히고 있다.

중국의 사례는 전 세계에 시사하는 바가 크다. 인프라가 낙후된 곳일수록 새로운 기술을 받아들이는 저항이 적고 도약의 폭은 크다. 알리페이는 그 '후발 주자의 이점'을 가장 극적으로 보여준 모델이다. 이제 서구권 국가들도 중국의 결제 시스템을 공부하며 자국의 낡은 금융망을 수술대에 올리고 있다. 하지만 중국만큼의 데이터 집적과 국가적 차원의 지지가 가능할지는 의문이다. 알리페이는 단순한 성공 신화를 넘어 중국이라는 국가 모델이 디지털 시대에 어떻게 생존하고 확장하는지를 보여주는 가장 강력한 상징이다.

앞으로의 10년은 알리페이가 구축한 디지털 영토 위에서 국가의 통제와 민간의 혁신이 어떻게 충돌하고 화해하느냐에 달려 있다. 중국의 디지털 금융 혁명은 이제 기술의 문제를 넘어 정치와 철학의 문제로 진입했다. 우리가 중국을 여행하며 스캔하는 그 작은 QR코드 안에는, 미래 인류가 마주하게 될 거대한 사회적 질문들이 압축되어 담겨 있다. 0과 1로 이루어진 이 무형의 화폐가 대륙의 지각변동을 일으키는 광경을, 우리는 지금 목도하고 있다.

3. 인공지능과 데이터 권력의 현주소

인류는 지금껏 경험하지 못한 새로운 형태의 권력 구조를 목격하고 있다. 과거의 권력이 토지와 자본, 혹은 물리적인 군사력에서 나왔다면 21세기의 권력은 광활한 디지털 바다에서 길러낸 데이터와 이를 정제하여 지능화하는 인공지능에서 창출된다. 기술 굴기를 앞세운 국가들과 초국적 거대 IT 기업들은 이제 단순한 시장 점유율을 넘어 인류의 사고방식과 사회 시스템 전반을 지배하는 '데이터 권력'을 향해 거침없이 나아가고 있다. 현대 경제 체제에서 데이터는 흔히 '21세기의 원유'로 비유되지만, 사실 데이터는 원유보다 훨씬 강력하고 위험한 속성을 지닌다. 원유는 소모성 자원이지만 데이디는 활용할수록 그 가치기 증폭되며, 새로운 데이터를 끊임없이 재생산하는 자가발전적 선순환 구조를 갖기 때문이다. 인공지능은 이 무정형의 데이터를 먹고 자라는 거대한 유기체와 같으며, 양질의 빅데이터를 선점한 주체가 지능의 격차를 벌리는 구조가 고착화되고 있다.

이러한 메커니즘은 데이터 권력의 극단적 집중화라는 심각한 현상을 낳았다. 구글, 아마존, 메타와 같은 미국의 빅테크 기업들과 바이두, 알리바바, 텐센트 등 중국의 테크 거인들은 이미 국가의 경계를 허무는 초국가적 권력 집단으로 성장했다. 이들은 개인이 검색하고 쇼핑하고 대화하는 모든 일상적 흔적을 수집하여 알고리즘 학습 데이터로 치환한다. 이제 데이터 권력은 누가 더 많은 사용자 정보를 가지고 있는가에 그치지 않고, 그 정보를 얼마나 정교하게 지능화하여 인간의 행동을 예측하고 통제할 수 있는가에 의해 결정된다. 이는 곧 데이터 보유량이 알고리즘의 우위를 결정하고, 우월한 알고리즘이 다시 더 많은 사용자를 종속시키는 승자 독식의 생태계를 견고하게 만든다. 이러한 피드백 루프는 시간이 흐를수록 후발 주자들이 따라잡을 수 없는 거대한 진입장벽을 형성하며 디지털 계급 사회의 서막을 알리고 있다.

데이터 권력은 이제 기업의 영역을 넘어 국가 안보와 직결된 지정학적 핵심 변수가 되었다. 특히 중국의 기술 굴기는 이러한 흐름을 가장 극명하게 보여주는 사례다. 중국 정부는 14억 인구에서 쏟아지는 방대한 데이터를 국가 전략 자산으로 간주하여 중앙 집중적으로 관리하며, 이를 기반으로 AI 기술 수준을 비약적으로 끌어올렸다. 안면 인식 기술을 통한 사회 통제 시스템, 스마트 시티 구축, 디지털 화폐 등은 중국이 데이터 권력을 어떻게 통치 수단과 산업 경쟁력으로 결합시키고 있는지를 여실히 보여준다. 이에 대응하는 미국의 움직임 또한 치열하다. 미국은 핵심 반도체 공급망을 장악하고 AI 핵심 인재 확보에 열을 올리며 중국의 추격을 견제하고 있다. 이는 단순한 경제적 이익을 지키기 위한 싸움이 아니라, AI 알고리즘이 보편적 가치관을 형성하고 국가의 의사결정을 지원하게 될 미래 사회에서 기술 주권을 선점하기 위한 문명적 대결이다.

데이터 권력이 무서운 이유는 그것이 '보이지 않는 권력'이기 때문이다. 과거의 독재자는 광장에 동상을 세우고 물리적 폭력을 행사했으나, 데이터 권력은 사용자의 스마트폰 액정 너머에서 상냥한 비서의 목소리로 속삭인다. 알고리즘은 사용자가 무엇을 좋아할지, 무엇에 분노할지, 어떤 뉴스에 눈길을 줄지를 완벽하게 설계한다. 이 과정에서 정보의 편식 현상인 '필터 버블'이 발생하며, 사람들은 자신이 믿고 싶은 것만 보게 되는 확증 편향의 늪에 빠진다. 데이터 권력자는 이 늪을 관리함으로써 대중의 여론을 특정 방향으로 유도하고, 선거 결과에 영향을 미치며, 국가 전체의 정서적 기류까지 조종할 수 있는 신에 가까운 권능을 행사한다.

권력의 집중은 필연적으로 디지털 생태계의 불균형과 왜곡을 초래한다. 거대 기업들이 데이디 인프리와 컴퓨팅 지원올 독점하면서 중소기업과 스타트업은 이들의 응용 프로그램 인터페이스(API)에 의존해야만 생존할 수 있는 기술적 가신 상태에 놓이게 된다. 자체적인 데이터 확보와 모델 학습 능력이 없는 주체들은 플랫폼이 정한 규칙과 비용에 순응할 수밖에 없으며, 이는 장기적으로 디지털 생태계의 다양성과 혁신성을 저해하는 치명적인 요소로 작용한다. 더욱이 거대 언어 모델(LLM)의 등장으로 데이터의 가치가 기하급수적으로 상승하면서 데이터 자본을 가진 자와 그렇지 못한 자 사이의 정보 비대칭은 더욱 심화되고 있다. 이제 지식의 생산조차 데이터 거인들의 서버 안에서 이루어지며 인류의 지적 유산이 사유화되는 전대미문의 사태가 벌어지고 있다.

개인의 차원에서는 데이터 주권의 상실 문제가 가장 심각한 화

두로 대두된다. 현대인들은 편리한 무료 서비스를 이용하는 대가
로 자신의 일거수일투족을 데이터화하여 권력자들에게 상납하고
있다. 이 과정에서 개인은 자신의 데이터가 어떻게 가공되어 누구
에게 수익을 창출해 주는지 알지 못한 채 AI가 내리는 추천과 판
단의 대상으로 전락한다. '감시 자본주의'라 불리는 이 시스템 속
에서 데이터 권력은 보이지 않는 손이 되어 개인의 정치적 성향, 소
비 패턴, 심지어 무의식적인 욕망까지 조종한다. 이는 인간의 자유
의지를 약화시키고 알고리즘이 짜놓은 가두리 안에서만 사고하게
만드는 인지적 폐쇄성을 유발한다. 사용자는 자신이 선택한다고
믿지만 실상은 알고리즘에 의해 정교하게 설계된 선택지를 건네받
을 뿐이다.

데이터 권력의 팽창은 노동의 가치 또한 근본적으로 뒤흔들고
있다. 인공지능이 데이터 학습을 통해 인간의 전문 영역을 잠식하
면서 지적 노동자들은 자신의 숙련된 기술이 데이터 쪼가리로 분
해되어 기계에 흡수되는 광경을 목격한다. 이는 단순한 일자리 상
실을 넘어 인간이 기계를 가르치는 교사 역할을 수행하면서도 정
작 그 결과물인 지능의 소유권에서는 배제되는 노동 소외를 야기
한다. 거대 테크 기업들은 전 세계 수억 명의 기여로 만들어진 데이
터를 무상으로 수거하여 천문학적인 부를 창출하지만 정작 데이터
생산자인 개인들에게 돌아오는 보상은 전무하다시피 하다. 이러한
부의 비대칭적 배분은 인공지능 시대의 새로운 사회적 갈등 요인
으로 부상하고 있다.

또한 알고리즘에 의한 사회적 편향과 차별 문제도 데이터 권력의 어두운 이면이다. 인종, 성별, 지역적 편견이 섞인 데이터로 학습된 인공지능은 그 편향성을 더욱 정교하게 복제하고 증폭시킨다. 채용 심사, 대출 승인, 범죄 예측 등 공정성이 담보되어야 할 영역에서 알고리즘이 내리는 판결은 객관성이라는 가면을 쓰고 차별을 정당화하는 도구가 될 수 있다. 데이터 권력을 쥔 주체들이 알고리즘의 블랙박스 뒤에 숨어 책임을 회피할 때 사회적 약자들은 기계가 내린 결론에 항변할 기회조차 얻지 못하게 된다. 이는 민주주의의 근간인 투명성과 공정성을 심각하게 훼손하는 행위다.

데이터의 독점은 또한 진실의 독점으로 이어진다. 대규모 언어 모델이 생성하는 정보는 특정한 데이터셋의 편향을 따를 수밖에 없으며, 이는 특정 국가나 기업의 이데올로기가 인류 보편의 지식으로 둔갑할 위험을 내포한다. 정보의 근원을 추적하기 어려워진 디지털 환경에서 알고리즘이 제시하는 답은 곧 사실이 되고, 그 사실에 반하는 의견은 데이터 부족이나 오답으로 처리되어 소멸할 위기에 처한다. 인류가 수천 년간 쌓아온 다양성의 가치가 단 몇 개의 거대 모델 안에서 획일화되는 현상은 데이터 권력이 휘두르는 가장 무서운 폭력 중 하나다.

현재 인공지능과 데이터 권력의 현주소는 과점화된 기술 패권과 이를 제어하려는 민주적 저항이 충돌하는 과도기에 있다. 유럽연합은 세계 최초로 인공지능법(AI Act)을 제정하며 거대 권력을 견제하고 시민의 권리를 보호하려 시도하고 있으며, 전 세계적으로 데이터 소유권을 개인에게 돌려주자는 '마이데이터' 운동이 확산되고 있다. 또한 특정 국가나 기업에 데이터가 종속되지 않도록 하는 '데이터 영토주의' 논의도 활발해지고 있다. 이는 기술의 진보가 가져오는 편익을 누리면서도 그 뒤에 숨은 권력의 폭주를 막기 위한 인류의 처절한 몸부림이다. 주권의 개념이 영토와 인구에서 데이터와 알고리즘으로 이동하고 있음을 보여주는 대목이다.

미래의 디지털 생태계가 지속 가능하기 위해서는 기술 굴기가 가져오는 효율성만큼이나 데이터 권력의 공정한 분배와 투명한 통제 시스템이 구축되어야 한다. 데이터는 특정 집단의 전유물이 아니라 인류 공동의 자산으로 인식되어야 하며 이를 위한 국제적 규범과 윤리적 가이드라인 마련이 시급한 시점이다. 기술은 인간을 위해 존재해야지 인간을 데이터의 재료로 삼아서는 안 된다. 인공지능의 지능이 높아질수록 그 지능을 운용하는 권력이 얼마나 민주적으로 분산되어 있는지가 인류 문명의 성숙도를 가늠하는 척도가 될 것이다.

우리는 이제 데이터라는 거대하고 거친 파도를 타고 항해하는 중이다. 이 파도를 다스려 더 나은 세상을 만들 것인지, 아니면 파도에 휩쓸려 알고리즘의 노예가 될 것인지는 지금 우리가 어떤 규범을 세우고 어떤 주권을 주장하느냐에 달려 있다. 데이터 권력의 민주화는 단순히 기술적인 문제가 아니라 인간의 존엄성과 자유를 지키기 위한 이 시대 가장 숭고한 정치적 투쟁이다. 모든 개인이 자신의 디지털 발자국에 대한 주인임을 선언하고 기술 거인들의 전횡에 맞설 때 비로소 진정한 디지털 시민권의 시대가 열릴 것이다.

기술 강국들이 벌이는 데이터 전쟁터에서 우리가 길을 잃지 않으려면 기술을 보는 눈과 권력을 읽는 통찰을 동시에 갖추어야 한다. 알고리즘의 편리함 이면에 숨겨진 통제의 코드를 읽어내고, 데이터의 흐름 속에 박힌 부당한 권력의 쐐기를 뽑아내야 한다. 그것이 인공지능 시대를 살아가는 깨어있는 시민의 숙명이자 책임이다. 대륙의 기술 굴기와 실리콘밸리의 자본 패권 사이에서 인류의 보편적 가치를 지켜내기 위한 거대한 여정은 이제 막 시작되었을 뿐이다.

데이터 권력에 대한 저항은 단순히 법률을 제정하는 것을 넘어, 기술 자체를 민주화하려는 노력으로 이어져야 한다. 오픈 소스 진영의 활성화와 분산형 데이터 저장 기술인 블록체인 등이 권력의 독점을 막는 기술적 대안이 될 수 있다. 권력은 언제나 집중되려는 성질을 가지며, 이를 분산시키는 유일한 힘은 깨어있는 대중의 감시와 연대뿐이다. 우리가 매일 누르는 '동의' 버튼의 무게를 깨닫고, 우리의 데이터가 누구의 배를 불리고 누구의 목소리를 지우고 있는지 끝없이 질문해야 한다.

궁극적으로 데이터 권력에 대한 통제는 인류 생존의 문제다. 알고리즘에 의한 의사결정이 국가의 정책을 결정하고 개인의 운명을 가르는 시대에, 그 알고리즘을 감시할 수 있는 권한이 대중에게 없다면 우리는 기술이 통치하는 새로운 형태의 독재 체제에 직면하게 될 것이다. 데이터 민주주의는 선택이 아닌 생존을 위한 필수 과제다. 각국 정부는 자국민의 데이터를 보호하는 차원을 넘어, 인공지능이라는 전 지구적 지능이 소수의 사익을 위해 오용되지 않도록 하는 공조 체계를 구축해야 한다. 기술의 속도를 윤리의 속도가 따라잡지 못할 때, 문명은 번영이 아닌 파멸로 치닫기 때문이다.

앞으로 우리가 마주할 세상은 이전의 역사와는 질적으로 다를 것이다. 데이터라는 무형의 자산이 유형의 권력을 압도하고, 인공지능이라는 비인격적 존재가 인간의 존엄성을 시험하는 무대가 펼쳐질 것이다. 이 거대한 전환의 시대에 우리가 견지해야 할 마지막 보루는 '인간성'이다. 데이터로 환산되지 않는 가치, 알고리즘이 예측할 수 없는 우연의 아름다움, 그리고 기계가 가질 수 없는 공감의 능력을 지켜내야 한다. 기술이 아무리 정교해져도 그것은 인간을 보조하는 도구일 뿐, 인간을 정의하는 주체가 될 수는 없다.

기술 강국들의 패권 다툼 속에서 우리는 데이터 주권을 지키는 전사가 되어야 한다. 우리의 일상이 데이터 조각으로 팔려나가는 것을 거부하고, 알고리즘의 추천이 아닌 나의 의지로 오늘을 살아가는 용기가 필요하다. 디지털 영토를 침범하는 거대 권력의 발소리를 경계하며, 0과 1 사이에서 길을 잃지 않는 명징한 의식을 가질 때 우리는 비로소 데이터 권력의 노예가 아닌 주인이 될 수 있다. 이 길은 멀고 험하겠지만, 자유를 향한 인류의 오랜 갈망이 멈추지 않는 한 승리는 결국 인간의 몫이 될 것이다.

중국 충칭 야경

5부

리스크를 기회로 바꾸는 전략

11장. 공산당과 기업의 공존 방식

1. 정치적 올바름(政治正確)이 비즈니스에 미치는 영향

중국 시장에서 비즈니스를 영위하는 기업들에게 정치적 올바름은 단순히 도덕적인 선택의 문제가 아니라 기업의 생사와 직결되는 경영의 핵심 변수다. 서구 사회에서 논의되는 정치적 올바름이 주로 인권, 젠더, 소수자 보호와 같은 사회적 가치에 집중되어 있다면, 중국에서의 정치적 올바름은 국가의 통치 이념과 공산당의 정책 방향에 얼마나 일치하느냐를 의미한다. 이는 당의 영도가 경제와 사회 모든 분야에 우선한다는 원칙 아래, 기업이 추구하는 이윤 극대화가 국가의 전략적 목표와 충돌할 때 어떤 선택을 해야 하는지를 강요하는 무언의 압박이자 절대적인 가이드라인으로 작용한다. 현대 중국의 비즈니스 환경은 시장의 논리와 정치의 논리가 고도로 결합된 형태를 띠고 있으며, 여기서 발생하는 정치적 리스크는 이제 재무 리스크나 법적 리스크보다 상위에 존재하는 초월적 위험 요소가 되었다.

이러한 정치적 올바름의 영향력은 기업의 내부 거버넌스 구조 자체를 근본적으로 변화시킨다. 과거에는 형식적으로 존재했던 기업

내 당 위원회가 이제는 실질적인 경영 의사결정에 깊숙이 관여하며, 경영진의 결정이 당의 기조에 부합하는지 실시간으로 감시하고 조정하는 역할을 수행한다. 특히 '쌍순환(Dual Circulation)' 전략이나 '공동부유(Common Prosperity)'와 같은 대형 국가 슬로건이 제시될 때, 기업들은 단순히 지지 의사를 표명하는 것을 넘어 즉각적으로 대규모 투자 계획을 발표하거나 사회 공헌 기금을 조성하는 등 가시적인 충성심을 증명해야 한다. 만약 당의 방향성에 의구심을 표하거나 충분한 속도로 반응하지 않을 경우, 규제 당국의 갑작스러운 반독점 조사나 데이터 보안 점검, 심지어는 앱 스토어에서의 퇴출과 같은 강력한 제재가 뒤따르며 기업 가치는 순식간에 폭락하게 된다.

정치적 올바름은 또한 기업의 인사 정책과 채용 기준에도 막대한 영향을 미친다. 핵심 보직에 당원이 배치되는 것은 물론, 임직원들의 사상 교육이 업무의 연장선상에서 이루어지기도 한다. 이는 조직의 응집력을 높이는 도구가 되기도 하지만, 창의적이고 자유로운 사고가 필요한 혁신 산업 분야에서는 보이지 않는 제약으로 작용하기도 한다. 하지만 중국 시장에서 활동하는 이상 이러한 조직 문화의 변화를 수용하지 않고서는 장기적인 안정을 담보할 수 없다. 기업의 로비 활동 역시 과거의 인맥 중심에서 이제는 정책의 흐름을 정확히 읽고 그에 부합하는 솔루션을 정부에 제안하는 '정책 공조 모델'로 진화하고 있다. 이제 기업의 대관 업무는 단순히 민원을 해결하는 수준을 넘어, 당의 가려운 곳을 긁어주는 전략적 조력자로서의 위상을 갖추어야 한다.

특히 디지털 플랫폼 기업들에게 정치적 올바름의 요구는 더욱 가혹하고 정교하게 적용된다. 방대한 데이터와 고도화된 알고리즘을 보유한 빅테크 기업들은 당의 정보 통제력을 위협할 수 있는 잠재적 라이벌로 간주되기 때문이다. 과거 알리바바의 마윈이 공식 석상에서 금융 당국의 보수적인 규제를 비판했다가 겪은 일련의 숙청 과정은 정치적 올바름을 간과한 비즈니스가 얼마나 처참한 결과를 맞이할 수 있는지를 보여주는 상징적인 경고가 되었다. 이후 텐센트, 메이투안, 바이트댄스 등 주요 테크 거인들은 수조 원에 달하는 수익을 농촌 진흥이니 기초 과학 기술 개발에 환원하겠다고 앞다투어 선언했다. 이는 비즈니스의 자율성이 정치적 목표에 하위 귀속되었음을 의미하며, 기업의 지속 가능성이 재무제표의 숫자보다 정치적 성적표에 의해 좌우되는 시대로 진입했음을 시사한다.

글로벌 기업들 역시 중국식 정치적 올바름이 쳐놓은 촘촘한 그물망에서 자유롭지 못하다. 중국이라는 거대한 내수 시장을 포기할 수 없는 다국적 기업들은 자국의 보편적 가치관과 중국 정부의 특수한 요구 사이에서 아슬아슬한 줄타기를 지속해야 한다. 대만 문제, 홍콩 이슈, 혹은 공급망 내 인권 논란 등 중국 정부가 '핵심 이익'이라고 명명한 민감한 사안들에 대해 기업이 어떠한 입장을 취하느냐는 생존의 문제가 된다. 단 한 번의 SNS 게시물이나 지도 표기상의 실수조차 중국 누리꾼들의 민족주의적 공분을 사고 정부의 공식적인 제재로 이어질 수 있다. 이러한 환경은 글로벌 표준을 따르려는 기업들에게 지정학적 리스크 비용이라는 막대한 경제적 부채를 안겨주며, 현지화 전략의 의미를 마케팅 차원에서 정치적 생존 차원으로 격상시켰다.

이러한 현상은 브랜드 이미지 관리 방식에도 근본적인 변화를 불러왔다. 과거에는 글로벌 감성을 강조하던 브랜드들이 이제는 중국의 전통문화를 존중하고 애국 소비 열풍인 '궈차오(Guochao)'에 편승하기 위해 필사적으로 노력한다. 광고 모델 선정부터 메시지 하나하나까지 중국 당국의 눈높이와 누리꾼들의 정서를 거스르지 않도록 검열에 검열을 거듭한다. 서구 시장에서는 미덕으로 여겨지는 비판적 사회 참여나 정치적 발언이 중국에서는 금기 사항이 된다. 다국적 기업들에게 중국은 가장 매력적인 시장인 동시에 가장 다루기 힘든 고도의 정치적 시험대가 된 것이다. 브랜드의 서사는 이제 '혁신'보다는 '화합'에, '도전'보다는 '기여'에 방점이 찍히고 있다.

중국 정부는 이제 '국가 안전'이라는 명목하에 기업의 모든 세세한 데이터까지 들여다볼 권한을 행사한다. 이는 기업의 영업 비밀과 국가의 감독권 사이의 경계를 허물고 있다. 자국 내에서 생성된 데이터는 반드시 자국 내 서버에 저장해야 한다는 데이터 주권론은 글로벌 기업들에게 거대한 비용 부담을 지운다. 하지만 이 또한 정치적 올바름의 연장선상에 있다. 국가의 데이터 보안에 협조하지 않는 기업은 중국 시장에서 사업할 자격이 없다는 논리가 지배적이기 때문이다. 이제 최고기술책임자(CTO)는 기술적 효율성보다 정치적 안전성을 먼저 고민해야 하는 처지가 되었다.

그러나 리스크를 기회로 바꾸는 전략적 관점에서 본다면, 정치적 올바름에 대한 철저한 순응과 이용은 오히려 강력한 진입 장벽이자 성장의 발판이 될 수도 있다. 중국 정부가 추진하는 '과학 기술 자립자강'과 국산화 흐름에 완벽히 동기화된 기업들은 막대한 정부 보조금과 세제 혜택, 그리고 외산 기업들이 진입할 수 없는 폐쇄적 시장의 독점적 지위를 보장받는다. 당이 장려하는 친환경 에너지, 첨단 반도체 제조, 양자 컴퓨팅 분야에서 정부의 보폭에 맞추어 투자하는 기업들은 규제 리스크를 최소화하면서 국가적 지원을 등에 업고 폭발적인 성장을 구가할 수 있다. 이는 중국 시장에서의 성공 방정식이 경제적 효율성만으로는 풀 수 없는 고도의 정치적 감각과 정책 분석 능력이 요구되는 영역임을 방증한다.

정부와의 관계 설정은 단순히 관리를 넘어선 파트너십의 관계로 진화해야 한다. 국가 프로젝트의 설계 단계부터 기업의 기술력을 제공하고 정책의 실현 가능성을 높이는 데 기여함으로써 기업은 대체 불가능한 '국가적 자산'으로 자신을 포지셔닝한다. 이 과정에서 얻게 되는 유무형의 혜택은 일반적인 시장 경쟁으로는 도저히 얻을 수 없는 규모와 파급력을 갖는다. 정치가 시장을 만들고 시장이 다시 정치를 강화하는 이 묘한 순환 구조 속에서 중국 기업들은 글로벌 기업들과는 전혀 다른 차원의 근육을 키워가고 있다. 그들은 이제 단순한 영리 조직을 넘어, 국가 전략을 집행하는 전위부대로서의 성격을 띠기 시작했다.

이러한 '정치적 동기화'는 공급망 전반으로 확대되고 있다. 대기업이 당의 지침에 따라 특정 기술 국산화를 선언하면, 그 하부 협력 업체들 역시 정치적 올바름의 대열에 합류해야 한다. 이 사슬에서 이탈하는 기업은 곧 시장에서의 퇴출을 의미한다. 결과적으로 중국 비즈니스 생태계는 당의 의지가 혈관처럼 구석구석 흐르는 거대한 유기체가 된다. 이는 서구식 관점에서는 불공정 경쟁으로 보일 수 있으나, 중국 내에서는 국가 경쟁력을 극대화하는 가장 효율적인 시스템으로 간주된다. 기업은 이제 기술과 품질만큼이나 '정치적 무결성'을 유지하는 데 엄청난 자원을 투입해야 한다.

정치적 올바름의 요구는 소셜 미디어와 여론 영역에서 더욱 극단적으로 나타난다. 중국의 누리꾼들은 스스로를 '디지털 홍위병'으로 자처하며 기업들의 사소한 언행을 정치적 잣대로 심판한다. 특정 기업이 국가적 기념일에 경의를 표하지 않거나, 서구권의 압박에 굴복해 신장 면화 사용을 중단할 경우, 즉각적인 불매 운동과 마녀사냥이 시작된다. 기업 입장에서 이들은 통제 불가능한 변수이면서도 반드시 관리해야 할 핵심 이해관계자다. 따라서 기업의 홍보팀은 이제 당의 선전 문구와 민족주의적 정서를 적절히 배합하여 대중의 지지를 끌어내는 '심리전 부대'의 성격을 갖게 되었다.

　기업의 사회적 책임(CSR) 또한 중국에서는 '정치적 책임'으로 해석된다. 단순히 기부를 많이 하는 것을 넘어, 당이 해결하고자 하는 사회적 난제-예를 들어 빈곤 탈출이나 농촌 현대화-에 기업의 핵심 역량을 얼마나 투입하느냐가 평가의 척도가 된다. 이는 기업 경영의 자율성을 심각하게 침해하는 요소일 수 있으나, 동시에 정부와의 신뢰 관계를 구축하는 가장 확실한 방법이기도 하다. 중국 시장에서의 성장은 이제 당의 미소를 얻어내는 과정과 일치한다.

　결론적으로 현대 중국의 비즈니스 생태게에서 정치적 올바름은 선택의 영역이 아닌 시장 진입과 유지를 위한 필수 라이선스다. 기업은 이제 시장의 수급 곡선을 읽는 동시에 공산당의 공식 문건과 지도부의 발언을 분석해야 하며, 최고경영자는 경영 전략가인 동시에 예리한 정치 분석가가 되어야만 한다. 디지털 생태계가 더욱 고도화되고 데이터 권력이 강화될수록 이에 비례하여 데이터 통제와 알고리즘의 사회적 책임을 요구하는 정치적 압력은 더욱 거세질 것이다. 이러한 정치적 요구를 비즈니스 모델 내부에 어떻게 유연하게 내재화하고 당의 목표를 자사의 성장 동력으로 치환하느냐가 리스크를 기회로 전환하는 핵심 열쇠가 될 것이다.

　정치가 비즈니스의 문법과 생태계의 토양을 규정하는 이 독특한 공존 방식은 향후 중국 기술 굴기의 향방과 글로벌 경쟁의 양상을 결정짓는 가장 중요한 기준점이 될 수밖에 없다. 우리는 지금 경제적 합리성보다 정치적 정당성이 우선시되는 새로운 상거래의 시대를 목격하고 있다. 이 거대한 흐름 속에서 살아남고 승리하기 위해서는 대륙의 정치적 문법을 정확히 이해하고 그 안에서 자신의 존재 가치를 증명해내야 한다. 중국이라는 거대한 시장의 문은 기술과 자본만으로 열리는 것이 아니라, 정치가 쳐놓은 보이지 않는 장막을 걷어낼 수 있는 통찰력 있는 자에게만 열릴 것이다.

오늘날의 중국은 더 이상 단순한 경제 대국이 아니라 정치와 기술 그리고 자본이 하나로 응축된 새로운 '국가 자본주의'의 정점을 보여주고 있다. 이러한 환경에서 기업의 운명은 시장의 보이지 않는 손이 아니라 정부의 보이는 손과 그 손이 가리키는 방향에 달려 있다. 중국 비즈니스의 미래를 읽고 싶다면 재무제표보다 먼저 당의 중앙위원회 보고서를 펼쳐야 한다. 그것이 이 시대가 요구하는 가장 실전적인 비즈니스 전략이며, 대륙이라는 거친 바다를 항해하는 기업들의 유일한 나침반이다.

앞으로 이러한 추세는 더욱 강화될 전망이다. '보안'과 '안전'이 경제 성장의 전제 조건으로 격상되면서, 기업은 모든 활동에 대해 "이것이 국가 안전에 부합하는가?"라는 질문에 답해야 한다. 정치적 올바름은 이제 마케팅의 수사가 아니라 기술 개발의 방향성, 데이터 저장 위치, 그리고 해외 상장 여부까지 결정짓는 결정적 잣대가 되었다. 대륙에서 비즈니스를 한다는 것은 결국 거대한 정치적 거울 앞에 서서 매일 자신의 충성심과 유용성을 입증하는 과정과 다름없다. 이 무대에서 가장 오랫동안 살아남는 자는 가장 뛰어난 기술자가 아니라, 가장 정교하게 정치의 흐름에 몸을 실은 전략가가 될 것이다.

결국 중국에서의 비즈니스는 경제의 탈을 쓴 정치의 연장선이다. 이 진실을 외면하는 기업에게 미래는 없다. 시장의 변덕보다 당의 의지를 두려워하고, 소비자의 기호보다 정책의 향방을 먼저 읽는 혜안이야말로 대륙이라는 거대 시장에서 롱런할 수 있는 최후의 생존 기술이다. 정치는 이제 비즈니스의 배경이 아니라 비즈니스 그 자체가 되었음을 잊지 마라.

2. 공동부유(共同富裕) 정책과 기업의 사회적 책임

중국 경제의 패러다임이 '선부론(先富論)'에서 '공동부유(共同富裕)'로 급격히 선회하면서, 중국 내에서 활동하는 모든 기업은 전례 없는 경영 환경의 변화를 맞이하고 있다. 과거 덩샤오핑 시대의 선부론이 "일부 사람이 먼저 부유해진 뒤 나머지를 돕는다"는 효율성 중심의 성장을 강조했다면, 시진핑 시대의 공동부유는 성장의 결과물을 보다 평등하게 분배하여 사회적 불평등을 해소하고 당의 통치 기반을 공고히 하는 데 목적이 있다. 이러한 정책 기조의 변화는 단순히 복지 정책의 확대를 넘어, 기업의 존재 이유와 사회적 책임(CSR)에 대한 정의를 근본적으로 재정립할 것을 요구하고 있다. 이제 중국에서 기업의 성공은 재무적 성과가 아니라, 국가의 분배 정의에 얼마나 기여했느냐에 따라 평가받는 시대로 접어들었다. 이는 자본의 무분별한 확장을 억제하고 '사회적 가치'를 비즈니스의 최우선 순위에 두라는 강력한 정치적 명령이기도 하다.

공동부유 정책이 비즈니스 생태계에 투척된 이후, 가장 먼저 나타난 변화는 거대 테크 기업들의 '자발적 기부' 행렬이다. 텐센트와 알리바바는 정책 발표 직후 각각 1,000억 위안(약 18조 원)이라는 천문학적인 금액을 공동부유 특별 펀드에 출연하겠다고 발표했다. 이는 과거의 시혜적 차원의 기여와는 궤를 달리한다. 기업들은 이 자금을 저소득층의 소득 증대, 농촌 지역의 디지털 인프라 확충, 기초 과학 기술 연구 지원 등에 투입하며 국가 정책의 파트너로서의 면모를 과시하고 있다. 이러한 행보는 규제 당국의 매서운 칼날을 피하기 위한 '생존형 사회공헌'의 성격이 짙지만, 결과적으로 기업의 자본이 국가적 과제 해결에 강제로 동원되는 새로운 형태의 관민 협력 모델을 만들어내고 있다. 이러한 자금 투입은 단순한 일회성 기부를 넘어, 기업이 국가 시스템의 일부로서 기능하도록 하는 구조적 귀속을 의미한다.

특히 디지털 플랫폼 기업들에게 공동부유는 알고리즘의 윤리와 노동자 보호라는 구체적인 책임으로 구체화되고 있다. 배달 플랫폼인 메이투안이나 승차 공유 서비스인 디디추싱은 과거 '성장 제일주의' 아래 간과했던 플랫폼 노동자들의 사회보험 가입과 휴식권 보장을 강요받고 있다. 알고리즘이 노동자를 착취하는 도구가 되어서는 안 된다는 당의 지침에 따라, 기업들은 수익성을 희생하더라도 배달 기사와 운전기사의 처우를 개선해야 하는 처지에 놓였다. 이는 단순한 비용 증가를 넘어 플랫폼 비즈니스의 핵심인 '효율성' 모델 자체를 재설계해야 하는 도전 과제가 되었다. 이제 플랫폼의 사회적 책임은 선택적 자선이 아니라, 비즈니스 모델 내부에 반드시 내재화되어야 하는 필수 구성 요소이자 생존을 위한 면죄부가 된 것이다. 만약 기업이 알고리즘을 통해 과도한 수수료를 챙기거나 노동자의 안전을 도외시한다면, 이는 즉각적으로 '반인민적 경영'으로 낙인찍혀 강력한 공권력의 개입을 초래하게 된다.

공동부유의 실현을 위해 중국 정부는 '3차 분배'라는 개념을 적극적으로 도입하고 있다. 1차 분배가 시장의 원리에 따른 임금과 이익의 배분이고, 2차 분배가 조세와 복지를 통한 국가의 강제적 재분배라면, 3차 분배는 기업과 개인의 자발적 기부와 사회 공헌을 통한 분배를 의미한다. 하지만 중국적 맥락에서 이 '자발성'은 국가의 정책 방향에 대한 고도의 정치적 응답을 전제로 한다. 기업들은 이제 사회적 책임을 단순한 비용으로 보지 않고, 지속 가능한 경영권을 유지하기 위한 '정치적 보험료'로 인식하기 시작했다. 이 과정에서 CSR 보고서는 재무 제표만큼이나 중요한 경영 지표가 되었으며, 얼마나 많은 빈곤 지역을 지원했는지, 얼마나 많은 중소기업과 협력했는지가 기업 가치를 결정하는 핵심 요소가 되었다.

이러한 정책 변화는 기업의 내부 문화와 인재 관리 방식에도 깊숙이 침투하고 있다. 과거 중국의 테크 인재들이 높은 연봉과 스톡옵션을 쫓아 거대 플랫폼으로 몰려들었다면, 이제는 국가가 장려하는 '전정특신(전문성·정교함·특색·혁신)' 중소기업이나 전략 산업 분야로 인재의 흐름이 이동하고 있다. 기업들은 조직의 목표를 개인의 성취와 국가의 번영에 일치시키려는 노력을 기울이며, 공동부유 정신을 사내 교육의 핵심 가치로 포함시키고 있다. 이는 조직의 사회적 정당성을 확보하려는 노력이자, 변화된 시대 정신에 부합하는 새로운 형태의 '애국 경영'을 구축하려는 시도다.

나아가 공동부유는 중국의 농촌 진흥 정책과 결합되어 기업들에게 새로운 시장 개척의 기회와 도전을 동시에 안겨준다. 알리바바의 '타오바오 마을'이나 징동의 '농촌 물류 인프라' 구축은 농민들의 소득을 높이는 동시에 거대 기업이 농촌이라는 거대 잠재 시장을 선점하는 명분이 된다. 사회적 책임을 다한다는 명분 아래 정부의 전폭적인 지지를 받으며 미개척지로 진출하는 이 모델은, 규제 리스크를 회피하면서 새로운 성장 동력을 확보하는 영리한 전략이기도 하다. 즉, 공동부유는 기업에게 부를 나누라는 압박인동시에, 국가가 설계한 새로운 경제 지도로 기업을 유인하는 거대한 산업 정책이기도 한 셈이다.

글로벌 기업들 역시 공동부유라는 거대한 파고 속에서 자신들의 위치를 재설정하고 있다. 중국 시장에서 활동하는 외산 브랜드들은 현지 사회에 대한 기여도를 증명해야 하는 압박에 직면해 있다.

단순히 우수한 제품을 팔아 이윤을 남기는 것을 넘어, 현지 고용을 창출하고 중소 상공인과의 상생 모델을 제시하며 중국 사회의 일원으로서 '공동부유'에 이바지하고 있음을 보여주어야 한다. 이를 게을리하는 기업은 애국 소비(궈차오) 열풍과 맞물려 시장에서 외면받을 위험이 크며, 최악의 경우 불공정 거래 조사 등 규제의 타깃이 될 수도 있다. 이제 글로벌 기업의 CSR 전략은 본사의 가이드라인보다 중국 정부의 정책 백서를 더 면밀히 분석하고, 현지 관료들과의 소통을 통해 국가적 우선순위를 파악하는 방향으로 수정되고 있다.

공동부유는 또한 기업의 지배구조에도 심대한 영향을 미치고 있다. 이사회 내에서 국가의 의중을 대변하는 당 위원회의 목소리가 커지며, 기업의 장기 전략은 이제 국가의 5개년 계획과 톱니바퀴처럼 맞물려 돌아가야 한다. 이는 창업주의 독단적인 결단이나 시장 지상주의적 접근이 더 이상 통하지 않는 환경을 의미한다. 기업은 이제 이윤 창출이라는 하나의 날개가 아니라, 사회적 화합이라는 또 다른 날개를 동시에 퍼덕여야만 비행할 수 있는 독특한 생물로 진화했다. 이러한 시스템은 서구적 관점에서는 비효율적일 수 있으나, 중국은 이를 통해 자본의 야수성을 길들이고 국가적 질서를 유지하는 자신들만의 길을 개척하고 있다.

결국 공동부유 시대의 기업 사회적 책임은 '정치적 생존'과 '지속 가능한 성장' 사이의 교집합을 찾는 치열한 과정이다. 기업은 이윤 추구라는 본연의 목적을 잃지 않으면서도, 당이 제시하는 분배의 가치를 경영 전반에 녹여내야 하는 고난도의 과제를 안게 되었다. 이는 시장 경쟁의 문법이 완전히 바뀌었음을 의미하며, 리스크를 기회로 바꾸기 위해서는 공동부유를 단순한 규제로만 인식할 것이 아니라 국가 정책이 창출하는 새로운 시장(농촌 디지털화, 노인 복지, 친환경 에너지 등)을 선점하는 전략적 유연성이 필요하다. 정치가 경제를 규정하는 중국 특유의 생태계에서, 공동부유에 대한 응답은 기업이 미래 기술 굴기의 주역으로 남을 수 있을지를 결정 짓는 가장 결정적인 잣대가 될 것이다.

또한, 기업의 데이터 자산 역시 공동부유의 관점에서 재평가되고 있다. 방대한 데이터를 소수의 독점적 이익을 위해 사용하는 것이 아니라, 공공의 이익과 중소기업의 성장을 위해 공유해야 한다는 압박이 거세지고 있다. 이는 '데이터 민주화'라는 이름 아래 국가가 플랫폼의 핵심 경쟁력을 통제하려는 시도로 읽히기도 한다. 데이터의 수집과 활용 과정에서 사회적 형평성을 고려하지 않는 기업은 '데이터 독점'이라는 오명을 쓰고 해체 수준의 압박을 받을 수 있다. 데이터조차 분배의 대상이 되는 이 기이한 환경에서 기업은 기술의 소유권을 넘어 기술의 사회적 효용을 입증해야 하는 시험대에 올랐다.

미래의 중국 시장은 기술적 탁월함만으로는 정복할 수 없다. 그 기술이 인민의 삶을 어떻게 개선하는지, 부의 편중을 어떻게 완화하는지에 대한 설득력 있는 서사를 가진 기업만이 살아남을 것이다. 공동부유는 단순한 슬로건이 아니라 중국식 국가 자본주의가 도달하고자 하는 최종 목적지이며, 기업은 그 여정에서 배제될 것인지 아니면 조타수 역할을 맡을 것인지를 선택해야 한다. 대륙의 붉은 물결이 분배라는 이름으로 밀려오는 지금, 모든 기업은 자신의 뿌리가 사회적 책임이라는 토양에 얼마나 깊이 박혀 있는지를 증명해야 하는 숙명에 처해 있다.

이러한 실험의 성패는 향후 중국 디지털 생태계의 복원력과 혁신 지속 가능성을 가늠하는 척도가 될 것이다. 강요된 분배가 혁신의 동력을 갉아먹을 것인지, 아니면 사회적 갈등 해소를 통해 더 탄탄한 내수 기반을 마련할 것인지는 시간이 증명해줄 것이다. 분명한 것은, 이제 중국에서 '비즈니스'와 '정치'는 분리할 수 없는 단일한 실체가 되었으며, 공동부유는 그 실체를 움직이는 가장 강력한 엔진이 되었다는 사실이다. 기업은 이제 경제적 부가가치뿐만 아니라 '정치적 부가가치'를 창출해야 하는 시대적 요구 앞에 서 있다.

이 거대한 문명적 전환기에서 살아남기 위해 기업들은 단순히 돈을 내놓는 것을 넘어, 당의 영혼과 기업의 근육을 결합시키는 고도의 정치적 연금술을 발휘해야 한다. 공동부유라는 이름의 멍에를 성장이라는 이름의 안장으로 바꿀 수 있는 지혜가 필요한 시점이다. 대륙의 경영 문법을 다시 쓰는 이 치열한 기록은 전 세계 자본주의 체제에도 작지 않은 파문을 던지고 있다.

3. 규제 리스크를 읽는 법

　중국 시장에서 비즈니스를 수행하는 기업들에 규제는 상수(常數)이자 가장 파괴적인 변수다. 흔히 외부 관찰자들은 중국의 규제를 '예측 불가능한 벼락'처럼 인식하곤 하지만, 사실 그 내면을 들여다보면 일관된 흐름과 전조 증상이 분명히 존재한다. 중국식 규제 리스크를 읽는 법의 핵심은 가시적인 시장 지표가 아닌 '정치적 텍스트'와 '정책의 시차'를 정밀하게 분석하는 데 있다. 공산당의 의중이 담긴 공식 문건과 지도부의 발언 속에 숨겨진 행간을 읽어내지 못한다면, 어제의 유망 산업이 오늘의 규제 대상이 되는 급격한 변동성 속에서 살아남기 어렵다. 따라서 규제 리스크 관리의 첫걸음은 서구식 경제 논리가 아닌, 중국 특유의 정치 논리로 시장의 변화를 재해석하는 안목을 갖추는 것이다.

　가장 먼저 주목해야 할 신호는 당의 '공식 슬로건'과 키워드의 변화다. 중국 정부는 대대적인 규제에 앞서 반드시 이론적 배경과 명분을 먼저 쌓는 과정을 거친다. 예를 들어 '자본의 무분별한 확장 방지'라는 표현이 당 문건에 등장하기 시작했다면, 이는 곧 거대 플랫폼 기업들에 대한 반독점 조사나 금융 규제가 임박했음을 알리는 강력한 조기 경보 시스템이다. 또한 '국가 데이터 안보'라는 단어가 빈번하게 노출된다면, 이는 해외 상장을 준비하는 테크 기업이나 외산 클라우드 서비스에 대한 전방위적 압박이 시작될 것임을 예고한다.

규제의 칼날은 갑자기 날아드는 것이 아니라, 수개월 혹은 수년 전부터 당의 정책 우선순위가 바뀌었음을 알리는 신호를 여러 차례 보낸다. 기업이 이 신호를 단순한 정치적 구호로 치부하고 비즈니스 모델을 수정하지 않는다면, 규제가 현실화되었을 때 치명적인 타격을 입게 된다. 반대로 이러한 텍스트를 민감하게 포착하는 기업은 규제가 시행되기 전 자산을 매각하거나 사업 구조를 재편함으로써 리스크를 회피할 골든타임을 확보할 수 있다.

또한, 규제의 '도미노 현상'과 '산업 간 전이'를 읽는 법도 중요하다. 중국의 규제는 특정 산업에 국한되지 않고 가치사슬을 따라 유기적으로 확산되는 경향이 있다. 사교육 시장에 대한 초강력 규제가 발표되었을 때, 이는 단순히 교육 산업의 몰락만을 의미하는 것이 아니었다. 교육 데이터의 보안 문제, 플랫폼 내 광고 수익 구조의 재편, 그리고 학부모들의 소비 여력 변화까지 연쇄적인 영향을 미쳤다.

이처럼 한 분야의 규제가 발표되면 그 저변에 깔린 통치 철학이 다른 산업으로 어떻게 확장될지 시뮬레이션해야 한다. 데이터 보안 규제가 통신에서 자율주행으로, 다시 의료 데이터와 핀테크로 확산되는 과정을 지켜보면 중국 정부가 기술 생태계 전체를 국가의 통제 가능한 범위 안으로 끌어들이려는 거대한 설계도를 가지고 있음을 알 수 있다. 이 설계도를 읽지 못하고 특정 산업의 단편적인 규제 뉴스에만 매몰되는 것은 숲을 보지 못하고 나무만 보는

격이다.

규제 리스크를 읽는 또 다른 핵심 도구는 '중앙 정부와 지방 정부 사이의 집행 시차'를 살피는 것이다. 중앙 정부가 거시적인 규제 방향을 제시하면, 각 지방 정부는 이를 집행하는 과정에서 자신들의 경제 실적(GDP)과 중앙의 압박 사이에서 교묘한 균형을 맞춘다. 특정 지역에서 시범적으로 시행되는 규제나 보안 점검은 곧 전국 단위로 확산될 모델인 경우가 많다.

따라서 상하이나 선전, 항저우 같은 혁신 거점에서 일어나는 작은 행정적 변화를 '탄광 속의 카나리아'처럼 활용해야 한다. 예를 들어 특정 지방 정부가 플랫폼 노동자의 사회보험 가입 여부를 전수 조사하기 시작했다면, 이는 조만간 전국적으로 노동법 관련 규제가 강화될 것임을 시사한다. 현장 관계자들과의 밀접한 네트워크를 통해 규제의 실질적인 집행 강도와 세부 지침이 현장에서 어떻게 구체화되는지를 실시간으로 모니터링하는 것이 가장 실질적인 대응책이 된다.

디지털 생태계의 기업들은 특히 '기술 표준과 인증 제도'를 통한 보이지 않는 규제에 극도로 민감해야 한다. 중국 정부는 직접적인 금지 명령보다 까다로운 기술 표준 제정이나 인증 절차 강화를 통해 리스크를 관리하곤 한다. 알고리즘 등록제, 개인정보 영향 평가, 소스 코드 리뷰 요구 등은 겉으로는 투명한 절차와 보안 강화를 표방하지만, 실제로는 당이 기업의 핵심 기술력과 데이터 주권에 접근할 수 있는 합법적인 통로를 확보하는 수단으로 활용된다.

이러한 기술적 규제는 한 번 시행되면 되돌리기 어렵고 기업의 운영 비용을 기하급수적으로 높이기 때문에, 규제가 정식 법안으로 확정되기 전 단계에서 정책 입안 과정에 간접적으로 의견을 개진하거나 발 빠르게 기술 구조를 유연하게 변경하는 선제적 엔지니어링 대응이 필수적이다. 법무팀뿐만 아니라 최고기술책임자(CTO) 조직이 규제 대응의 최전선에 서야 하는 이유도 여기에 있다.

나아가 규제 리스크를 읽는 안목은 '국가 전략'에 대한 깊은 공감과 이해로 귀결된다. 당이 추구하는 사회적 안정, 기술 자립자강, 그리고 질적 성장이 자사의 비즈니스 방향과 충돌하는 지점이 어디인지 냉정하게 진단해야 한다. 리스크는 단순히 피하거나 막아야 하는 대상이 아니라, 그 이면에 숨겨진 정부의 육성 의지와 보상 체계를 파악할 때 비로소 기회로 전환될 수 있다.

강력한 규제가 몰아치는 산업이 있다면 반드시 그 반대급부로 국가적 보조금과 정책적 혜택이 쏟아지는 '전략적 신흥 산업'이 존재하기 때문이다. 정치가 비즈니스의 지형을 근본적으로 재편하는 중국 시장에서, 규제 신호를 선제적으로 포착하고 이를 경영 전략에 녹여내는 능력은 곧 기업의 수명과 시장 지배력을 결정짓는 가장 핵심적인 역량이 될 것이다. 결국 리스크는 아는 자에게는 성장의 발판이 되고, 모르는 자에게는 파멸의 덫이 된다는 사실을 명심해야 한다.

중국 비즈니스의 승패는 더 이상 시장의 '보이지 않는 손'이 아니라, 정부의 '보이는 손'이 가리키는 방향을 누가 더 빨리 읽어내느냐에 달려 있다. 규제는 단순한 장벽이 아니라, 그 장벽을 넘는 자에게만 주어지는 새로운 시장의 입장권이다.

중국 산시성 시안 병마용 유적

1. 탈중국인가, 재중국인가: 포스트 차이나 전략

중국 시장을 바라보는 한국 기업들의 시선이 그 어느 때보다 복잡하고 입체적이다. 한때 '기회의 땅'으로 불리며 무한한 성장을 약속했던 중국은 이제 강력한 기술 경쟁자와 까다로운 내부 규제, 그리고 예측 불가능한 지정학적 리스크가 공존하는 '험지'가 되었다. 이 과정에서 많은 기업이 '탈중국(Exit China)'을 외치며 동남아시아나 인도로 발길을 돌리고 있지만, 다른 한편에서는 여전히 세계 최대 규모의 내수 소비 시장이자 첨단 기술의 시험장인 중국을 포기할 수 없다는 '재중국(Re-China)'의 목소리도 높다. 하지만 이러한 이분법적 논의만으로는 거대한 대륙의 변화에 대응하기 역부족이다. 이제는 중국을 넘어서는 것이 아니라, 중국을 어떻게 우리 경제의 일부로 영리하게 편입시킬 것인가를 고민해야 하는 '포스트 차이나'의 고차방정식을 풀어야 할 때다.

지금 우리에게 필요한 것은 감정적인 탈출이나 막연한 낙관론이 아니다. 중국을 더 이상 단순한 저임금 생산 기지나 저가형 판매처로 보지 않고, 글로벌 공급망의 핵심 노드이자 디지털 혁신의 발원지로 재인식하는 '포스트 차이나 전략'의 수립이 시급하다. 과거의 경로 의존성에서 벗어나 변화된 중국의 기술 생태계를 객관적으로 직시하는 것만이 생존의 첫 단추를 끼우는 길이다. 중국은 이제 세계에서 가장 앞선 모바일 결제 시스템, 자율주행 데이터, 그리고 인공지능 응용 기술을 보유한 국가로 변모했다. 우리가 이 생태계를 외면하는 것은 단순히 시장 하나를 잃는 것이 아니라, 미래 기술의 표준이 만들어지는 현장에서 배제되는 것을 의미한다.

과거 한국 기업의 성공 방정식은 한국의 앞선 공정 기술력과 중국의 풍부한 노동력을 결합한 효율성 중심의 분업 모델이었다. 하지만 중국의 기술 굴기가 가속화되고 로컬 기업들이 수직 계열화를 완성하면서 이러한 고전적 모델은 유효기간이 끝났다. 이제 한국 기업이 직면한 본질적인 질문은 단순히 "중국에 남을 것인가, 떠날 것인가"가 아니라 "중국 시장에서 대체 불가능한 핵심 가치를 어떻게 유지하고 강화할 것인가"로 바뀌어야 한다. 이는 기술의 초격차를 유지하는 것뿐만 아니라, 중국의 정책과 문화적 맥락 안에서 한국 기업만이 제공할 수 있는 특수한 솔루션을 발굴하는 것을 포함한다.

탈중국 전략 역시 중국과의 모든 관계를 단절하는 것이 아니라, 과도한 의존도를 낮추어 지정학적 리스크를 분산하는 '디리스킹(De-risking)'의 관점에서 접근해야 한다. 생산 거점을 다변화하면서도 중국 내수 시장의 고급 수요를 공략하기 위한 R&D 투자를 유지하고, 마케팅은 오히려 정교화하는 입체적인 '차이나 플러스 원(China Plus One)' 전술이 필요한 이유다. 2026년 현재, 한국의 주요 대기업들이 중국 시안의 반도체 공장 공정을 업그레이드하거나 현지 기업과 패키징 협력을 모색하는 것은 이러한 정교한 디리스킹의 실천 사례라 할 수 있다. 핵심 제조 역량은 분산하되, 기술의 혈관은 중국 시장의 중심부에 연결해두는 고도의 유연성이 요구된다.

재중국 전략을 선택한 기업들이 명심해야 할 점은 중국 시장의 '질적 변화'와 디지털 주권 강화에 완벽히 적응해야 한다는 것이다. 이제 중국 소비자들은 단순히 '메이드 인 코리아'라는 브랜드 이미지에만 열광하지 않는다. 그들은 자국 브랜드인 '궈차오(애국 소비)'에 강한 자부심을 느끼며, 알리바바와 텐센트가 구축한 편리한 디지털 생태계에 익숙해진 세계에서 가장 까다로운 사용자들이다. 한국 기업이 이들의 마음을 얻기 위해서는 단순히 물건을 파는 상인의 자세를 버리고, 중국인들의 일상 속에 스며드는 '라이프스타일 큐레이터'로서의 면모를 보여주어야 한다.

따라서 재중국 전략의 핵심은 '철저한 현지화'를 넘어 중국의 디지털 생태계에 깊숙이 이식되는 '내재화'에 있다. 중국의 거대 플랫폼과 긴밀히 협력하여 사용자 데이터를 공유하고, 현지 규제 가이드라인을 완벽히 준수하며, 중국 정부가 장려하는 친환경 및 첨단 제조 분야에서 상생 파트너십을 구축하는 능력이 기업의 생존을 결정짓는다. 이는 본사의 전략을 이식하는 것이 아니라, 현지 법인이 독립적인 의사결정권을 갖고 속도감 있게 대응하는 '현지 완결형 경영'으로의 전환을 의미한다. 현지 CEO에게 인사와 투자에 관한 전권을 부여하고, 본사는 지원 부서로 물러나는 과감한 거버넌스 개혁 없이는 대륙의 속도를 따라잡을 수 없다.

이러한 전략적 변곡점에서 한국 기업은 중국을 '적대적 경쟁자'로만 규정하기보다, 중국의 빠른 혁신 속도를 활용해 자사의 글로벌 경쟁력을 높이는 '레버리지(Leverage)' 대상으로 삼는 영리함이 필요하다. 예를 들어 인공지능, 자율주행, 배터리 등 중국이 이미 앞서나가기 시작한 분야에서는 현지 유망 기업과의 전략적 제휴나 조인트 벤처를 통해 최신 기술 동향을 파악하고, 이를 글로벌 시장 대응에 활용하는 기술적 교류가 필수적이다. 중국에서 배운 실패와 성공의 경험은 북미나 유럽 시장에서의 경쟁력을 강화하는 강력한 무기가 될 수 있다.

중국 시장을 일종의 '혁신 테스트베드'로 활용하여 여기서 검증된 모델을 다른 신흥 시장에 적용하는 역발상이 필요하다. 2026년 초 한중 정상회담을 기점으로 논의되는 인공지능 및 고성능 컴퓨팅 분야의 수평적 협력은 이러한 레버리지 전략의 좋은 토대가 될 것이다. 이는 중국에 종속되는 것이 아니라, 중국의 인프라를 발판 삼아 세계 시장에서의 격차를 벌리는 고도의 지능적 경쟁 전략이다. 중국의 거대 자본과 한국의 정교한 기획력을 결합하여 제3국 시장을 공동 개척하는 '한중 연합군' 모델 역시 포스트 차이나 시대의 새로운 대안이 될 수 있다.

또한, 중국 특유의 규제 리스크를 읽는 안목을 기업의 핵심 역량으로 내재화해야 한다. 앞서 살펴본 정치적 올바름이나 공동부유 정책은 한국 기업에 위협인 동시에 새로운 진입 기회가 될 수 있다. 중국 정부가 저탄소 경제로의 급격한 전환을 서두를 때, 한국의 앞선 에너지 효율 기술이나 친환경 소재 솔루션을 정책 기조에 맞추어 제안한다면 규제의 장벽을 넘어 우호적인 비즈니스 환경을 조성할 수 있다. 정책의 수혜자가 되는 법은 정책의 입안자가 무엇을 두려워하고 무엇을 원하는지 정확히 꿰뚫어 보는 데서 시작된다.

즉, '정치적 리스크'를 단순히 피해야 할 재앙으로 보는 것이 아니라, 정책의 방향성을 선제적으로 읽어내어 비즈니스 기회로 치환하는 '정치경제적 기민성'이 포스트 차이나 전략의 성패를 가를 것이다. 이제 한국 기업의 대중국 사업 담당자는 시장 분석가인 동시에 정책 분석가가 되어야 하며, 현지 정부와의 소통 채널을 기술적, 문화적 차원으로 다각화해야 한다. 15차 5개년 계획(2026-2030)이 시작되는 시점에서 중국이 내세우는 '신질생산력'과 내수 확대 기조는 한국의 소부장(소재·부품·장비) 및 프리미엄 소비재 기업들에게 새로운 돌파구가 될 수 있다.

결국 포스트 차이나 시대의 생존법은 '선택과 집중'의 재정의와 거버넌스의 혁신에 있다. 범용 제품 시장과 가격 경쟁력이 우선인 영역에서는 과감히 발을 빼고, 중국 기업이 단기간에 따라오기 힘든 초격차 기술이나 감성적 가치가 담긴 프리미엄 시장으로 전선을 옮겨야 한다. 동시에 데이터 주권과 기술 안보가 강조되는 글로벌 흐름에 맞춰 중국 내 법인을 안전하게 운영할 수 있는 '글로컬(Glocal)' 거버넌스를 구축하고, 본사와의 기술적 연결 고리를 전략적으로 관리해야 한다. 정보는 공유하되 핵심 알고리즘은 보호하는 정교한 보안 체계가 비즈니스의 전제 조건이 되었다.

탈중국이냐 재중국이냐는 이분법적 논쟁은 이제 무의미하다. 우리에게 필요한 것은 중국이라는 거대한 생태계를 우리 경제의 확장된 영역이자 학습의 장으로 활용하면서도, 그 리스크가 본체로 전이되지 않도록 정교한 방화벽을 세우는 하이브리드 전략이다. 기술 굴기의 거센 파고 속에서 한국 기업이 살아남는 길은 중국을 가장 깊이 이해하고, 가장 영리하게 이용하는 '지중(知中)'과 '용중(用中)'의 결합에 있다. 2026년을 한중 관계 복원의 원년으로 삼아 새로운 협력의 문법을 써 내려가는 기업만이 거대한 대륙의 변화를 성장의 동력으로 삼을 수 있을 것이다.

중국은 이제 우리에게 있어 극복해야 할 산인 동시에, 함께 노를 저어야 할 거대한 강물이다. 이 강물이 어디로 흐르는지, 그 속도는 어떠한지를 파악하지 못한 채 배를 띄우는 것은 무모하다. 하지만 강물의 흐름을 타고 때론 거슬러 오르며 나아가는 법을 익힌다면, 한국 기업은 대륙의 에너지를 흡수해 글로벌 시장이라는 더 넓은 바다로 나아갈 수 있다. 포스트 차이나 전략은 단순히 중국에서 돈을 버는 기술이 아니라, 거대한 변화의 소용돌이 속에서 한국 경제의 품격을 지키고 영토를 확장하는 국가적 차원의 지혜가 되어야 한다.

이제 기업의 담당자들은 매일 아침 재무 제표와 함께 인민일보의 헤드라인을 살펴야 한다. 베이징의 미세한 공기 변화가 서울의 비즈니스 지형을 바꾸는 시대다. 이 밀접한 상호의존성 속에서 리스크를 통제하고 기회를 선점하는 기민함이야말로 이 시대가 요구하는 진정한 경영 능력이다. 대륙의 기술적 도전을 두려워하기보다 우리의 창의성으로 그들을 압도하고, 그들의 자본을 활용해 우리의 가치를 증명하는 대담한 승부가 필요하다. 2026년, 새로운 대륙의 문이 열리고 있다. 이 문을 열고 들어가는 자는 과거의 향수에 젖은 자가 아니라 미래의 지도를 손에 쥔 자다.

2. 실패 사례에서 배우는 '현지화'의 오류

중국 시장에 진출한 수많은 한국 기업이 현지화를 지상 과제로 삼았음에도 불구하고 쓰라린 퇴장을 경험해야 했던 이유는 무엇일까. 그간 우리가 신봉해온 현지화 전략의 이면에는 치명적인 인식의 오류가 숨어 있었다. 대다수 기업은 현지화를 단순히 제품의 포장지를 바꾸거나 현지 인기 모델을 기용하고, 한국에서 성공한 비즈니스 모델을 약간 수정해 이식하는 수준의 적응 정도로 오해했다. 그러나 중국의 디지털 생태계가 세계 어느 곳보다 빠르게 진화하고 기술 굴기가 현실화된 오늘날, 이러한 표면적 현지화는 오히려 시장의 흐름을 놓치게 만드는 독이 되어 돌아왔다. 실패한 기업들의 공통점은 중국 시장의 독특한 비즈니스 문법과 소비자 심리의 기저에 깔린 디지털 전환의 속도를 과소평가하고, 자신들의 과거 영광에 취해 있었다는 점에 있다.

가장 대표적인 오류는 과거 성공 경험의 함정에서 비롯된 오만이다. 한국에서 시장 점유율 1위를 달성했던 가전, 스마트폰, 화장품 기업들은 자신들의 브랜딩 자산과 유통 방식이 중국에서도 당연히 통할 것이라는 근거 없는 자신감을 가졌다. 이들은 중국의 오프라인 유통망이 급격히 무너지고 알리바바와 텐센트 중심의 모바일 생태계로 재편되는 골든타임을 허망하게 놓쳤다. 한국 기업들이 대리점 영업망 확충과 백화점 입점에 매달리는 동안, 중국 로컬 기업들은 라이브 커머스와 숏폼 콘텐츠를 결합한 D2C(Direct to Consumer) 모델을 구축해 소비자들을 선점했다. 유통 채널의 현지화 실패는 곧 고객 접점의 상실로 이어졌고, 이는 브랜드가 트렌드에 뒤처졌다는 인식을 심어주며 브랜드 노후화라는 치명적인 결과로 귀결되었다. 특히 2026년 현재, 인공지능이 결합된 맞춤형 커머스가 주류가 된 시점에서 과거의 대량 생산·대량 유통 방식은 완전히 구시대의 유물이 되었다.

두 번째 오류는 기술 격차에 대한 고질적인 오판이다. 많은 한국 기업이 여전히 중국 기업을 카피캣이나 저가 공세를 펼치는 추격자로만 치부하며 자신들이 기술적 우위에 있다고 착각했다. 이러한 우월주의는 제품 개발 과정에서 중국 소비자의 실제 페인 포인트(Pain Point)를 반영하는 데 소홀하게 만들었다. 예를 들어, 한국 스마트폰 제조사들이 하드웨어 스펙 경쟁에 몰두할 때 중국 로컬 브랜드들은 위챗 생태계와의 완벽한 소프트웨어 연동, 인물 사진에 특화된 정교한 뷰티 알고리즘, 현지 모바일 결제 환경에 최적화된 UI 등 소프트웨어적 현지화에 사활을 걸었다. 2026년의 기술 굴기는 이미 추격을 넘어 생태계 패권 경쟁 단계에 접어들었다. 인공지능, 배터리, 바이오 분야에서 중국은 이미 한국을 앞지르거나 글로벌 선도 국가에 근접했다. 기술의 진보 빙향이 중국 소비자의 실제 라이프스타일과 동떨어지면서 한국 제품은 가성비는 떨어지고 혁신은 부족한 애매한 포지셔닝에 갇히게 되었다.

세 번째는 거버넌스와 의사결정 구조의 경직성이다. 현지 법인이 시장의 급격한 변화를 감지하고 새로운 전략을 제안하더라도, 서울 본사의 최종 승인을 기다려야 하는 수직적 구조 속에서는 대응 속도가 현격히 떨어질 수밖에 없다. 실패한 사례들을 면밀히 분석해보면, 현지 상황을 가장 잘 아는 중국인 전문가나 현지 채용인들의 목소리는 무시되고 본사에서 파견된 주재원 중심의 보수적인 의사결정이 내려지는 경우가 허다했다. 중국 시장은 일주일 단위로 트렌드가 변하고 새로운 경쟁자가 출현하는 역동적인 곳이다. 본사의 글로벌 가이드라인을 고수하느라 현지의 속도감을 따라가지 못한 결과, 한국 기업들은 규제 리스크 대응이나 대규모 프로모션 타이밍 포착에서 번번이 실기를 범했다. 이는 현지화가 단순한 마케팅의 문제가 아니라 권한 위임이라는 지배구조의 본질적 문제임을 시사한다. 2026년의 비즈니스 환경에서는 데이터 기반의 즉각적인 의사결정이 생존을 좌우하며, 본사의 원격 제어는 더 이상 유효하지 않다.

네 번째 오류는 정치적 및 문화적 감수성의 치명적 부재다. 앞서 언급한 중국식 정치적 올바름에 대한 깊이 있는 이해 부족은 현지화 실패의 강력한 기폭제가 되었다. 웹사이트 내 지도 표기 오류, 광고 영상에서의 은유적인 문화 비하 논란, 지정학적 갈등 상황에서의 서툰 공식 성명 등은 단숨에 수십 년간 쌓아온 브랜드 이미지를 실추시켰다. 중국 소비자들은 이제 제품의 물리적 품질뿐만 아니라 해당 기업이 자신들의 국가적 자부심과 문화를 얼마나 진정성 있게 존중하는지를 구매 결정의 핵심 기준으로 삼는다. 민족주의적 성향이 강해진 MZ세대 소비자들에게 한국 기업의 서구 지향적인 마케팅이나 생색내기식 사회공헌은 진정성 없는 행동으로 비춰졌고, 이는 곧 거센 불매운동과 시장 퇴출이라는 역풍으로 돌아왔다. 2026년의 궈차오(애국 소비) 열풍은 단순한 유행이 아니라 하나의 생활 양식으로 굳어졌으며, 이를 무시한 브랜드는 설자리를 잃었다.

다섯 번째 오류는 플랫폼 종속성과 데이터 주권에 대한 전략적 무지가 발목을 잡았다. 중국의 거대 플랫폼 생태계에 입점하여 매출을 올리는 것만이 현지화라고 믿었던 기업들은, 자신들의 소중한 고객 데이터가 플랫폼 사업자에게 완전히 귀속되는 리스크를 간과했다. 플랫폼이 수수료를 올리거나 알고리즘 노출 순위를 변경할 때마다 한국 기업들은 자생적 대안 없이 속수무책으로 당할 수밖에 없었다. 독자적인 디지털 멤버십(Private Traffic)을 구축하거나 자체적인 데이터 분석 역량을 갖추지 못한 채 플랫폼의 가두리 양식장에 안주했던 현지화 전략은 결국 기업을 플랫폼의 단순 납품업자로 전락시켰다. 플랫폼과의 대등한 파트너십이 아닌 일방적 종속을 택했던 안일한 선택이 장기적으로는 수익성 악화와 브랜드 통제력 상실의 근본 원인이 된 것이다. 2026년은 데이터 주권이 국가 안보와 직결되는 시대로, 기업이 스스로 데이터를 관리하고 활용하지 못하면 그 존재 가치는 사라진다.

여섯 번째로, '중국 속의 한국'이 아닌 '중국을 위한 중국 기업'으로 거듭나지 못한 정체성의 한계다. 많은 기업이 한국 본사의 기술이나 디자인을 그대로 가져와서 중국 시장에 '이식'하려고만 했지, 처음부터 중국 시장만을 위해 기획되고 설계된 '차이나 온리(China Only)' 제품군을 구축하는 데 인색했다. 중국 로컬 기업들은 14억 인구의 다양한 취향과 지역별 특성을 세밀하게 파악하여 1성 도시부터 5성 도시까지 촘촘한 맞춤형 라인업을 구성했다. 반면 한국 기업들은 서울의 시각에서 바라본 베이징과 상하이의 모습만을 중국 전체로 오판하여 거대한 하위 도시 시장(Lower-tier cities)의 폭발적인 성장세를 놓쳐버렸다. 진정한 현지화는 본사의 DNA를 이식하는 것이 아니라, 현지의 토양에서 새로운 품종을 길러내는 원예가적 마인드가 필요했으나 우리는 여전히 수입업자의 마인드에 머물러 있었다.

일곱 번째 오류는 인재 현지화의 실패다. 단순히 중국인을 고용하는 것을 넘어, 그들이 기업의 핵심 가치를 공유하고 최고 경영진으로 성장할 수 있는 사다리를 제공하지 못했다. 중국 내 우수한 인재들은 한국 기업을 외국계 기업의 화려한 겉모습만 있는 곳으로 인식했고, 장기적인 비전을 찾지 못해 로컬 빅테크 기업이나 자국 스타트업으로 대거 이탈했다. 인재의 이탈은 현지 시장에 대한 감각의 퇴보로 이어졌고, 남겨진 조직은 본사의 눈치만 보는 관료적 집단으로 전락했다. 인적 자본의 공동화는 기술 유출보다 더 무서운 전략적 공백을 야기했으며, 이는 한국 기업이 중국 시장에서 혁신의 동력을 상실하게 만든 결정적 요인이 되었다.

여덟 번째는 자본의 투입 규모와 속도에 대한 오판이다. 중국 시장은 전 세계 자본이 격돌하는 거대한 전쟁터다. 로컬 기업들은 수익이 나지 않더라도 시장 점유율을 확보하기 위해 상상 초월의 자금을 쏟아붓는 '번 레이트(Burn Rate)' 경쟁을 벌인다. 한국 기업들은 재무적 건전성과 분기별 실적을 중시하는 상장사의 한계에 부딪혀, 결정적인 승부처에서 투자를 주저하거나 속도 조절에 나섰다가 시장 지배력을 상실했다. 승자 독식의 플랫폼 경쟁에서 2위는 의미가 없다는 사실을 간과한 채, 보수적인 투자 기조를 유지했던 것이 결과적으로는 시장 전체를 내어주는 악수가 되었다.

아홉 번째 오류는 브랜드의 프리미엄화와 대중화 사이에서의 갈팡질팡한 포지셔닝이다. 한국 브랜드들은 초기 한류 열풍에 힘입어 프리미엄 이미지를 구축했으나, 매출 확대를 위해 무리하게 중저가 시장으로 하향 확장(Down-trading)을 시도했다. 이 과정에서 프리미엄 고객은 유럽이나 미국 브랜드로 떠나갔고, 중저가 시장에서는 가성비로 무장한 중국 로컬 기업들에게 밀려 낙동강 오리알 신세가 되었다. 브랜드의 명확한 정체성을 지키지 못한 채 시장의 유행에 휩쓸려 가격 정책을 남발한 것이 브랜드 가치를 희석시키고 소비자들의 신뢰를 저버리는 결과를 낳았다.

마지막으로, 보이지 않는 규제의 벽과 비관세 장벽에 대한 대응 시나리오 부재다. 사드 사태 이후 강화된 중국의 자국 산업 보호 장벽은 단순한 경제 논리가 아닌 고도의 정치 논리에 의해 작동했다. 한국 기업들은 이러한 상황이 일시적인 풍파라고 믿으며 버티기 전략을 구사했으나, 중국 정부는 그 사이 법령과 표준을 정비하여 한국 기업이 다시는 예전처럼 활동할 수 없는 정교한 장벽을 쌓아 올렸다. 환경 규제, 소방 점검, 노동법 강화 등은 모두 한국 기업을 압박하는 유효한 수단으로 활용되었지만, 우리는 이에 대응할 정무적 감각과 법률적 네트워크를 사전에 구축하지 못했다.

결국 이러한 실패 사례들이 우리에게 주는 교훈은 명확하다. 진정한 현지화는 한국적인 것을 중국 상황에 맞게 조금 수정하는 수준이 아니라, 중국의 디지털 생태계라는 유기체 안에서 완전히 다시 태어나는 수준의 근본적인 변혁이어야 한다. 현지화의 오류를 극복하기 위해서는 본사의 간섭을 최소화하고 현지 법인에 전권을 부여하는 독립 경영 체제를 과감히 구축해야 하며, 하드웨어 성능의 우위보다는 현지 소프트웨어 플랫폼과의 융합 및 데이터 자산화에 사활을 걸어야 한다.

또한 중국의 정서와 정치적 맥락을 비즈니스의 부수적인 요소가 아닌 절대적인 상수로 받아들이는 태도의 대전환이 필요하다. 과거의 실패는 뼈아프지만, 그 속에서 추출한 오답 노트는 포스트 차이나 전략을 위한 가장 소중한 자산이다. 오류를 정밀하게 복기하고 체질을 개선하는 과정이야말로 기술 굴기의 거센 파고 속에서 한국 기업이 다시 일어설 수 있는 유일하고도 확실한 길이다. 2026년, 이제는 '중국을 안다'는 착각에서 벗어나 '중국과 함께 산다'는 공존의 지혜를 발휘해야 할 때다.

3. 중국을 '시장'이 아닌 '도구'와 '파트너'로 활용하기

한국 기업이 기술 굴기의 거센 파고를 넘어서기 위해 가장 먼저 선행되어야 할 작업은 중국에 대한 인식의 패러다임을 근본적으로 전환하는 것이다. 그동안 우리는 중국을 단순히 제품을 팔아 이윤을 남기는 '거대 시장' 혹은 저렴한 비용으로 제품을 만드는

'생산 기지'로만 간주해 왔다. 그러나 이제 중국은 세계에서 가장 역동적인 디지털 임상 시험장이자, 인공지능과 자율주행 등 미래 기술이 가장 먼저 상용화되는 '혁신의 발원지'로 변모했다.

따라서 포스트 차이나 시대의 핵심 전략은 중국을 단순한 판매 대상인 시장(Market)으로 보는 관점을 버리고, 한국 기업의 글로벌 경쟁력을 강화하기 위한 전략적 도구(Tool)이자 협력적 파트너(Partner)로 재정의하는 데서 시작되어야 한다. 이는 중국에 대한 경제적 의존도를 줄이면서도 기술적 이익은 극대화하는 고도의 '디리스킹(De-risking)' 전술이기도 하다.

중국을 도구로 활용한다는 것은 중국이 보유한 방대한 데이터 생태계와 세계 최고 수준의 모바일 인프라를 한국 기업의 핵심 기술력을 연마하는 테스트베드로 삼는 것을 의미한다. 예를 들어, 자율주행이나 스마트 시티, 원격 의료 관련 기술을 보유한 한국 기업에 중국은 그 어떤 국가보다 풍부한 실증 데이터를 제공할 수 있는 환경이다.

중국의 독특한 규제 샌드박스와 정부 주도의 인프라 확충은 신기술의 상용화 속도를 비약적으로 높여준다. 한국 기업은 중국 시장에서 얻은 운영 경험과 방대한 데이터를 바탕으로 알고리즘의 완성도를 높이고, 이를 표준화하여 동남아시아, 중동, 유럽 등 글로벌 시장으로 진출할 때 강력한 무기로 삼아야 한다. 즉, 중국 현지에서 당장의 매출 이익을 남기는 것보다 더 중요한 것은 중국이라는 거대한 실험실을 이용해 글로벌 초격차를 유지할 기술적 체력과 운영 노하우를 기르는 것이다.

또한 중국 기업들을 파트너로 활용하는 전략은 적대적 경쟁 구도를 상생의 생태계로 전환하는 고도의 전술이다. 중국의 로컬 기업들은 이미 특정 분야에서 세계적 수준의 하드웨어 제조 역량과 공급망 장악력을 갖추고 있다. 이들과의 전략적 제휴는 한국 기업이 공급망 리스크를 관리하고 제조 원가를 절감하는 데 결정적인 도움을 줄 수 있다.

특히 배터리, 소재, 부품 분야에서 중국 기업과의 조인트 벤처(JV)를 통해 기술적 접점을 유지하는 것은 중국의 추격 속도를 늦추고, 역으로 그들의 강점을 우리 내부로 흡수하는 기회가 된다. 파트너십은 결코 일방적인 기술 유출의 통로가 아니라, 적의 무기를 공유함으로써 우리 시스템의 보안과 효율을 강화하는 지정학적 방어선이 되어야 한다. 이를 위해 한국 기업은 핵심 원천 기술은 본국에 엄격히 봉인하되, 응용 기술과 양산 기술에서는 중국 파트너와의 협력을 극대화하는 투 트랙 접근을 취해야 한다.

중국을 도구와 파트너로 삼는 전략의 구체적인 방법론 중 하나는 오픈 이노베이션의 거점을 중국 현지에 구축하는 것이다. 중국의 실리콘밸리로 불리는 선전이나 중관춘의 스타트업 생태계에 적극적으로 뛰어들어, 그들의 파괴적인 혁신 속도를 한국 기업의 경직된 시스템에 이식해야 한다.

한국의 대기업들이 중국의 유망 스타트업에 투자하거나 액셀러레이팅 프로그램을 운영함으로써, 중국 내 기술 트렌드를 실시간으로 파악하고 잠재적인 경쟁자를 선제적 아군으로 포섭하는 지혜가 필요하다. 이는 중국 시장에서의 직접적인 매출보다 훨씬 가치 있는 정보 자산과 인적 네트워크 권력을 제공하며, 결과적으로 중국 정부의 규제망 속에서도 기업의 입지를 공고히 하는 심리적·정치적 안전장치가 된다. 중국 기업의 혁신 동력을 한국 기업의 글로벌 밸류체인에 편입시키는 순간, 중국은 극복해야 할 장애물이 아니라 활용 가능한 자산으로 변모한다.

이러한 전환적 접근은 데이터 주권 시대에 대응하는 가장 영리한 방법이기도 하다. 중국 정부가 데이터의 역외 유출을 엄격히 통제하는 상황에서, 중국 내에서 생성된 데이터를 현지 파트너와 공동 관리하고 그 분석 결과와 인사이트만을 글로벌 전략에 반영하는 방식은 규제 리스크를 우회하면서도 실익을 챙기는 영리한 전략이다.

중국을 시장으로만 보면 규제의 벽에 막혀 좌절할 수밖에 없지만, 중국을 데이터 수집과 알고리즘 고도화의 도구로 보면 그 규제의 벽조차 우리 기술을 보호하고 경쟁자를 차단하는 장벽으로 역이용할 수 있다. 결국 핵심은 중국이라는 거대한 하드웨어 플랫폼 위에서 한국 기업이 어떤 고부가가치 소프트웨어 역할을 수행할 것인지, 그리고 그 플랫폼의 운영 법칙을 얼마나 능숙하게 다룰 수 있는지에 달려 있다.

결론적으로 포스트 차이나 전략의 완성은 중국에 대한 심리적 독립과 전략적 활용의 교묘한 균형에 있다. 중국 시장의 단기적인 매출 숫자에 목매는 의존적 관계를 과감히 끊어내고, 중국의 혁신 자원과 생태계를 우리 것으로 만드는 주도적 관계를 설정해야 한다.

중국을 도구로 부리고 파트너로 다스리는 능력을 갖출 때, 비로소 한국 기업은 기술 굴기의 파고 속에서 단순한 생존을 넘어 글로벌 디지털 생태계의 포식자로 거듭날 수 있다. 중국은 우리가 단순히 넘어야 할 산이 아니라, 더 높은 곳으로 가기 위해 밟고 올라서야 할 거대한 계단이자 지지대다. 지중을 넘어 용중의 단계로 나아가는 것, 그것이 바로 인공지능과 데이터 권력이 지배하는 패권 전쟁 시대에 한국 기업이 써 내려가야 할 가장 강력한 생존 지침서가 될 것이다.

에필로그

중국은 변한다, 그래서 우리의 시선도 변해야 한다

우리는 지금까지 '기술 굴기'라는 거대한 이름 아래 재편되고 있는 중국의 디지털 생태계와 그 속에 감춰진 데이터 권력의 민낯을 살펴보았다. 책의 마지막 장을 덮으며 우리가 반드시 가슴에 새겨야 할 사실은 단 하나다. 중국은 멈춰 있지 않으며, 우리가 알던 과거의 중국은 더 이상 존재하지 않는다는 점이다. 지난 수십 년간 우리는 중국을 우리보다 한발 늦게 따라오는 추격자, 혹은 우리의 기술을 복제하는 거대한 공장으로 치부해 왔다. 그러나 이제 중국은 인공지능, 퀀텀 컴퓨팅, 저궤도 위성 통신, 그리고 배터리 기술에 이르기까지 미래 산업의 문법을 스스로 써 내려가는 '룰 메이커(Rule Maker)'로 진화했다. 중국이 변했기에, 그들을 바라보는 우리의 시선 또한 근본적으로 변해야만 한다.

우리의 시선이 변해야 하는 이유는 단순히 그들이 강해졌기 때문이 아니다. 중국이 구축한 디지털 생태계가 우리 삶의 방식과 안보, 그리고 경제적 생존에 직접적인 영향을 미치는 '피할 수 없는 상수'가 되었기 때문이다. 우리가 무심코 사용하는 앱의 알고리즘 너머에, 우리가 의존하는 공급망의 뿌리 깊은 곳에 중국의 기술과 자본이 얽혀 있다. 이러한 상황에서 감정적인 혐오나 막연한 낙관론에 빠지는 것은 스스로 눈을 가리고 전장에 나가는 것과 다름없다. '진짜 중국'을 아는 것은 단순히 이웃 나라를 공부하는 차원을 넘어, 거대한 기술 패권 전쟁의 소용돌이 속에서 나 자신과 우리의 미래를 지켜내기 위한 가장 강력한 방어 기제이자 생존 전략이다.

진짜 중국을 안다는 것은 그들이 가진 가공할 만한 효율성과 그 이면에 도사린 통제의 위험성을 동시에 직시하는 것을 의미한다. 중국의 디지털 생태계는 편리함이라는 당근과 감시라는 채찍이 정교하게 결합된 시스템이다. 14억 인구의 데이터가 실시간으로 흐르며 인공지능을 고도화하는 그 현장은 혁신의 용광로인 동시에, 개인의 자유가 데이터 권력에 종속되는 거대한 실험실이기도 하다. 우리는 그들의 혁신 속도에서는 배울 점을 찾되, 그 시스템이 초래할 수 있는 인권과 민주 가치의 훼손에 대해서는 단호한 비판적 안목을 유지해야 한다. 이분법적인 시각에서 벗어나 중국의 명(明)과 암(暗)을 입체적으로 조망할 때, 비로소 우리는 기술 굴기에 휘말리지 않고 우리만의 길을 개척할 수 있다.

한국 기업과 개인에게 중국은 이제 '극복해야 할 대상'인 동시에 '활용해야 할 자산'이다. 중국 시장에서의 매출 숫자에 일희일비하기보다, 그들이 만들어내는 기술적 표준과 비즈니스 모델의 변화를 관찰하며 우리의 초격차를 유지할 동력을 얻어야 한다. 중국을 거대한 거울로 삼아 우리의 기술적 위치를 재점검하고, 그들이 메우지 못한 틈새와 그들이 가지지 못한 창의적 가치를 발굴해야 한다. '지중(知中)'은 단순히 정보를 아는 것이 아니라, 중국이라는 거대한 파도를 타고 우리가 원하는 목적지까지 안전하게 도달하는 항해술을 익히는 과정이다. 진짜 중국을 아는 힘이야말로 우리가 글로벌 무대에서 대체 불가능한 존재로 남을 수 있게 하는 핵심 역량이 될 것이다.

에필로그를 마무리하며 강조하고 싶은 것은 기술은 결국 '사람'을 향해야 한다는 본질이다. 중국의 기술 굴기가 아무리 화려하고 강력할지라도, 그것이 인간의 존엄성을 억압하거나 특정 권력의 도구로만 쓰인다면 그 생명력은 오래갈 수 없다. 우리는 중국의 디지털 생태계를 지켜보며 기술이 나아가야 할 올바른 방향에 대해 끊임없이 자문해야 한다. 기술이 권력이 되는 시대, 데이터를 가진 자가 세상을 지배하는 시대에 우리가 잃지 말아야 할 것은 기술을 다스리는 인간의 윤리와 주체성이다. 중국의 변화를 읽는 우리의 시선 끝에는 결국 '어떤 미래를 만들 것인가'에 대한 철학적 성찰이 담겨 있어야 한다.

세상은 더욱 빠르게 변할 것이고, 중국의 기술적 야망은 더욱 노골화될 것이다. 하지만 두려워할 필요는 없다. 우리가 깨어 있는 눈으로 진짜 중국을 읽어내고, 우리의 강점을 정교하게 다듬어 나간다면 기술 굴기는 위협이 아닌 새로운 도약의 기회가 될 수 있다. 이 책이 독자 여러분에게 중국이라는 거대한 미지의 영역을 탐험하는 나침반이 되었기를 바란다. 진짜 중국을 아는 지혜가 여러분의 비즈니스를, 여러분의 기술을, 그리고 여러분의 일상을 지키는 단단한 힘이 되길 기원한다. 변화는 이미 시작되었고, 그 변화의 주인이 되는 것은 오직 준비된 자들의 몫이다.

부록

1. 실전! 중국 비즈니스 에티켓 10계명

중국 시장에서 기술력과 자본보다 앞서는 것은 결국 '사람'과 '신뢰'의 관계인 관시(关系)다. 디지털 생태계가 아무리 고도화되어도 중국 비즈니스의 최종 결정은 식탁 위에서, 그리고 서로의 눈을 맞추는 대화 속에서 이루어진다. 중국의 기술 굴기 속에서 살아남기 위해 우리가 반드시 익혀야 할 실전 에티켓 10계를 정리한다.

1계: '미안(面子, 체면)'을 목숨처럼 아껴라

중국인에게 체면은 목숨과도 같다. 비즈니스 미팅 중 상대방의 오류를 대중 앞에서 지적하거나 무안을 주는 행위는 협상을 파기하겠다는 선언과 같다. 비판할 일이 있다면 반드시 일대일로 조용히 전달하고, 공식적인 자리에서는 상대의 직위와 성과를 충분히 예우하며 기를 살려주는 것이 비즈니스의 기본이다.

2계: '관시(关系)'는 꽌시가 아니라 '진심의 축적'이다

많은 한국인이 관시를 뇌물이나 인맥 동원 정도로 오해한다. 그러나 진정한 관시는 서로가 어려울 때 도와줄 수 있다는 신뢰의 누적이다. 단기적인 이익을 위해 관계를 이용하려 들지 말고, 명절 인사나 경조사 챙기기 등 꾸준한 관심을 통해 '믿을 만한 사람'이라는 인상을 심어주는 데 집중해야 한다.

3계: 서열과 자리가 곧 메시지다

중국 비즈니스 미팅에서 좌석 배치는 단순한 배치가 아니라 서열의 확인이다. 출입구에서 가장 멀고 방 안쪽 정중앙이 상석이며, 주최측과 방문객의 수석 대표가 마주 앉거나 나란히 앉는 등 정해진 규칙이 엄격하다. 명함을 주고받을 때도 직함이 높은 사람부터 양손으로 정중히 건네며, 받은 명함을 즉시 지갑에 넣지 않고 회의 내내 테이블 위에 올려두는 예의가 필요하다.

4계: 식사 정치는 '만찬'이 아닌 '동맹'의 과정이다

중국인에게 식사 대접은 비즈니스의 시작이자 끝이다. 상대방이 정성껏 준비한 음식을 골고루 맛보고 즐기는 모습을 보이는 것이 중요하다. 술잔을 비울 때는 상대방과 눈을 맞추며 '간베이(干杯)'를 외치되, 술을 못 마시더라도 정중히 양해를 구하고 차(茶)나 음료로 화답하며 분위기를 깨지 않는 유연함이 필요하다.

5계: '수저(数字, 숫자)'와 '색상'의 금기를 이해하라

중국인들이 좋아하는 숫자 8(부자가 되다)과 6(순조롭다), 싫어하는 숫자 4(죽음)와 250(바보)을 경영에 활용하라. 선물 포장이나 로고 디자인 시 금색과 붉은색은 환영받지만, 흰색이나 검은색은 장례를 연상시키므로 주의해야 한다. 시계(끝을 의미)나 녹색 모자(부정)를 선물하는 실수는 치명적일 수 있다.

6계: '하오펑유(好朋友, 좋은 친구)' 전략을 구사하라

협상 중에도 "우리는 친구가 아니냐"는 감성적 접근이 자주 등장한다. 이때 너무 차갑게 논리만 따지기보다는, "우리는 동반자적 관계"임을 강조하며 감정적 유대감을 먼저 형성하라. 중국인은 모르는 사람과는 거래하지 않지만, 친구라고 생각하는 사람에게는 파격적인 조건을 제시하기도 한다.

7계: 질문은 구체적으로, 대답은 신중하게 하라

중국 비즈니스 대화에서 "문제없다(没问题)"는 말은 100% 보장이 아니라 "노력해보겠다"는 뜻일 때가 많다. 상대방의 확답을 얻으려면 마감 기한, 책임 소재, 구체적인 수치를 반복해서 확인해야 한다. 반대로 우리 측에서도 불가능한 요구에는 "검토해보겠다"는 완곡한 표현으로 상대의 체면을 살려주며 거절하는 기술이 필요

하다.

8계: '공산당'과 '정치' 이슈는 침묵이 금이다

비즈니스 현장에서 중국의 정치 시스템, 인권, 대만 문제 등 민감한 이슈를 언급하는 것은 금기 중의 금기다. 설령 상대방이 먼저 운을 떼더라도 동조하거나 비판하지 말고 자연스럽게 비즈니스나 문화 이야기로 화제를 돌려야 한다. 정치는 그들에게 생존의 문제임을 잊지 마라.

9계: 결정권자는 뒤에 숨어 있을 수 있다

미팅에 참석한 사람 중 가장 말이 많은 사람이 결정권자가 아닐 수 있다. 때로는 구석에 앉아 묵묵히 관찰만 하는 사람이 실질적인 당 위원회 관계자이거나 실세인 경우가 많다. 회의 중 누가 진짜 영향력을 행사하는지 눈빛과 주변의 태도를 세밀하게 관찰하여 '진짜 타깃'을 공략해야 한다.

10계: 디지털 에티켓, 위챗(WeChat)이 곧 사무실이다

오늘날 중국 비즈니스의 90%는 위챗으로 이루어진다. 이메일보다 위챗 메시지에 더 빠르게 응답해야 하며, 위챗 모멘트(SNS)를 통해 상대방의 소식에 '좋아요'를 누르는 것도 현대적인 관시 형성

의 핵심이다. 공식적인 문서 전달 전 위챗으로 미리 소통하는 것이 예의로 통용되는 '디지털 중국'의 문법을 익혀야 한다.

결론적으로 중국 비즈니스 에티켓의 본질은 '역지사지'다. 그들의 역사적 자부심과 독특한 사회 시스템을 존중할 때, 비로소 그들은 마음의 문을 열고 '진짜 파트너'로서 우리를 받아들인다. 기술 굴기의 시대에 우리가 가져야 할 최고의 무기는 정교한 알고리즘이 아니라, 상대의 마음을 움직이는 세련된 비즈니스 매너와 깊은 문화적 통찰이다. 이 10계명을 단순한 예절이 아닌, 리스크를 줄이고 기회를 선점하는 '실전 전략'으로 활용하길 바란다.

2. 중국 현대사 핵심 키워드 정리

중국을 이해한다는 것은 시간의 층위를 읽어내는 작업이다. 현재 중국이 보여주는 기술적 야망과 국가 중심의 통제 시스템은 갑자기 나타난 것이 아니라, 지난 70여 년간 겪어온 격동의 현대사가 남긴 흔적들이다. 비즈니스 파트너로서, 혹은 경쟁자로서 중국을 상대하기 위해 반드시 알아야 할 역사적 키워드들을 연대기별로 정리한다.

건국과 이념의 정립 (1949 ~ 1950년대)

중화인민공화국 선포 (1949): 마오쩌둥이 천안문 광장에서 건국을 선언하며 중국 인민이 일어섰다고 외친 사건이다. 이는 아편전쟁 이후 100년간의 굴욕을 끝내고 자주국가를 세웠다는 강렬한 민족주의적 자부심의 근간이 된다.

사회주의 개조: 사유재산을 부정하고 토지와 생산수단을 국가 소유로 전환한 시기다. 오늘날 중국 정부가 기업의 소유 구조에 강력하게 개입할 수 있는 역사적 및 이념적 명분이 여기서 시작된다. 모든 경제 주체는 국가의 계획 아래 놓이게 되었으며, 이는 현대 중국의 국가 주도형 경제 모델의 원형이 되었다.

대약진 운동 (1958): 단기간에 영국과 미국을 추월하겠다는 목표로 전개된 급진적 경제 성장 운동이다. 뒷마당 제철소로 대변되는 이 운동은 비과학적 접근으로 인해 대기근이라는 비극을 낳았지만, 추월 전략에 대한 중국 지도부의 집착을 보여주는 첫 사례이기도 하다. 또한 자급자족과 자립자강을 강조하는 풍토를 형성했다.

혼란과 시련의 시기 (1960 ~ 1970년대)

문화대혁명 (1966~1976): 10년간 이어진 극단적인 좌경화 운동이다. 전통문화와 지식인 계층이 철저히 파괴되었으며, 이 시기의 혼란은 현대 중국인들에게 안정에 대한 강박적인 집착과 불확실성에 대한 공포를 심어주었다. 기술 개발보다는 이념 투쟁이 앞섰던 시기였으며, 당시의 기술적 공백은 훗날 빠른 추격 전략을 선택하게 된 원인이 된다.

마오쩌둥 사후와 4인방 체포: 혁명 1세대의 퇴장과 함께 이념 중심에서 실용 중심으로 권력의 추가 이동하는 결정적인 계기가 된다. 10년의 혼란을 끝내고 국가 정상화의 길로 들어선 시기다.

미중 수교 (1979): 핑퐁 외교를 거쳐 미국과 정식 수교하며 국제 사회의 일원으로 복귀한 사건이다. 중국이 서구의 기술과 자본을 받아들이기 시작한 전략적 변곡점이다. 소련을 견제하기 위한 미국과의 밀월 관계는 중국이 세계 경제 시스템으로 편입되는 고속 도로가 되었다.

개혁개방과 성장의 시대 (1980 ~ 1990년대)

흑묘백묘론: 덩샤오핑의 실용주의 노선을 상징한다. 검은 고양이든 흰 고양이든 쥐만 잘 잡으면 된다는 이 원칙은 사회주의 체제 아래 자본주의적 요소를 과감히 도입하는 배경이 되었다. 이념적 결벽주의를 버리고 성장을 최우선 가치로 설정한 전환점이었다.

선부론: 능력 있는 자가 먼저 부유해지고, 그들이 나머지를 이끈다는 전략이다. 이는 평등주의를 지향하던 초기 공산주의 모델에서 벗어나 불평등을 감수하더라도 총량을 키우는 개발 독재형 모델의 시작이었다. 오늘날 중국의 빈부격차 문제를 낳았으나, 폭발적인 초기 성장을 이끈 핵심 엔진이었다.

천안문 사태 (1989): 민주화 요구를 무력으로 진압한 사건이다.

중국 공산당은 이를 계기로 경제적 풍요를 제공하는 대신 정치적 자유를 유보한다는 묵시적 사회 계약을 강화하게 된다. 또한 당의 통제력이 흔들릴 경우 국가가 붕괴할 수 있다는 공포를 당 지도부에 각인시켰다.

남순강화 (1992): 보수파의 반발을 뚫고 개혁개방의 고삐를 늦추지 않겠다는 덩샤오핑의 선언이다. 상하이를 중심으로 한 연안 지역의 비약적 발전이 가속화되었으며, 중국은 더 이상 돌이킬 수 없는 시장 경제의 길로 들어섰다.

G2로의 부상과 디지털 전환 (2000 ~ 2010년대)

WTO 가입 (2001): 중국이 세계의 공장으로 확고히 자리 잡은 사건이다. 전 세계의 자본과 기술이 중국으로 유입되었고, 글로벌 공급망이 중국을 중심으로 재편되었다. 한국 기업들 역시 대중국 수출을 통해 유례없는 호황기를 누렸다.

베이징 올림픽 (2008): 강대국으로서의 부상을 전 세계에 알린 축제였다. 동시에 서구식 금융 위기 속에서 중국식 국가 주도 모델의 효율성이 부각되며 차이나 모델에 대한 자신감이 극대화되었다. 이때부터 중국은 서구적 가치를 수동적으로 수용하던 입장에서 벗어나 자신의 목소리를 내기 시작했다.

인터넷 검열과 금순공정: 외부 플랫폼을 차단하고 바이두, 알리바바, 텐센트가 성장할 수 있는 보호막 역할을 했다. 만리방화벽이라고 불리는 이 시스템은 중국만의 폐쇄적이면서도 거대한 독자 디지털 생태계가 형성된 결정적인 배경이다. 이는 데이터 주권을 확보하려는 중국의 장기적 설계의 시작이었다.

일대일로: 육상과 해상 실크로드를 구축해 중국 중심의 경제권을 확장하려는 거대 전략이다. 중국의 과잉 생산 문제를 해결하는 동시에, 주변국에 중국산 기술 인프라를 수출하여 영향력을 확대하려는 포석이다.

신시대와 기술 주권 (2012 ~ 현재)

중국몽: 중화민족의 위대한 부흥을 꿈꾸는 시진핑 시대의 통치 이념이다. 건국 100주년인 2049년까지 종합 국력에서 세계 최강국이 되겠다는 야심을 담고 있다. 이는 단순한 경제 성장을 넘어 세계 질서의 재편을 예고하는 선언이다.

제조 2025: 단순 조립 국가에서 첨단 기술 강국으로 탈바꿈하겠다는 구체적인 로드맵이다. 반도체, 로봇, 전기차, 차세대 통신 등 10대 핵심 산업을 국가가 직접 육성하며 미중 기술 패권 전쟁의 직접적인 도화선이 되었다.

공동부유: 성장의 과실을 나누어 양극화를 해소하겠다는 정책이다. 이는 선부론 시대의 종료를 의미하며, 빅테크 기업들에 대한 강력한 규제와 사회적 책임 강조의 근거가 되었다. 비즈니스 환경이 이윤 극대화에서 정치적 기여로 급격히 변화하는 계기가 되었다.

디지털 인민폐: 중앙은행이 발행하는 법정 디지털 화폐다. 달러 결제 시스템에 대한 의존도를 낮추고 국내 금융 데이터에 대한 완전한 통제권을 확보하려는 의지를 보여준다. 이는 디지털 금융 생태계에서 중국이 주도권을 쥐기 위한 핵심 도구다.

기술 자립자강: 미국의 반도체 제재 등에 맞서 핵심 부품과 기술을 스스로 생산하겠다는 생존 전략이다. 현재 중국 내 모든 연구 개발과 기업 활동의 최우선 순위는 서구 기술로부터의 독립에 맞춰져 있다.

현대사가 주는 메시지와 우리의 시선

중국 현대사는 굴욕에서 시작하여 투쟁과 성장을 거쳐 굴기에 이르는 거대한 복수극이자 재건의 역사다. 이 흐름 속에서 형성된 중국인들의 심리 구조에는 서구 세력에 대한 뿌리 깊은 경계심, 강력한 중앙 집권에 대한 신뢰, 그리고 기술을 통한 국가 부흥의 열망이 뒤섞여 있다.

비즈니스 파트너로서 중국을 대할 때, 우리는 그들이 단순히 개인이나 기업의 돈을 벌기 위해 움직이는 것이 아니라 역사적 소명의식과 국가적 자부심을 동력으로 삼고 있음을 이해해야 한다. 제조 2025나 공동부유 같은 키워드들은 단순한 경제 정책이 아니라, 수십 년간 축적된 역사적 결핍을 해소하려는 과제의 결과물이다.

따라서 포스트 차이나 전략을 세우는 한국 기업과 개인은 중국의 현재 모습뿐만 아니라 그들이 통과해온 역사의 터널을 함께 읽어야 한다. 중국은 역사적으로 고립과 개방을 반복해왔으며, 현재는 다시 국가의 통제력이 강화되는 시기를 지나고 있다. 이 핵심 키워드들을 나침반 삼아 중국이라는 거대한 대륙의 미래 경로를 예측하고 대응하는 혜안을 갓추길 바란다.

과거를 모르는 상태에서의 중국 진출은 모래 위에 성을 쌓는 것과 같다. 이 키워드들을 통해 형성된 중국의 의사결정 메커니즘을 파악하는 것이야말로, 기술 패권 전쟁의 시대에 우리 자신을 지키는 가장 기초적인 힘이 될 것이다. 변화는 이미 역사 속에서 예견되어 있었으며, 우리는 그 변화의 맥락을 짚어내어 새로운 생존 전략을 짜야 한다.

참고 문헌

중화 中華 중국문화를 알면 중국이 보인다 / 이창호 저 / 북그루 / 2021년 12월

중국문화의 모든 것 : 이것이 중국이다 / 쉬펑, 양젠쥔 저 / 다락원 / 2022년 02월

한 권으로 읽는 중국문화 중국의 전통문화와 소수민족문화 그리고 대중문화 / 이강인, 공봉진, 조윤경 저 / 산지니 / 2016년 08월

내가 본 중국 중국인 및 중국문화 / 이근효 저 / 중문출판사 / 2012년 03월

차이나 비즈니스 트렌드 2026 반도체·AI·금융·제조·인재까지 세계 경제를 움직이는 중국의 비즈니스 구조와 전략 / 이선민, 권재현, 문고운, 박철용, 박훈종 저 외 7명 / 잇담 / 2025년 12월

현대 중국경제 / 마루카와 도모 저, 이용빈 역 / 한울엠플러스 / 2024년 11월

쉽게 배우는 중국경제 / 한재현 저 / 박영사 / 2020년 04월

중국경제 개혁 개방에서 지속가능한 발전으로 / 조준현 저 / 부산대학교출판부 / 2014년 02월

중국경제와 금융의 이해 국유은행과 핀테크 은행의 공존 / 서봉교 저 /오래 / 2018년 01월

중국은 있다 부상한 중국을 대응하는 한국의 전략 /조창완 저 / 에이원북스 / 2025년 12월

2026 중국 과학기술의 부상과 미래 전망 / 한중과학기술협력센터·재중한인과학기술자협회 편 / 하다 / 2025년 11월

현대 중국의 탄생 청제국에서 시진핑까지 / 클라우스 뮐한 저, 윤형진 역 / 너머북스 / 2023년 03월

지금은 중국을 읽을 시간 1, 2 중국어 교사들이 제안하는 중국 바로 알기 / 중국을 읽어주는 중국어교사모임 저 / 민규

이만큼 가까운 중국 / 이욱연 저 / 창비 / 2016년 07월

웍과 칼 중화미식인류학 / 퓨샤 던롭 저, 윤영수, 박경환 역 / 글항아리 / 2025년 09월

중화경제의 리더들 / 박형기 저 / 살림출판사 / 2013년 03월

중화경제권의 이해 / 김동하 저 / 부산외국어대학교(PUFS) / 2024년 11월

중화 전통과 현대 중국 전통의 지속과 사회주의적 변용 / 문흥호, 강진석, 김윤태, 김인, 민귀식 공저 / 섬앤섬 / 2012년 08월

우리가 아는 중국 우리가 모르는 중국
我们熟知的中国 我们未知的中国

초판 인쇄   2026년 04월 01일

초판 발행   2026년 04월 01일

지은이   이창호

펴낸이   이창호

디자인   모수진

인쇄소   거호 커뮤니케이션

펴낸곳   도서출판 북그루

등록번호   제2018-000217호

주소   서울특별시 마포구 토정로 253 2층(용강동)

도서문의   02) 353-9156 팩스 0504) 383-0091

이메일   bookguru25@naver.com

정가   17,800원

*이 책의 저작권은 책 저자에게 있으므로 무단전제 및 복제, AI학습이용 금지등을 금합니다.

이 책을 무단 전제 또는 복제하면 「저작권법」 제136조에 의거 처벌을 받습니다.

*파본은 구입하신 서점에서 교환하여 드립니다.

*저자와의 대화를 희망할 경우 연락처 안내

 010-7223-1686 | leechangho21@hanmail.net